Archäologie
Naturwissenschaften
Umwelt

Beiträge der Arbeitsgemeinschaft
"Römische Archäologie" auf dem
3. Deutschen Archäologenkongreß in Heidelberg
25.5. – 30.5.1999

Herausgegeben von

Martin Frey
Norbert Hanel

BAR International Series 929
2001

Published in 2019 by
BAR Publishing, Oxford

BAR International Series 929

Archäologie – Naturwissenschaften – Umwelt

ISBN 9781841712239 paperback
ISBN 9781407352756 e-book

DOI https://doi.org/10.30861/9781841712239

A catalogue record for this book is available from the British Library

This book is available at www.barpublishing.com

BAR Publishing is the trading name of British Archaeological Reports (Oxford)
Ltd. British Archaeological Reports was first incorporated in 1974 to publish
the BAR Series, International and British. In 1992 Hadrian Books Ltd became
part of the BAR group. This volume was originally published by Archaeopress
in conjunction with British Archaeological Reports (Oxford) Ltd / Hadrian
Books Ltd, the Series principal publisher, in 2001. This present volume is
published by BAR Publishing, 2019.

BAR
PUBLISHING

BAR titles are available from:

BAR Publishing
122 Banbury Rd, Oxford, OX2 7BP, UK
EMAIL info@barpublishing.com
PHONE +44 (0)1865 310431
FAX +44 (0)1865 316916
www.barpublishing.com

INHALTSVERZEICHNIS

VORWORT DER HERAUSGEBER

„Archäologie - Naturwissenschaften - Umwelt" lautete das Schwerpunktthema des 3. Deutschen Archäologenkongresses in Heidelberg, das nach dem Willen der Initiatoren die immer neuen Möglichkeiten, die das Zusammenwirken mit naturwissenschaftlichen Disziplinen in den letzten Jahrzehnten für die Archäologie eröffnet hat, ausführlich dokumentieren, wie auch die Aktualität der Altertumswissenschaften in Bezug auf Fragestellungen der Moderne aufzeigen sollte. Dieses Thema, das die Arbeitsgemeinschaft 'Römische Archäologie' für ihre Sektion am 25. 5. 1999 übernahm, bot den Rahmen für ein breites Angebot von Vorträgen, die durchweg aktuelle Forschungsergebnisse präsentieren und von denen elf in dem vorliegenden Sammelband abgedruckt werden konnten.

Sie beschäftigen sich im weitesten Sinne mit der Frage, wie der antike Mensch seine Umwelt, die sein Denken und Handeln mit Sicherheit entscheidend geprägt hat, vorfand, wie er sie verändert und genutzt, aber auch wie er sie ausgebeutet und zerstört hat und schließlich wie er mit den Naturgewalten, denen er weitgehend hilflos ausgesetzt war, umgegangen ist. Daher fand auch ein althistorischer Vortrag Aufnahme, der sich an Hand der betreffenden antiken Berichte mit den Methoden auseinandersetzt, die die hochzivilisierten antiken Staatswesen entwickelten, um die Folgen verheerender Erdbebenkatastrophen zu bewältigen.

Ein Teil der Beiträge repräsentiert naturwissenschaftliche Verfahren, die bereits seit längerem in der Archäologie zur Anwendung kommen, darunter die Verbesserung unserer chronologischen Kenntnisse durch neue Dendrodaten oder chemische Analysen an Keramik zur Bestimmung ihrer Herkunftsorte, etwa im Hinblick auf den Nachweis antiker Handelswege. Mehrere Aufsätze behandeln Fragen der antiken Technologie, wie etwa die nach der Zusammensetzung und Aufbereitung von Rohstoffen und die Rekonstruktion von Herstellungsprozessen in der Keramik- und Glasproduktion. Auch die Möglichkeiten zur Bestimmung und Auswertung von Inhaltsresten antiker Gefäße kommen zur Sprache.

Hinzugekommen sind die Fachgebiete der Paläobotanik und Paläozoologie, die in jüngster Zeit eine reiche Ernte an Erkenntnissen einbringen und gerade im Hinblick auf das Thema Umwelt – dem ja ohnehin vor allem über naturwissenschaftliche Methoden näherzukommen ist, wenn man sich nicht mit den wenigen verstreuten Nachrichten bei antiken Autoren begnügen will – eine Fülle neuer Zeugnisse zum sprechen bringen. Die Auswirkungen der intensiven zivilisatorischen Entwicklung im Zuge der römischen Expansion auf das ökologische Umfeld der Siedlungen,

auf Bewuchs und Tierwelt, etwa der nachweisbare Rückgang bestimmter Wildtierarten in Folge intensiver Landwirtschaft beziehungsweise dem weit verbreiteten
Raubbau an Wäldern werden in weiteren Beiträgen behandelt. Vorgestellt wird außerdem eine hochmoderne naturwissenschaftliche Methode zum Nachweis einer
sonst nicht überlieferten Klimakatastrophe um 200 n. Chr. und das Ereignis in Beziehung zu einer Reihe von archäologischen und historischen Daten gesetzt, die dadurch in einem neuen Licht erscheinen. Insgesamt kann in diesem Band nur eine
beschränkte Auswahl aus der großen Bandbreite naturwissenschaftlicher Methoden
vorgestellt werden. Sie läßt aber erkennen, in welchem Ausmaß eine intensive Zusammenarbeit der Archäologie mit den naturwissenschaftlichen Fächern unsere
Kenntnis der antiken Lebensbedingungen und Lebensumstände vertiefen kann.

An anderer Stelle veröffentlicht werden die Vorträge von Norbert Benecke und
Vera Rupp (Neue Forschungen zur Landschaftsgeschichte, Umwelt und Ernährung
im Gebiet des Wetteraulimes) sowie von Jörg Lindenthal (Interdisziplinäre Untersuchungen römischer Gräberfelder im Gebiet des Wetteraulimes).

Der Dank der Herausgeber gilt den Autoren, die durch eine rasche und reibungs-
lose Zusammenarbeit mehrheitlich zu einem pünktlichen Erscheinen des Bandes
beigetragen haben sowie Frau Dr. Rajka Makjanic für seine Aufnahme in die inter-
nationale Reihe der British Archeological Reports.

Martin Frey   Norbert Hanel

Gerhard Waldherr

'DER KAISER WIRD'S SCHON RICHTEN' - KAISERLICHE FÜRSORGE UND SCHADENSREGULIERUNG NACH ERDBEBENKATASTROPHEN IN DER RÖMISCHEN KAISERZEIT

Das Mediterran, der Kernraum der antiken Kulturen, gehört aufgrund seiner tektonischen Struktur zu den seismisch aktivsten Gebieten auf der ganzen Welt. Hierbei hebt sich das östliche Mittelmeerbecken mit deutlich ansteigender Tendenz nach Osten durch besonders hohe Seismizität (Verteilung der Erdbeben in Raum und Zeit) vom westlichen Meeresteil ab (Waldherr 1997, 37ff.).

Bedenken wir, daß es sich vor allem beim östlichen Mittelmeerraum während der griechisch-römischen Antike um ein hochentwickeltes, in weiten Teilen einen hohen Grad an Urbanisierung aufweisendes Gebiet handelte, das durch eine diffizile Infrastruktur und dem Zivilisationsgrad entsprechende Bauten sehr sensibel gegenüber Erderschütterungen war, dann braucht es nicht zu verwundern, daß Erdbeben in diesem Raum immer wieder eine geschichtswirkkräftige Rolle spielten. Dementsprechend bilden seismische Phänomene, zu denen neben den Beben auch noch sekundäre Effekte wie Flutwellen, Hangrutschungen u. ä. zu zählen sind, schon seit langem einen Gegenstand der Altertumswissenschaften, also auch der Alten Geschichte.

Neben quantifizierenden und datierenden Untersuchungen trat erst in jüngerer Zeit die Frage, wie die Menschen der Antike die für sie unberechenbaren und damit furchterregenden Vorkommnisse zu bewältigen suchten, in das Zentrum der wissenschaftlichen Auseinandersetzung (Waldherr 1998, 51ff.). Dabei gilt es, unser Augenmerk auf eine ganze Reihe von Facetten dieses Problemkreises zu lenken; neben der Beleuchtung von mentalen Gesichtspunkten steht hier auch die Frage nach ganz pragmatischen Verhaltensweisen während bzw. nach seismischen Katastrophenfällen.

In den folgenden Ausführungen soll nun die herrscherliche Erdbebennachsorge während der römischen Kaiserzeit in den Blick genommen werden, wobei ich vor allem den Wurzeln der vom römischen Kaiser gewährten Katastrophenhilfe im ideologischen Selbstverständnis des Kaisertums nachspüren möchte. Allerdings können von diesem komplexen und vielschichtigen Thema im gegebenen Rahmen nur einige Facetten beleuchtet werden. Eine umfangreiche Vorstellung der einzelnen Hilfsmaßnahmen legte jüngst E. Winter vor (Winter 1998, 147ff.; vgl. auch Horster 1997, 24ff.).

Eodem anno duodecim celebres Asiae urbes conlapsae nocturno motu terrae, quo inprovisior graviorque pe-stis fuit. Neque solitum in tali casu effugium subveniebat in aperta prorumpendi, quia diductis terris hauriebantur. Sedisse immensos montes, visa in arduo quae plana fuerint, effulsisse inter ruinam ignes memorant. Asperrima in Sardianos lues plurimum in eosdem misericordiae traxit: nam centies sestertium pollicitus Caesar, et quantum aerario aut fisco pendebant in quinquennium remisit. Magnetes a Sipylo proximi damno ac remedio habiti. Temnios, Philadelphenos, Aegeatas, Apollonidenses, quique Mosteni aut Macedones Hyrcani vocantur, et Hierocaesariam, Myrinam, Cymen, Tmolum levari idem in tempus tributis mitique ex senatu placuit, qui praesentia spectaret refouretque. Delectus est M. Ateius, e praetoriis, ne consulari obtinente Asiam, aemulatio inter pares et ex eo impendimentum oreretur.

(Im selben Jahr stürzten zwölf volkreiche Städte Asiens durch ein Erdbeben in der Nacht zusammen, wodurch das Unglück um so überraschender und schwerer wurde. Auch half das in einem solchen Falle gewöhnliche Rettungsmittel der Flucht ins Freie nicht, weil sie von dem auseinanderklaffenden Erdreich verschlungen wurden. Es versanken, so erzählt man, ungeheure Berge, steil erhoben sah man, was sonst Ebene war, und Flammen leuchteten unter dem Einsturz empor. Wie das Verderben am schwersten die Sardianer getroffen hatte, wandte sich auch das Mitleid ihnen vorzugsweise zu; denn zehn Millionen Sesterzen versprach ihnen der Kaiser und erließ ihnen auf fünf Jahre, was sie an das Aerarium oder an den Fiskus zu zahlen hatten. Die Bewohner von Magnesia am Sipylus kamen an nächster Stelle, was Verlust sowie Ersatz betrifft. Auch Temnia, Philadelphia, Agea, Apollonis oder Mostene oder das sogenannte makedonische Hyrcina sowie Hierocaesarea, Myrina, Kyme und Tmolus beschloß man auf eben die Zeit von Abgaben zu befreien und jemanden aus dem Senat hin zu senden, der ihre gegenwärtige Lage in Augenschein nehmen und zu erleichtern suchen sollte. Es wurde dazu Marcus Ateius von den gewesenen Prätoren gewählt, damit nicht, weil schon ein Konsular die Verwaltung Asiens innehatte, Eifersucht unter Gleichgestellten und daraus ein Hindernis entstünde).

Mit diesen Worten beschreibt Tacitus im 2. Buch (Kap. 47) seiner Annales das sogenannte 12-Städte Beben, das in einer Nacht des Jahres 17 n. Chr. im kleinasiatischen Hermos-Bassin zwischen Philadelphia und der Ägäis weitreichende Zerstörungen verursachte (dazu Waldherr 1997, 165ff.; Guidoboni 1989, 657ff.).

Der Historiker Tacitus geht neben einer für antike Verhältnisse relativ breiten und informativen Schilderung des Bebens selbst sehr ausführlich auf die vom römischen Kaiser nach dem Beben gewährten Hilfsmaßnahmen für die betroffenen Stadtgemeinden ein (Clementoni 1989, 175; Mitchell 1987, 349ff.). Er gibt uns damit sicherlich eine der wichtigsten, weil detailliertesten Quellendarstellungen kaiserlicher Hilfsmaßnahmen nach Erdbebenkatastrophen, aber nicht die einzige. Vielmehr lassen sich für die gesamte römische Kaiserzeit bis in die Spätantike hinein immer wieder aus dem schriftlichen wie auch dem epigraphischen Material Zeugnisse dafür finden, daß und in welcher Form sich die Herrscher um von Naturkatastrophen betroffene Stadtkommunen im Reich kümmerten.

Bereits der erste Princeps, Augustus, betont in einem Appendix zu seinem Tatenbericht, res gestae, der sich speziell an die Provinzialen wandte (Volkmann 1969 zur Stelle): er habe Geldsummen in einer nicht mehr zu berechnenden Höhe für Kommunen aufgebracht, die unter Erdbeben oder Brandkatastrophen gelitten hatten (Mon. Ancyr. 6, 33–34 (=appendix 4): donata pecunia colonis, municipiis, oppidis terrae motu incendioque consumptis ... innumerabilis). Diese kaiserliche Großzügigkeit läßt sich durch Hinweise bei mehreren antiken Autoren sowie durch epigraphisches Material belegen; daraus erfahren wir auch zumindest beispielhaft, welchen Städten Augustus Geld für Wiederaufbaumaßnahmen nach Erdbeben zur Verfügung stellte. So berichtet der spätantike Autor Malalas (Malal. 229), daß sich Salamina in Palästina nach der Restaurierung durch Augustus Diopolis nannte, nach Cassius Dio (54, 23, 7) wurden die Stadt Paphos auf Zypern und nach Strabo (12, 8, 18 (578)) auch Tralles und Laodikea von Augustus finanziell unterstützt (weitere Beispiele bei Waldherr 1997, 174f.). Die bereits zitierte Tacitusstelle bietet nun anderen Zeugnissen gegenüber einen erweiterten Katalog an kaiserlichen Hilfestellungen. Zum einen griff danach Tiberius den Städten mit Bargeldzahlungen unter die Arme (10 Millionen Sesterzen etwa für die Bewohner von Sardes); sodann unterstützte er die Wiederherstellung der städtischen Infrastruktur durch einen mittelfristig wirksam werdenden Steuererlaß (5 Jahre von allen Abgaben befreit). Zu guter letzt wird berichtet, daß der Kaiser den ehemaligen Praetor Marcus Ateius als Gutachter und Sachverständigen in das Schadensgebiet entsandte, um die Schadenshöhe in Augenschein zu nehmen und außerdem Hilfestellung - zu denken ist wohl hier konkret an organisatorisch-logistische wie administrative Unterstützung - bei der Behebung der Schäden zu leisten.

Die angeführten Maßnahmen, nämlich kurzfristig greifende Unterstützung mit Bargeld, gezielte steuerpolitische Maßnahmen als mittelfristige Hilfestellung,

Zur-Verfügung-Stellen von Know-how in Form von Sachverständigen (vgl. dazu Helly 1987, 159ff.), sind nun keineswegs singulär, vielmehr finden wir dieses Muster der strukturell durchaus unterschiedlichen und - wie Winter (1998, 147ff.) deutlich machte - in der Betrachtung auch zu unterscheidenden Maßnahmen immer wieder bis in die Spätantike. Wobei es - wie die Quellen zeigen - keineswegs auf Erdbebenkatastrophen beschränkt war. Auch nach Überschwemmungskatastrophen, Bränden oder Hungersnöten hören wir von vergleichbarem Vorgehen, und Sueton (Titus 8, 7) berichtet, Titus habe nach dem verheerenden Ausbruch des Vesuvs im Jahre 79 n. Chr. eine durch Los erwählte Kommission eingesetzt, die sich mit der Regulierung des in Kampanien entstandenen Schadens sowie dem Wiederaufbau beschäftigen sollte. Außerdem ließ er das Vermögen der bei der Vulkanexplosion Umgekommenen, die keine Erben besaßen, sowie Mittel aus seinem eigenen Besitz für die Instandsetzung der Infrastruktur in den betroffenen Städten verwenden.

Bereits am Beginn der römischen Kaiserzeit scheinen also relativ feste Hilfsmechanismen für Katastrophenfälle existiert zu haben, auf deren Funktionieren sich die Geschädigten verlassen konnten und sich auch wirklich verlassen haben. Die Kaiser standen sozusagen in der Pflicht. Nicht nur die Existenz derartiger Mechanismen tritt uns in den Quellen entgegen, wir müssen sogar eine Art Automatismus zwischen Schadensfall und kaiserlicher Hilfe annehmen; anders läßt es sich kaum erklären, daß Tacitus (ann. 14, 27) ganz erstaunt vermerkt, die Stadt Laodikea habe sich nach Erdbebenzerstörungen - wohl im Jahre 60 - selbst geholfen und nicht auf die Unterstützung Kaiser Neros gebaut. Diese Art des Verhaltens, Schadensbehebung ganz ohne kaiserliche Unterstützung, galt demnach zumindest zur Zeit des Tacitus bereits als Ausnahme, auf die man sein Publikum hinwies (Mitchell 1987, 349). Die Städte scheinen sich während der römischen Kaiserzeit im Regelfall in starkem Maße auf Hilfe von außen, d. h. Hilfe seitens der Zentralmacht verlassen zu haben, ohne daß jedoch die Privatinitiative finanziell potenter Stadtbürger völlig fehlte. Für Letzteres bietet sicherlich der Euergetismus des Opramoas von Rhodiopolis eines der besten Beispiele. Dieser reiche Angehörige der munizipalen Oberschicht unterstützte nach den Beben von 141/142 mehrere zerstörte Städte in Lykien durch die Bereitstellung größerer Geldsummen, eine Manifestation seiner bürgerlichen Tugenden, die er auch dementsprechend bekannt machen ließ (TAM II 905 XIII; dazu Waldherr 1997, 247; Winter 1996, 199, 212 mit Anm. 1944).

Ein Blick in die klassisch-griechische wie auch vor allem hellenistische Zeit zeigt uns, daß die angesprochenen Mechanismen nun nicht vom römischen Kaiser völlig neu erfunden wurden, sondern durchaus auf eine lange Tradition im östlichen Mittelmeerraum aufbauen konnten. Schon bevor das Imperium Romanum den griechischen Osten einte und in ein Abhängigkeitsverhältnis zu einer starken Zentralmacht brachte, konnten von Katastrophen betroffene Städte Hilfe von aussen erwarten. Man wandte sich an befreundete, verbündete Machthaber und Nachbarkommunen, die dann großzügig materielle Unterstützung boten. Dies wird schon bei Thukydides deutlich, der in 4, 56, 2 auf die Hilfe verweist, die die Bewohner von Ägina gewährten, als Sparta im Jahre 464 durch ein starkes Erdbeben wohl größere Zerstörungen erlitten hatte (Waldherr 1997, 118ff.; Wierschowski 1998, 284ff.). Inschriftlich überliefert ist uns die Hilfeleistung der Laodike, Gattin des Seleukidenkönigs Seleukos II., in Form einer Getreidespende an die Bewohner der im Jahre 199 v. Chr. von einem Erdbeben heimgesuchten Stadt Iasos in Karien (Kobes 1993, Anm. 3).

Mit das beste Beispiel für derartige Erdbebennachsorge überliefert aber Polybios 5, 88–90. Der Autor schildert hier die Reaktionen und Hilfeleistungen für die Insel Rhodos nach der verheerenden Bebenkatastrophe - verbunden mit einem Tsunami - im Jahre 227 v. Chr., bei der auch die die Hafeneinfahrt der Inselstadt zierende Helios-Kolossalstatue zusammengestürzt war. Die Rhodier machten ihr Unglück bekannt, schickten Gesandte zu ihnen freundlich gesonnenen Herrscher im gesamten Mittelmeerraum und baten um Hilfe:

„Hieron und Gelon gaben nicht nur fünfundsiebzig Silbertalente <für den Wiederaufbau der Mauern und Docks und eine ausreichende Summe> für den Ölbedarf im Gymnasium, teils sofort, teils mit ganz kurzer Frist, sondern sie weihten auch silberne Becken und die Untersätze für sie, dazu einige silberne Wasserkrüge, ferner zehn Talente für die Opfer und weitere zehn für die Unterstützung (?) der Bürger, damit bei der Schenkung eine Gesamtsumme von hundert Talenten herauskäme. Sodann gewährten sie den rhodischen Kaufleuten Zollfreiheit in ihren Häfen, überwiesen der Stadt fünfzig drei Ellen große Katapulte und schließlich, als wären sie noch Dank schuldig, stellten sie zu all diesen Geschenken noch zwei Standbilder auf dem Markt der Rhodier auf, das Volk der Rhodier von dem der Syrakusaner bekränzt. Ptolemaios versprach ihnen dreihundert Silbertalente, eine Million Scheffel Getreide, Schiffsbauholz für zehn Penteren und zehn Trieren, vierzigtausend Ellen, genau gemessen, viereckige Fichtenbalken, tausend Talente gemünztes Kupfer, dreitausend Talente Werg, dreitausend Segeltücher von feiner Leinwand, zur Wiederherstellung des Kolosses dreitausend Talente, hundert Werkmeister, dreihundertfünfzig Bauarbeiter und für deren Entlohnung jährlich vierzehn Talente dazu für die Wettkämpfe und Opfer zwölftausend Scheffel Getreide, zwanzigtausend Scheffel für die Verpflegung der Besatzung von zehn Trieren, und zwar gab er hiervon das meiste und von allem Silber den dritten Teil sofort. In ähnlicher Weise gab Antigonos zehntausend

Dachbalken von 8 bis 16 Ellen Länge, fünftausend sieben Ellen lange Querbalken, dreitausend Talente Eisen, tausend Talente Pech, tausend Maß rohen, flüssigen Pechs, dazu versprach er hundert Talente Silber. Seine Gemahlin Chryseis gab hunderttausend Scheffel Getreide und dreitausend Talente Blei. Seleukos, des Antiochos Vater, gewährte erstens den rhodischen Kaufleuten Zollfreiheit in den Häfen seines Reiches, zweitens schenkte er ihnen zehn voll ausgerüstete Fünfruderer und zweihunderttausend Scheffel Getreide, drittens zehntausend Ellen Holz und tausend Talente Haar und Harz. Ähnliche Geschenke machte Prusias und Mithridates und die damaligen Dynasten in Asien, ich meine Lysanias, Olympichos und Limnaios. Die Städte aber, die die Rhodier gleichfalls nach Vermögen unterstützten, aufzuzählen, würde schwer sein."

Ich denke, diese Schilderung führt uns eindrucksvoll vor Augen, mit welchem Maß an Hilfsbereitschaft die betroffenen Städte rechnen konnten und wie weit der Kreis der Helfenden gestreut war - es werden Herrscher aus Sizilien, Ägypten, dem Nahen Osten, Kleinasiens, der Ägäis und Makedoniens angeführt. Polybios' Darstellung läßt aber auch die Ähnlichkeiten mit den Hilfsaktivitäten römischer Kaiser deutlich hervortreten:

- auch im Falle von Rhodos wurden direkte Hilfen in Form von Bargeld oder Sachspenden gewährt,

- auch hier hören wir von mittelfristigen bis langfristigen Hilfen in Form von Abgabenfreiheit,

- und auch hier wurden neben den materiellen Hilfen Arbeitskräfte und Spezialisten, also Know-How, zur Verfügung gestellt.

Selbstverständlich kann man davon ausgehen, daß die Spender mit ihren bereitwilligen Beweisen der Großzügigkeit auch eigene, handfeste Interessen verfolgten, die im Falle von Rhodos, einem der wichtigsten Häfen und Umschlagplätze im östlichen Mittelmeer, sicherlich ökonomischer Natur waren, doch werden im Bericht des Polybios keinerlei Bedingungen genannt, die vor oder auch nach dem Spendenfall vom Empfänger erfüllt werden mußten. Wir können also die Spendenaktivitäten durchaus als einen Akt der Solidarität mit den Betroffenen werten.

In diese Tradition des „Nothelfers" stellt sich nun auch der römische Kaiser, allerdings lassen sich doch, wie ich denke, einige bemerkenswerte Unterschiede zu den vorrömischen Solidaritätsbeweisen herausarbeiten.

Der ablaufende Mechanismus sah immer noch ähnlich aus: Auch die kaiserliche Hilfsmaschinerie setzte sich - soweit wir das aus den Quellen ersehen können - in der Regel erst in Bewegung, wenn die geschädigten Städte durch eine Gesandtschaft beim Imperator um Hilfe nachgesucht hatten. Bei diesem Kommunikationsmuster 'kommunale Petition - kaiserliche Hilfe' spielte, wie die Quellen nahelegen, der direkte Kontakt zwischen Betroffenen und Herrscher eine wichtige Rolle, eine Vermittlung auch durch hochrangige Magistrate, etwa durch den Provinzstatthalter, kam dem nicht gleich. So reiste z. B. ein gewisser Chairemon als Gesandter der Stadt Tralles, die im Jahre 27 v. Chr. von einem Erdbeben geschädigt worden war, Augustus bis nach Spanien nach, um von ihm finanzielle Hilfe zu erbitten, worauf Augustus dann unter anderem eine Kommission von sieben Konsularen nach Tralles entsandte (Agath. 2, 17). Nur in den Fällen, in denen es auch bei großem Einsatz nicht möglich war, das Hilfsgesuch durch eine eigene Gesandtschaft direkt beim Herrscher vorzubringen, wandte man sich an einen Ersatz, der aber möglichst der kaiserlichen Familie angehören sollte. Ein Beispiel dafür gibt Sueton, der in der Tiberiusvita (8, 1) berichtet, der spätere Kaiser und Stiefsohn des Augustus, Tiberius, der durch seinen Vater enge Beziehungen zu Kleinasien hatte (Levick 1986, 20), habe sich 'pro Laodicenis, Thyatirenis, Chiis terrae motu afflictis (ca. 25 v. Chr.) vor dem Senat eingesetzt.

Wenn wir uns das bei Polybios beschriebene Beispiel Rhodos noch einmal vor Augen führen, so können wir hier davon ausgehen, daß das Ansuchen um Hilfe und deren Gewährung zwischen gleichrangigen Partnern erfolgte, von denen der eine sich gerade in einer Notsituation befand, die durch den/die anderen gelindert werden sollte. Die Geber konnten für ihre Unterstützung einerseits Dank erwarten, der öffentlich z. B. in Form von Inschriften abgestattet wurde (Kobes 1993, 7), andererseits aber auch entsprechende Hilfe für den Fall, daß sie selbst in eine vergleichbare Lage kämen. Hier können wir nun aber einen Unterschied zu den Gegebenheiten während der römischen Kaiserzeit konstatieren: Das Verhältnis der Gleichrangigkeit zwischen Helfenden und Hilfesuchenden hatte sich entscheidend verändert, es war zu einer Interrelation zwischen Herrscher und Beherrschten geworden.

Am Ende der gesamten Handlungskette standen dann bei den griechischen wie bei den römischen Beispielen die öffentlichen Dankesbezeugungen der von den Hilfsmaßnahmen Profitierenden. Der römische Kaiser, dessen Hilfeleistungen sowieso vorrangig in der Wiederherstellung der öffentlichen Infrastruktur in Form von repräsentativen Bauten bestand, die jeder, auch die Nachwelt sehen konnte bzw. deren Funktionieren für das polis-Leben unabdingbar war, während andere Hilfen in den Quellen kaum erwähnt werden, erwartete eine 'epigraphische Monumentalisierung' des Dankes, meistens wohl in Form von großen weithin sichtbar angebrachten Dankesinschriften. Die vom 12-Städte-Beben betroffenen Gemeinden erbrachten noch zusätzlich einen darüber hinausgehenden, das vorrömische Maß sicherlich überschreitenden und sehr aufwendigen Dankesbeweis: sie stellten zu einem nicht

genau fixierbaren Zeitpunkt auf dem Caesar-Forum in Rom eine Sitzstatue des Kaisers auf, umgeben von Personifikationen der dankbaren Städte, ähnlich wie dies im Jahre 30 n. Chr. in Puteoli der Fall war (Waldherr 1997, 167 mit Anm. 392). Die Dankbarkeit der Geschädigten bzw. die Wohltätigkeit des Helfenden = Kaisers wurde also nicht nur am Ort der Katastrophe, sondern auch im Zentrum des Reiches manifestiert.

Um die Außenwirkung noch zu vergrößern, ließ der Kaiser seine Hilfsbereitschaft auch auf Münzen propagieren. So stellt eine in den Jahren 21/22 n. Chr. geprägte Serie von Sesterzen Tiberius auf der sella curulis dar, mit der Umschrift CIVITATIBUS ASIAE RESTITUTIS (RIC² I Tib. Nr. 48; BMCEmp I 129 Nr. 70–73; dazu Lummel 1991, 47). Der römische Kaiser war allerdings nicht nur 'Restitutor = Wiederhersteller'; immer wieder wurden die Herrscher, die Hilfe gewährt hatten, sowohl auf Inschriften wie auch auf Münzen noch einen Schritt weiter gehend auch als κτίστης, also (Neu-)gründer der Städte geehrt (Waldherr 1997, 175; Winter 1996, 139ff.). Aus einer in Olympia gefundenen Ehreninschrift (Inschr. Olympia 53), die die Bewohner von Kos für Augustus gesetzt hatten, geht hervor, daß der princeps für Kos nach einer Katastrophe zum Archegeten wurde. Im Zuge von Hilfsmaßnahmen für Tralles sandte Augustus sogar italische Siedler als Kolonisten in die Stadt und initiierte damit sozusagen wirklich zumindest eine Teilneugründung (Broughton 1935, 20ff.). Um den Anteil, den die dankbaren Stadtbewohner dem Herrscher an der 'neuen' Existenz ihrer Heimat zumaßen, zu zeigen, schmückten manche Städte ihren Stadtnamen mit einem kaiserlichen Epitheton oder benannten sich ganz um, wie z. B. Salamina in Palästina, das sich nach der Restaurierung durch Augustus Diopolis nannte (Malal. 229). Das bei Tacitus erwähnte Hierocaesarea hatte vor der Katastrophe und dem kaiserlichen Eingreifen angeblich Hierokome geheißen. Tralles gab sich nach der erwähnten Gewährung von Hilfe durch Augustus den Namen Kaisarea Tralleis (Hahn 1994, 46f. mit Anm. 273).

Betonen schon die direkte Gesandtschaft an den Kaiser wie auch die erwähnten Formen der Dankesbezeugung die besondere Bedeutung, die man der kaiserlichen Person innerhalb des Hilfsprozesses zuwies, so wird dies noch evidenter, wenn wir sehen, daß häufig der Kaiser die betroffenen Gebiete selbst bereiste, die Schäden in Augenschein nahm und persönlich Trost spendete. So besuchte etwa Hadrian im Jahre 124 das von einem Beben geschädigte Nikaea (Halfmann 1986, 191, 198f.), Marc Aurel besah sich die Schäden in Smyrna, das 177/78 von einer seismischen Erschütterung stark in Mitleidenschaft gezogen worden war, wobei der Kaiser sogar Tränen vergossen haben soll, als ihm das Schadensausmaß gezeigt wurde. Eine Betroffenheit, die der Rhetor Aelius Aristides dahingehend ausnützte, daß er durch mehrere sehr emotionale Reden an den Herrscher die Unterstützung für seine Heimatstadt zu vergrößern suchte, ein Ziel, das er auch erreichte (Waldherr 1997, 203f.). Im Jahre 362 bereiste Kaiser Iulian die kurz vorher von einem Erdbeben heimgesuchte Stadt Nikomedia (Waldherr 1997, 211).

Die kaiserliche Präsenz mußte nun gar nicht immer erst zur Initialzündung, zum auslösenden Faktor für die Hilfsmaßnahmen werden, diese hatten nicht selten schon vorher begonnen, aber wir können festhalten, daß sich der Herrscher selbst bemüßigt sah, nach dem Rechten zu sehen - so bezeugt Cassius Dio (66, 24, 1) die persönliche Anwesenheit Titus' in Kampanien nach dem Vesuvausbruch im Jahre 79. Der vor Ort präsente Kaiser sicherte den Geschädigten die kaiserliche Fürsorge zu und vermittelte Hoffnung auf Wiedergutmachung. Deutlicher konnte der Kaiser wohl kaum zeigen, daß er als Herrscher des Reiches eine individuelle Verantwortung für das Wohl der Reichsbewohner auf sich nahm. Dementsprechend wurde er auch persönlich als Quelle der Hilfen angesehen und an seine Großherzigkeit appelliert. Sein Trost stärkte die Betroffenen und er wurde als Heros geehrt.

Eine wichtige Rolle wird im Rahmen der unterschiedlichen Hilfsaktivitäten in den Quellen dem Einsetzen und der Abordnung eines hochrangigen Beamten oder einer ganzen Kommission in der Funktion von sachverständigen Gutachtern eingeräumt. - Wir haben das schon beim 12-Städte-Beben gesehen und die Reihe der Beispiele ließe sich bis in die Spätantike hinein fortsetzen. Gehen wir davon aus, daß zusammen mit diesen Gutachtern auch Spezialisten - Architekten, Baufachleute usw. - in die geschädigten Gebiete geschickt wurden, so scheint dies auf den ersten Blick mit dem zu parallelisieren zu sein, was wir schon in der Polybios-Stelle als Bestandteil des vorrömischen Musters konstatieren konnten. Aber ist es wirklich das gleiche?

Bereits zu den augusteischen Initiativen für die erdbebengeschädigte Stadt Tralleis im Jahre 26/25 v. Chr. gehörte die Entsendung einer siebenköpfigen konsularen Kommission (Agath. 2, 17). Tacitus spricht davon, daß ein Mitglied des Senats ausgewählt wurde, um die Situation nach dem 12-Städte-Beben im Katastrophengebiet in Augenschein zu nehmen und dann nach Einschätzung der Lage die richtigen Initiativen zu veranlassen. Nach dem Vesuvausbruch sollte sich eine von Titus nach Kampanien geschickte Kommission um die Regulierung der Schäden kümmern (Sueton, Titus 8, 7), und auch der Anteil Hadrians am Wiederaufbau von Nikaia beschränkte sich nicht auf die Initiierung und Finanzierung der Restaurierungsarbeiten, sondern der Kaiser nahm persönlich Einfluß auf die Ernennung eines gewissen Patrokles zum ἐπιστάτης τῶν ἔργων, also einer Person, die mit der Aufsicht der Arbeiten betraut wurde (Corsten 1987, 111ff.). - Die

Reihe der Beispiele ließe sich noch um einiges fortführen. Aber ich denke, es wird klar, worauf es ankommt: Der Kaiser unterstützte die Behebung der Schäden nicht nur durch die Gewährung verschiedenartiger Hilfsmaßnahmen, nein, er scheute sich nicht - und zwar bereits zu Beginn des Prinzipats - die angelaufenen Aktivitäten durch eigens dafür entsandte Amtsträger auch zu kontrollieren und zu leiten. Dies stellte zweifellos einen gravierenden Eingriff in die sonst weitgehend geachtete Selbstverwaltung der Städte dar, der aber wohl auch von den Betroffenen als durchaus vertretbar und angemessen eingeschätzt wurde. Wir hören zumindest nichts davon, daß sich die geschädigten Städte in irgendeiner Weise davon beeinträchtigt gesehen und auf ihre Autonomie gepocht hätten. Hier greifen wir schon früh - auch schon vor den Briefen des Sonderbeauftragten Plinius aus der Provinz Pontus et Bithynia (Plin. ep. X), in denen sich die breitgefächerte Fürsorge Trajans um die öffentliche Bautätigkeit bereits als Norm zu erkennen gibt - Beispiele dafür, wie der römische Kaiser seine Stellung im Imperium definierte und daß er keinerlei Probleme hatte, die Autarkie der Städte zu beschneiden, wenn, wann und wo ihm dies notwendig schien.

Kaiserliche Fürsorge nach Katastrophen heißt also nicht nur selbstloses Zur-Verfügung-Stellen von materieller und administrativer Unterstützung, sondern es bedeutet auch Kontrolle und Lenkung der Wiederaufbau- und anderer Hilfsprozesse.

Worauf gründete nun der Herrscher die Berechtigung zu derartigem Verhalten nach Naturkatastrophen?

Die gesamten Hilfsaktivitäten von kaiserlicher Seite wurden bisher - auch von mir - fast ausschließlich als Ausfluß einer herrscherlichen Tugend gesehen, die von Augustus an einen festen und wichtigen Platz in der Darstellung der kaiserlichen Majestas, im Kanon der virtutes römischer Kaiser einnahm, nämlich der liberalitas (principis). Liberalitas umschreibt ganz allgemein die noble Haltung des Freien in materiellen Dingen gegenüber seiner Umwelt (Kloft 1987, 362f.; Waldherr 1989, 29ff.) Als kaiserliche Tugend stellte sie eine Kontinuitätsformel dar, die das Prinzipat mit der Republik verband. Im Kaiserreich trug die liberalitas principis genauso wie die liberalitas der reichen privati vor allem in den Städten entscheidend zum sozialen Frieden und zur Stabilität des Herrschaftssystems bei, wenn sie nicht sogar dafür mit konstituierend war. Zu der angesprochenen liberalitas gehörte zweifelsfrei neben Geld- und Lebensmittelspenden, Privilegienverleihung und der Ausrichtung von Spielen auch und im Besonderen die Baufürsorge. Ich glaube aber sagen zu dürfen, daß der nach Naturkatastrophen initiierte Mechanismus an Hilfsmaßnahmen über den reinen liberalitas-Beweis des Kaisers hinausgriff, wie die von mir gerade akzentuierten Komponenten zeigen. Die angesprochenen Verhaltensweisen weisen nämlich in die Richtung eines weiteren für die Entwicklung der römischen Gesellschaft und Sozialordnung entscheidenden Prinzips, sie weisen auf das Verhältnis zwischen pater familias und der von ihm abhängigen Mitglieder seiner familia, zwischen patronus und cliens, also zwischen Herrn und Schutzbefohlenen. In Weiterführung und Erweiterung einer der wesentlichen Entwicklungstendenzen der ausgehenden Republik hatte sich Augustus zum parens aller Reichsbewohner gemacht, eine Eigenschaft, die er schon durch den Treueeid konstituierte, den die Bewohner Italiens und der Westprovinzen im Jahre 32 v. Chr. auf ihn persönlich schwören mußten (Aug. res gestae 25: coniuratio Italiae) und der seine auctoritas mitbegründete. Die tutela für alle Reichsbewohner (Weileder 1998, 61ff.) manifestierte sich dann aber vor allem in der Übernahme des pater patriae-Titels durch Augustus im Jahre 2 v. Chr.: senatus et equester ordo populusque Romanus universus appellavit me patrem patriae (Aug. res gestae 35; dazu Kienast 1999, 132f.; Pabst 1997, 101ff.). Seine Nachfolger haben diesen Titel und damit auch ein wesentliches Moment im Selbstverständnis des Kaisertums weitergeführt. Ausgedrückt waren damit die Pflicht, aber eben auch das Recht zur Sorge um das gesamte Gemeinwesen. Alle Reichsbewohner standen in einem patriarchalischen Abhängigkeitsverhältnis zum Herrscher, er schuldete ihnen alle Verpflichtungen, die der pater familias den Angehörigen seiner Familie gegenüber zu erfüllen hatte, er mußte für ihr Wohl sorgen, er mußte und durfte sie aber auch kontrollieren und leiten. Im Rahmen dieses Selbstverständnisses oblag nun dem Kaiser auch die über die reine Freigebigkeit (liberalitas), also die Gewährung von materiellen Hilfen hinausgehende, durchaus kontrollierend und lenkend eingreifende Fürsorge bei großen Schädigungen bestimmter Reichsteile nach Naturkatastrophen. Die dazu passende Tugend war die pietas, das richtige Verhalten gegenüber den Göttern, aber auch den Menschen, sie wird im übrigen auch auf den oben bereits erwähnten Sesterzen des Tiberius mit der Umschrift CIVITATIBUS ASIAE RESTITRUTIS durch das Bild des opfernden Kaisers evoziert (Lummel 1991, 47). Bereits seit Augustus war der Kaiser der treusorgende Vater (Val. Max. 9, 11, ext.4: parens noster (Tiberius)) für den gesamten orbis romanus, er war dafür verantwortlich, daß es allen seinen Reichsbewohnern gut ging. Von ihm mußten daher Initiativen ausgehen, wenn die salus publica (öffentliche Wohlergehen) gestört war. Galba läßt im Jahre 68 erstmals Münzen mit der Umschrift salus generis humani prägen, die ihn als Unterpfand für das Heil der Menschheit preisen. Der Kaiser wurde im Laufe der Zeit immer mehr zum Ursprung der und gleichzeitig zur Garantie für die salus publica (Schwarte 1977, 229). Je weiter diese Entwicklung gedieh, desto umfassender mußten auch die Eingriffe des Herrschers in die Autonomie der Kommunen ausfallen und desto mehr mußte die Person des Kaisers im Zentrum aller Aktivitäten stehen. Desto mehr verließ der Kaiser aber auch in der Vorstellung der

Reichsbewohner die rein menschliche Sphäre und transzendierte zu einem Wesen, dem man sakrale Ehrungen entgegenbringen mußte.

Dafür, daß der Herrscher bei der Katastrophenfürsorge vorrangig als 'pater patriae' wirkte, spricht auch noch, daß mit diesem mehrdimensionalen Epitheton nicht nur der fürsorgende Vater angesprochen wird, sondern auch der Stadtgründer Romulus (Alföldi 1971, 14ff., 113ff.). Der Kaiser steht also in der Nachfolge des Gründer-Heros Roms, ja er dehnt diese Tätigkeit sogar noch auf das gesamte Reich aus. Hier finden auch die erwähnten Münzumschriften und Städtebeinamen, in denen der Herrscher als Gründer bzw. Neugestalter aufscheint, ihre Basis. In den Augen der Römer war dies das Größte, was die menschliche Tugend erreichen konnte. Schon Cicero bemerkt: Neque enim est ulla res, in qua propius ad deorum numen virtus accedat humana, quam civitatis aut condere novas aut conservare iam conditas (de re publ. 1, 7, 12). Augustus und seine Nachfolger reihen sich damit ein in eine Abfolge von hervorragenden legendären und tatsächlichen Gestalten der römischen Geschichte (Alföldi 1971, 28ff.).

ZUSAMMENFASSUNG:

Aus den Quellen tritt uns für die gesamte römische Kaiserzeit ein in gewisser Weise mechanisch, verstanden als ein in bestimmten Regeln und mit einem gewissen Automatismus, ablaufender Prozeß kaiserlicher Aktivitäten zur Hilfe nach Naturkatastrophen (v. a. Erdbeben) entgegen, der sich mit bestimmten strukturellen Parallelen in die klassisch-griechische und vor allem in die hellenistische Zeit zurückverfolgen läßt. Allerdings ergeben sich doch bei eingehender Betrachtung einige entscheidende Unterschiede zwischen den gegenseitigen Hilfeleistungen griechischer Mächte im östlichen Mittelmeer und der Katastrophenfürsorge römischer Kaiser. Die Divergenzen liegen dabei vorrangig in der ideologischen Verankerung der Aktivitäten:

An Stelle eines auf Gegenseitigkeit gründenden, interkommunalen sozialen Netzwerkes, dessen Verbindungslinien sozusagen horizontal verliefen, trat in der Kaiserzeit ein vertikal auf den Kaiser zentriertes und von ihm ausgehendes System, das durch seine hierarchische Ausrichtung die politische Situation im Reich widerspiegelte. Nicht mehr die Beziehungen verschiedener Mächte und Mächtiger untereinander garantieren die Wohlfahrt des Einzelnen, sondern die Verbindung der einzelnen Kommunen zur zentralen Macht.

Die salus publica kam nun immer mehr vom Kaiser. Dieser erfüllte einerseits durch materielle (Geldspenden, Steuer- und Abgabennachlaß) wie auch personelle (Arbeitskräfte, Know-How) Unterstützung seine Verpflichtungen, die aus der ihm abgeforderten liberalitas erwuchsen. Andererseits zeigte er aber auch durch persönliche Präsenz, durch Kontrolle und Lenkung der Schadensregulierung mit Hilfe von ihm eingesetzter Sachverständiger eine über die liberalitas-Verpflichtung hinausgehende Fürsorge, die seinem Selbstverständnis als patronus der gesamten Reichsbevölkerung entsprach. Ideologischer Ausdruck dafür war vor allem der pater patriae-Titel, der von Augustus an fest zur Herrschertitulatur römischer Kaiser gehörte.

Im Dankesgestus, der keineswegs freiwillig erfolgte, sondern vom Kaiser für seine Aktivitäten erwartet wurde, verbanden sich Dankbarkeit für die erwiesenen Hilfen mit Anerkennung der kaiserlichen Autorität und Ergebenheitsbeweisen von Beherrschten. Auf diese Weise fanden sich die Katastrophenhilfen in die Herrschaftsideologie römischer Kaiser integriert als eine wichtige Stütze des Systems und als Ausdruck der Abhängigkeit aller Reichsbewohner vom Macht- und Heilszentrum, das sich im jeweiligen Herrscher personalisierte.

LITERATUR

Alföldi 1971: A. Alföldi, Der Vater des Vaterlandes im römischen Denken (Darmstadt 1971).

Broughton 1935: T. R. S. Broughton, Some Non-Colonial Coloni of Augustus, TAPhA 66, 1935, 18ff.

Clementoni 1989: G. Clementoni, Tiberio e il problema della protezione civile. In: M. Sordi (Hrsg.), Fenomeni naturali e avvenimenti storici nell'antichità (Milano 1989) 167ff.

Corsten 1987: Th. Corsten, Ein Baubeauftragter Hadrians in Nikaia, EA 10, 1987, 111ff.

Guidoboni 1989: E. Guidoboni, I terremoti prima del Mille in Italia e nell'area mediterranea (Bologna 1989).

Hahn 1994: U. Hahn, Die Frauen des römischen Kaiserhauses und ihre Ehrungen im griechischen Osten anhand epigraphischer und numismatischer Zeugnisse von Livia bis Sabina (Saarbrücken 1994).

Halfmann 1986: H. Halfmann, Itinera Principum. Geschichte und Typologie der Kaiserreisen im römischen Reich (Stuttgart 1986).

Helly 1987: B. Helly, La Grèce antique face aux phénomènes sismiques. In: J. Bonnin/T. Hackens/B. Helly (Hrsg.), Atti del Corso Europeo di Formazione: „La protezione e conservazione del patrimonio culturale nelle zone a rischio sismico", Pact 18 (Ravello 1987) 159ff.

Horster 1997: M. Horster, Literarische Zeugnisse kaiserlicher Bautätigkeit. Eine Studie zu Baumaßnahmen in Städten des Römischen Reiches während des Prinzipats (Stuttgart 1997).

Kienast 1999: D. Kienast, Augustus. Prinzeps und Monarch (Darmstadt ³1999).

Kloft 1987: H. Kloft, Freigebigkeit und Finanzen, der soziale und finanzielle Aspekt der augusteischen Liberalitas. In: G. Binder (Hrsg.), Saeculum Augustum I (Darmstadt 1987), 361ff.

Kobes 1993: J. Kobes, Rhodos und das Erdbeben von 227 v. Chr., MBAH 12, 1993, 1ff.

Levick 1986: B. Levick, Tiberius the Politicen (London ²1986).

Lummel 1991: P. Lummel, „Zielgruppen" römischer Staatskunst: Die Münzen der Kaiser Augustus bis Trajan und die trajanischen Staatsreliefs, Diss. Würzburg (München 1991).

Mitchell 1987: S. Mitchell, Imperial Building in the Eastern Roman Provinces, Harvard Studies in Classical Philology 91, 1987, 333ff.

Pabst 1997: A. Pabst, Comitia Imperii. Ideelle Grundlagen des römischen Kaisertums (Darmstadt 1997).

Schwarte 1977: K. H. Schwarte, Salus Augusta Publica. Domitian und Trajan als Heilbringer des Staates. In: A. Lippold (Hrsg.), Festgabe für J. Straub (Bonn 1977), 225ff.

Volkmann 1969: H. Volkmann, Res gestae divi Augusti (Berlin ³1969).

Waldherr 1989: G. Waldherr, Kaiserliche Baupolitik in Nordafrika. Studien zu den Bauinschriften der diokletianischen Zeit und ihrer räumlichen Verteilung in den römischen Provinzen Nordafrikas (Frankfurt 1989).

Waldherr 1997: G. Waldherr, Erdbeben - Das außergewöhnliche Normale. Zur Rezeption seismischer Aktivitäten in literarischen Quellen vom 4. Jahrhundert v. Chr. bis zum 4. Jahrhundert n. Chr. (Stuttgart 1997).

Waldherr 1998: G. Waldherr, Altertumswissenschaften und moderne Katastrophenforschung. In: E. Olshausen/H. Sonnabend (Hrsg.), Stuttgarter Kolloquium zur Historischen Geographie des Altertums 6, 1996: 'Naturkatastrophen in der antiken Welt' (Stuttgart 1998) 51ff.

Weileder 1998: A. Weileder, Valerius Maximus. Spiegel kaiserlicher Selbstdarstellung (München 1998).

Wierschowski 1998: L. Wierschowski, Die demographisch-politischen Auswirkungen des Erdbebens von 464 v. Chr. für Sparta. In: Olshausen/Sonnabend 1998 a. O. 284ff.

Winter 1996: E. Winter, Staaliche Baupolitik und Baufürsorge in den römischen Provinzen des kaiserzeitlichen Kleinasien (Bonn 1996).

Winter 1998: E. Winter, Strukturelle Mechanismen kaiserlicher Hilfsmaßnahmen nach Naturkatastrophen. In: Olshausen/Sonnabend 1998 a. O. 147ff.

Wolfgang Vetters und Heinrich Zabehlicky

EINE KLIMAKATASTROPHE UM 200 N. CHR.
UND IHRE ARCHÄOLOGISCH-HISTORISCHE NACHWEISBARKEIT

WEITERE ERKENNTNISSE ZUM AUSBRUCH DES VULKANS TAUPO UM 185 N. CHR.

Wie schon in den beiden früheren Studien (Vetters 1993, Zabehlicky 1994, Kandler u. a. 1995) zu den klimatischen Auswirkungen des Großausbruchs des Vulkans Taupo (N-Insel von Neuseeland) gegen Ende des 2. Jahrhunderts n. Chr. angeführt wurde, hatte dieser gigantische Ausbruch mit rund 100 km³ Auswurf weltweite Wetterverschlechterungen für etwa 40 Jahre zur Folge. Ohne diese früheren Überlegungen zu wiederholen sollen hier neue Daten und Erkenntnisse zu diesem Ereignis angeführt und weitergehende Überlegungen zu den Auswirkungen diskutiert werden.

Eiskerndatierungen aus dem Grönland- und Antarktis-Inlandeis (Hammer 1984)

Seit etwa 1980 werden im grönländischen Inlandeis Tiefbohrungen bis zur Sohle des Eiskörpers durchgeführt und genauesten chemischen und physikalischen Untersuchungen unterzogen. Dabei kann so ein Inlandeis-Bohrkern als Dokumentation aller Staubeinfälle größeren Ausmaßes betrachtet werden, da der Staub - gleich aus welcher Ursache - durch die nachfolgenden Schneefälle bzw. darüberliegenden, jüngeren Eislagen konserviert wird. Das bedeutet, daß für einen Zeitraum von mehr als fünfzigtausend Jahren diese Inlandeiskörper eine lückenlose Dokumentation von kosmischen Staubereignissen (Meteoriteneinschläge), Mega-Vulkanausbrüchen, Riesenwaldbränden, Staub von den Kontinenten (z. B. Löß) oder humanen Staubproduktionen (z. B. oberirdische Atomtests) darstellen. Aufgrund chemischer Analysen lassen sich auch die Zusammensetzung der Stäube bzw. radioaktive Strahlung feststellen.

Methodik der Eiskerndatierung

Die Eisbohrkerne werden geophysikalisch auf ihre Leitfähigkeit vermessen, da diese mit zunehmenden Säuren verbessert wird (Electric Conductivity Measurement, ECM), dabei treten die Lagen mit vulkanischen Aschen besonders hervor (Clausen u. a. 1997). Kleine Probenmengen der Aschen oder Stäube werden dann mittels Ionen-Chromatographie, Raster- und Transmissionselektronenmikroskopie, Elektronenmikrosonde analysiert, Kornform, Größe und Chemismus festgehalten und mittels ¹⁸O Bestimmung datiert. Man erhält somit sämtliche Informationen über Herkunft und Alter solcher Staub- oder Aschelagen. Zusätzlich können durch das sogenannte „Ice-Radar" (=elektromagnetisches Reflexionsverfahren EMR) die Horizonte mit erhöhter Leitfähigkeit (= höherer Säureanteil) profilmäßig erfaßt und anschließend mit den Eiskernen korreliert werden.

Je weiter ein Eruptionszentrum vom Inlandeiskörper entfernt ist, umso feiner, aber auch fraktionierter sind diese Aschen. Fraktioniert heißt in diesem Falle, daß eventuelle basische (SiO₂ arme) Anteile infolge des höheren spezifischen Gewichtes fehlen können, womit ein saurer (SiO₂ reicher) Chemismus der Aschen vorgetäuscht wird.

Die sichtbare Lage im Eiskern DYE 3

Hammer 1984 berichtet über diesen auffälligen, frei sichtbaren, mehrere Zentimeter dicken Horizont bei Kernmeter 751,51 m, da dies eine statistische Anomalie ist; denn sonst sind vulkanogene Lagen kaum sichtbar und nur durch die höhere Acidität (von den vulkanischen Säuren wie H₂SO₄, HCl, und HF) erkennbar. In dieser Arbeit wird noch als Datum 174–175 n. Chr. angegeben. Bei Clausen u. a. 1997 wird das Ereignis um 4 Jahre jünger mit 178 n. Chr. angegeben. Da das bisherige Datum der Taupo Eruption mit 186 n. Chr. aus einer älteren Arbeit (Suggate u. a. 1978) stammt, kann es durchaus durch Neukalibrierungen zu zeitlichen Verschiebungen von mehreren Jahren kommen.

Die Eruption des Taupo, so genau, wie sie datiert scheint, hat sich sicherlich nicht an einem Tag abgespielt, sondern es können Monate, ja vielleicht sogar auch zwei oder drei Jahre gewesen sein. Dies würde auch die mehrere Zentimeter dicke Lage im DYE 3 Eiskern erklären. Sicher ist jedenfalls, daß die Aschenwolke, gemeinsam mit den verschiedenen Gasen und Aerosolen, jahrelang in der Stratosphäre verweilte. Dies wird auch durch eine Chronik, die unter dem chinesischen Kaiser Ling Ti (168–189 n. Chr.) verfaßt wurde, bestätigt. Es werden die auffallend blutroten Sonnenauf- und -untergänge beschrieben. Die mangelnde Kraft der Morgensonne, die erst bei etwa 25° über dem Horizont spürbar wurde, ist naturgemäß besonders durch die Landwirte beobachtet worden (Wilson u. a. 1980 zit. aus: Hammer 1984).

Wolfgang Vetters und Heinrich Zabehlicky

Problematik des Eiskernes DYE 3

Hammer 1984 referiert über drei Eiskerne Grönlands DYE 3, Camp Century und Créte, in denen diverse Aschenlagen von isländischen Vulkanausbrüchen nachgewiesen wurden. Im Kern DYE 3 ist auch die Aschenlage mit der Datierung 174–175 n. Chr. noch als fragliche Taupo-Bildung ausgewiesen, die jedoch bei den beiden anderen Kernen fehlt. Clausen 1997 vergleicht die Bohrung DYE 3 mit Kernen der Bohrung GRIP und stellt dort ebenfalls die Lücke um etwa 178 n. Chr. fest. Hempel 1993 vergleicht die Bohrungen GRIP und GISP 2 mit Hilfe des „Ice-Radar" in einem Profil und kann neben der Eisbedeckung auch zahlreiche Vulkanaschen nachweisen und deren Deformationen durch die internen Eisbewegungen in den Profilen demonstrieren. Es wäre denkbar, daß dieser charakteristische Horizont von DYE 3 in den anderen Kernen durch diese internen Translationsbewegungen des Eises ausgequetscht wurden.

Die nachfolgenden Überlegungen zum Kern GRIP stammen aus einer brieflichen Mitteilung von Hempel 1999, dem dafür herzlichst gedankt sei. In einem Detailausschnitt des GRIP Kernes (zur Verfügung gestellt von der Universität Kopenhagen) für die Tiefe von 339,9 m - 493,1 m, das entspricht dem Zeitraum von 514 n. Chr. - 244 v. Chr. sind bekannte vulkanische Ereignisse mit ihrem ECM - Log dargestellt. In 413,3 m bzw. 159 n. Chr. ist ein markanter Horizont ausgewiesen und darüber liegt ein etwas schwächerer Horizont bei 408,5 m (= ca. 180 n. Chr.), der auch im Profil als Horizont bei einer Laufzeit von 4,8 ms abgebildet ist.

Es hat den Anschein, daß dieser Horizont des Taupo-Ereignisses, wenn auch schwächer, so doch, im Kern der Bohrung GRIP ebenfalls nachweislich ist. Ungeklärt bleibt jedoch einstweilen die Frage, warum das Taupo-Ereignis im Antarktis-Eiskörper nicht nachweisbar ist, wo doch die Nachbarschaft eher zu einer Aschenakkumulation verleiten würde (Hammer 1984). Waren die Windströmungen ungünstig oder fand ein derartig intensiver Abschmelzprozeß mit Abtragung statt?

Abschließend sollen die Fakten des geowissenschaftlichen Nachweises der Auswirkungen des Taupo-Ereignisses zusammengefaßt werden. Im letzten Viertel des 2. Jh. n. Chr. fand ein Mega-Ausbruch des Vulkans Taupo mit rund 100 km³ Auswurf in Neuseeland statt. In grönländischen Eiskernen sind Spuren von vulkanogenen Stäuben für etwa diesen Zeitraum nachweisbar.

Verglichen mit dem etwa gleich großen Ausbruch des Tambora im Jahr 1815, der sehr gut klimatologisch erfaßt wurde, ist bei derartigen Dimensionen ein Absinken des Jahresmittels von 4 bis 5° C nachgewiesen. Rund 40 Jahre dauert es bis der normale Jahresdurchschnitt der Temperatur wieder erreicht wird, da erst in diesem Zeitraum die feinen Stäube aus der Troposphäre und der Stratosphäre entfernt sind. Ab dem letzten Viertel des 2. Jahrhunderts n. Chr. ist nach einem Klimaoptimum des 1. Jahrhunderts v. Chr. ein kontinuierlicher Temperaturrückgang bis in das 10. Jahrhundert nachgewiesen. Für die Bevölkerung Europas bedeutet ein derartiger Impakt des generellen Klimas eine verheerende Wetterverschlechterung mit deutlich erhöhten Niederschlägen (Hochwasser), kühlen regnerischen Sommern (Mißernten) und in den Extremlagen verheerenden landwirtschaftlichen Auswirkungen. Für die Jahre 1816 und 1817 besitzen wir entsprechende Dokumente und Klimaaufzeichnungen, die - auf den Taupo übertragen - das Bild des letzten Viertels des 2. Jahrhunderts illustrieren.

Herzlichen Dank schulde ich Herrn Dr. Ludwig Hempel in D - 64 331, Weiterstadt, für seine enorme und zielführende Hilfe bezüglich der Eiskerne aus Grönland. Außerdem danke ich Herrn Prof. C. U. Hammer, Kopenhagen, herzlich für seine entgegenkommende Unterstützung und Hilfe. W.V.

WEITERE ARCHÄOLOGISCH-HISTORISCHE HINWEISE AUF DIE KLIMAVERSCHLECHTERUNG UM 200 N. CHR.

Ausgangspunkt unserer Überlegungen waren einige auffällige Befunde im österreichischen Raum, die schon vorgelegt und mit einigen Vergleichen auf europäische Dimension erweitert wurden (Vetters 1994, Zabehlicky 1994, Kandler u. a. 1995). Stichwortartig seien Siedlungsverlegungen, Hochwasserbefunde, massierter Einbau von Heizungen in Wohnbauten und ein Wandel in der militärischen Uniform wiederholt.

Hier sollen nun Befunde aus Ephesos und erste Ergebnisse einer Überprüfung der historischen Quellen vorgelegt werden.

Zunächst der Befund in den Hanghäusern in Ephesos, der Hauptstadt der Provinz Asia. Diese Hanghäuser (1 und 2) sind große insulae, die im Zentrum von Ephesos als Wohnbauten vom ausgehenden 1. vorchristlichen Jahrhundert bis in die Spätantike genutzt wurden (Wiplinger/Outschar 1995).

Nach den freundlichen Angaben von H. Thür, die die Bauanalyse der Wohneinheiten 4 und 6 des Hanghauses 2 bearbeitet, und der Keramikbestimmungen, die U. Outschar verdankt werden, werden im Hanghaus 2 in severischer Zeit umfangreiche Baumaßnahmen gesetzt (Thür 1997, 38 f.). Ich danke den genannten für die Zustimmung, diese Ergebnisse noch nicht publizierter Arbeiten anführen zu dürfen (Thür, im Druck): „Die WE 6 wurde in severischer Zeit umgebaut und neu ausgestattet: Der Peristylhof wird umgestaltet, die Apsis der Basilika erhöht, das Tonnengewölbe geschlossen bzw. erhöht, darauf dürfte die Verstärkung der tragenden Mauern zurückgehen."

Der zuvor weit offene Zugang zum „Stuckzimmer" derselben Wohneinheit wird ebenfalls in dieser Bauphase, allerdings etwas später, verkleinert. Alle diese Maßnahmen schaffen geschlossene oder besser geschützte Räume und passen damit in eine Zeit, in der mit schlechterem Wetter zu rechnen ist. Es sei aber darauf hingewiesen, daß die Aufarbeitung der Baugeschichte dieser Wohneinheiten noch im Gange ist und daß diesen Aussagen noch vorläufiger Charakter zukommt. Für den „Marmorsaal" wird eine sekundäre Überdachung als möglich angegeben, doch fehlt die Evidenz, daß dieser Raum ursprünglich überhaupt offen war (Koller 1999, 30). Damit ist natürlich Vorsicht gegenüber einem möglichen Zirkelschluß in diesem Falle gegeben.

Auch wird in dieser Zeit die Prozessionsstraße von der Stadt zum entfernten Artemision mit einer Halle überdeckt, die vor einigen Jahren an mehreren Stellen angegraben worden ist. Hier kennen wir den Stifter, den reichen ephesischen Bürger und römischen Ritter T. Flavius Damianos. Knibbe 1993 hat zusammengestellt, was über ihn bekannt ist und kam zu dem Schluß: „Für die Erbauung der Stoa ergibt sich somit ein Zeitraum von Jahrzehnten ab ca. 185, der sich auch beim besten Willen einstweilen nicht näher eingrenzen läßt". Dazu kommt in diesem Fall die Begründung für den Bau der Halle, die uns der Biograph des genannten Stifters, Philostratos, de vita sophistarum II 23 überliefert. Neben anderen Wohltaten wird angeführt: „Der Sinn des Bauwerkes ist, daß der Göttin nicht die Verehrer ausbleiben, wenn es regnet." Diese Formulierung hat Knibbe noch in seiner ersten Beurteilung als Hinweis auf die sinkende Bedeutung des Artemiskultes verstanden, weil es ja wohl auch vorher schon geregnet hat, er hat aber nach dem Hinweis auf die hier behandelte Klimakatastrophe die Errichtung der Halle gerne als Reaktion auf schlechteres Wetter akzeptiert (Knibbe 1998, 272; Knibbe 1999, 451 und 453).

Daran schließt die Frage, ob sich in der antiken Literatur Hinweise auf eine Klimaverschlechterung finden lassen. Selbstverständlich war der Kausalkonnex zwischen dem Ausbruch eines Vulkanes weit außerhalb der bekannten Oikoumene mit der Wetterverschlechterung nicht durchschaubar und wir haben auch keine römischen Wetteraufzeichnungen. Bei Durchsicht der Quellen zur Regierungszeit des Commodus fällt aber doch einiges auf: Es häufen sich portenta et prodigia in seiner Regierungszeit: Manche Sterne waren auch bei Tag zu sehen, andere waren in die Länge gezogen. - Der Himmel stand in Flammen. - Wiederholter Nebel und Finsternis. - Mißgeburten bei Tieren kamen gehäuft vor. - Vorzeichen und Vogelzeichen, die auf Brand hinwiesen. - Brand des Pax-Tempels. - Der Ianusbogen öffnete sich von selbst. - Eine Marmorstatue

des Anubis bewegte sich. - Eine Bronzestatue des Herkules schwitzte.

Die Darstellung des Commodus ist bei Herodian I 14,6, in der Historia Augusta, Commodus und auch bei Cassius Dio 73, 24 sicher tendenziös. Als verweichlichter Sohn seines hoch geschätzten Vaters Marcus sowie wegen Mord und Erpressung an Senatoren hat er keinen guten Ruf und die Häufung solcher portenta gehört zur Topik in der historiographischen Darstellung „schlechter" Herrscher.

Aus den angeführten portenta sind die Sterne, die bei Tag zu sehen sind, vielleicht am ehesten mit einer in chinesischen Quellen für das Jahr 185 belegten Supernova in Verbindung zu bringen (Stothers 1977). Die Erwähnung von caligo - Nebel bzw. Trübung der Luft - ließe sich aber mit den vermuteten Auswirkungen des Ausbruches des Taupo vorsichtig in Verbindung bringen. Nebel und Lufttrübung können auch als Ursache für die „in die Länge gezogenen Sterne" verstanden werden.

Auch die Ereignisgeschichte kann herangezogen werden: 189 brach eine Hungersnot aus, die durch Getreidespekulationen des curator annonae Papirius Dionysius oder des a cubiculis Cleander so verschlimmert wurde, daß ein Aufstand die Folge war.

Vielleicht als Folge dieses Ereignisses organisierte Commodus gegen Ende seiner Regierung eine afrikanische Getreideflotte nach dem Vorbild der alexandrinischen, für den Fall, daß die Versorgung aus Alexandria ausfallen sollte. Diese fürsorgliche Maßnahme ist in den Scriptores Hist. Aug. Commodus Antoninus 17, 7 überliefert. Sie ist erwähnt nach dem Bericht über seinen Tod und nach bitteren Bemerkungen darüber, daß er keine Bauten hinterließ und nicht einmal die von seinem Vater begonnenen vollendet hat. Die Maßnahme wird auch sofort dadurch geschmälert, daß die Umbenennung von Carthago und die Benennung der Flotte als Africana Commodiana Herculia als lächerlich bezeichnet werden. Aber um die Erwähnung dieser Maßnahme kommt auch der sehr tendenzielle Autor nicht herum. Sie ist also bei aller Skepsis gegenüber dieser Quelle ernst zu nehmen und die Einrichtung einer zusätzlichen Versorgungsmöglichkeit für Rom kann doch als Reaktion auf wetterbedingte Mißernten verstanden werden.

Es wäre gewiß falsch, den Wandel, der ab der 2. Hälfte des 2. Jahrhunderts n. Chr. die römische Welt, ihre Kultur, Wirtschaft und Politik erfaßt, ausschließlich auf die angesprochene Klimakatastrophe zurückführen zu wollen. Daß aber in einem Bündel von Ursachen auch die Verschlechterung des Klimas bzw. des Wetters eine Rolle spielt, halte ich für sehr wahrscheinlich.

H.Z.

LITERATUR:

Cassius Dio = Dios Roman history, with an English translation by E. Cary (London - Cambridge 1961).

Clausen u. a. 1997 = H. B. Clausen/C. U. Hammer/C. S. Hvidberg/D. Dahl-Jensen/J. P. Steffensen, A comparison of the records over the past 4000 years from the Greenland Ice Core Project and Dye 3 Greenland ice cores. Journal Geophys. Research 102, No. C 12., Nov. 30. 1997, 26 707 - 26 723.

Hammer 1984 = C. U. Hammer, Traces of Icelandic Eruptions in the Greenland Ice Sheet. Jökull 34, 1984, ÀR 51–65.

Hempel 1993 = L. Hempel/F. Thyssen, Deep Radio Echo Soundings in the Vicinity of GRIP and GISP2 Drill Sites. Greenland. Polarforschung 62 (1): 11–16, 1992 (1993).

Herodian = F. L. Müller, Herodian. Geschichte des Kaisertums nach Marc Aurel, griechisch und deutsch (Stuttgart 1996).

Historia Augusta = Scriptores Historiae Augustae, ed. E. Hohl, Leipzig 1977.

Kandler u. a. 1995 = M. Kandler/W.Vetters/H. Zabehlicky, Fragile towns in the north of the ancient Roman empire. A geo-ecological impact for the last quarter of the 2nd cty A.D. and earthquakes. In: La città fragile in Italia. Atti Primo convegno del gruppo nazionale di Geologia applicata con la partecipazione della International Association of engeneering Geology (I.A.E.G.) Sezione Italiana. Giardini Naxos (ME) 11–15 Giugno 1995, Preprint (Geologia applicata e Idrogeologia XXX, 1995) 561–568.

Knibbe 1993 = D. Knibbe, Anhang IV: T. Flavius Damianus. In: D. Knibbe/G. Langmann, Via Sacra Ephesiaca I. Ber. u. Mat. Österr. Arch. Inst. 3 (Wien 1993) 56–57.

Knibbe 1998 = D. Knibbe, Ephesos. Geschichte einer bedeutenden antiken Stadt und Portrait einer modernen Großgrabung (Frankfurt, Berlin, New York, Paris, Wien 1998).

Knibbe 1999 = D. Knibbe, Via Sacra Ephesiaca. In: 100 Jahre Österreichische Forschungen in Ephesos. Akten des Symposions Wien 1995. Arch. Forsch. 1 = Denkschr. Österr. Akad. Wiss. 260 (Wien 1999) 449–454.

Koller 1999 = K. Koller, Die dekorative Marmorwandausstattung des sogenannten Marmorsaales im Hanghaus 2 in Ephesos (ungedr. Diss. Wien 1999).

Stothers 1977 = R. Stothers, Is the supernova of A.D. 185 recorded in ancient Roman literature? In: Isis (Internat. Review devoted to the history of science and its cultural influences) 68, 1977, 443–447.

Suggate u. a. 1978 = R. P. Suggate/G. R. Stephens/M. T. Te Punga (eds.), The Geology of New Zealand (Wellington 1978).

Thür 1997 = H. Thür, Hanghaus 2, Wohneinheiten 4 und 6. In: St. Karwiese u. a., Ephesos. Jahresh. Österr. Arch. Inst. 66, 1997, Grab. 4–48.

Thür im Druck = H. Thür, Neues zur Wohneinheit 4 des Hanghauses 2 in Ephesos. In: Akten des 7. Österreichischen Archäologentages 1996, im Druck.

Vetters 1994 = W. Vetters, Der Taupo und das Klima in Europa um 200 A.D. In: H. Friesinger/J.Tejral/A. Stuppner (Hrsg.), Markomannenkriege - Ursachen und Wirkungen. VI. Internat. Symposium „Grundprobleme der frühgeschichtlichen Entwicklung im nördlichen Mitteldonaugebiet", Wien 23. - 26. November 1993. Spisy Archeologického Ústavu AV CR Brno (Brno 1994) 457–461.

Wilson u. a. 1980 = C. J. N. Wilson/N. N. Ambroseys/J. Bradley/G. P. L. Walker, A new date for the Taupo eruption, New Zealand. Nature 288, 1980, 252–253.

Wiplinger/Outschar 1995 = G. Wiplinger/U Outschar, Hanghaus 2 in Ephesos. In: P. Scherrer (Hrsg.), Ephesos - Der neue Führer (Wien 1995) 108–114.

Zabehlicky 1994 = H. Zabehlicky, Kriegs- oder Klimafolgen in archäologischen Befunden? In: H. Friesinger /J. Tejral/A. Stuppner (Hrsg.), Markomannenkriege - Ursachen und Wirkungen. VI. Internat. Symposium „Grundprobleme der frühgeschichtlichen Entwicklung im nördlichen Mitteldonaugebiet", Wien 23. - 26. November 1993. Spisy Archeologického Ústavu AV CR Brno (Brno 1994) 452–469.

Alain Vanderhoeven, Marleen Martens, Anton Ervynck, Brigitte Cooremans und Wim Van Neer

INTERDISZIPLINÄRE UNTERSUCHUNGEN IM RÖMISCHEN VICUS VON TIENEN (BELGIEN). DIE INTEGRATION VON ÖKOLOGISCHEN UND ARCHÄOLOGISCHEN DATEN.

1. EINLEITUNG

Seit 1986 finden in Tongeren, der Hauptstadt der Civitas Tungrorum, und seit 1995 auch in dem zur Civitas gehörenden Vicus von Tienen umfangreiche Ausgrabungen statt (Instituut voor het Archeologisch Patrimonium - Flämisches Institut für Bodendenkmalpflege). Von Anfang an beabsichtigten wir, archäologische und ökologische Funde, Keramik und anderes Material, Tierknochen und Pflanzenreste, so weit möglich zu integrieren, um so historische Ereignisse, die ihre Spuren auf den untersuchten Flächen hinterlassen haben, zu rekonstruieren (Vanderhoeven 1996, 192–193).

Die Civitas Tungrorum zählte vor der Gründung der beiden germanischen Provinzen zu der Gallia Belgica, danach wechselte sie zu der Germania Inferior (Abb. 1). Ihre Hauptstadt Tongeren, das antike Atuatuca Tungrorum, wurde Ende des 1. Jahrhunderts v. Chr. an der Straße von Boulogne nach Köln gegründet. Im 2. Jahrhundert erhielt sie Stadtrecht und heißt seitdem Municipium Tungrorum (Raepsaet-Charlier 1995). Die Civitas gliedert sich in drei Teile (Abb. 2). Im Norden befinden sich die Sandböden des südniederländischen und nordbelgischen Kempenlandes, in der Mitte liegt die zentrale Lößzone des Haspengouw und südlich davon erstrecken sich die Ausläufer der Ardennen. Die zentrale Lößzone erfuhr während der römischen Periode eine tiefgreifende Umformung. Hier lagen, verbunden durch wichtige Verkehrswege, die Civitashauptstadt und die wichtigsten Vici. Hier entwickelte sich eine Villenlandschaft. Die Landwirtschaft in der Lößzone wurde vom Getreideanbau geprägt (Kooistra 1996, 117–128 und Roymans 1996, 55–58 und 61–72). Auf den nördlich anschließenden Sandböden lagen verstreut die Siedlungen der autochtonen Bevölkerung mit ihren typischen Wohnstallhäusern. Hier hielten sich einheimische Traditionen. Die kleineren Siedlungen bestanden aus einigen nebeneinander stehenden Häusern, die größeren waren mehr oder weniger planmäßig angelegt und von tiefen Gräben umgeben. Hier dominierte Viehzucht (Slofstra 1991 und Roymans 1996, 51–55 und 72–84). Sehr gering ist unsere Kenntnis der ingesamt nur wenig intensiven Besiedlung in den nördlichen Ausläufern der Ardennen. Die wenigen bekannten Villen haben sich scheinbar eher auf die Gewinnung von Rohstoffen oder verschiedene Handwerkstätigkeiten orientiert als auf die Landwirtschaft (Bott und Cattelain 1997, Mathieu 1997 und Mignot 1997).

Die wichtigste ländliche Siedlung in der zentralen Lößzone der Civitas Tungrorum war der Vicus von Tienen (Abb. 3), der 35 km westlich von Tongeren an der Straße von Tongeren nach Cassel, dem Civitashauptort der Menapii, lag. Die Ausdehnung des Vicus wurde Anfang der siebziger Jahre, als zum ersten Male systematisch Altfunde und Baubefunde inventarisiert wurden, auf ca. 20 ha geschätzt (Mertens 1972 und Cramers und De Clerck 1983). Seit dem Beginn unserer Ausgrabungen im Jahre 1995, die sich auf den nördlichen und südlichen Rand der Siedlung konzentrieren, konnten wir feststellen, daß sich der Vicus im Laufe der ersten drei Jahrhunderte über ein Gebiet von über 50 ha ausgedehnt hat. Tienen war Zentrum eines regionalen Straßennetzes. Sekundäre Verkehrsverbindungen führten nach mindestens vier weiteren Vici.

Die zentrale Lößzone der Civitas Tungrorum galt in der Vergangenheit als ungünstiges Gelände für die Erhaltung aller ökologischen Fundkategorien. Die organischen Bestandteile der Tierknochen degradieren durch Oxydation. Durch die Entkalkung des Lösses, der durchschnittlich über 2 m mächtig ist, wird auch der mineralische Anteil der Knochen angegriffen. Da der Grundwasserspiegel innerhalb der Siedlungen, die fast immer auf den höchstgelegenen Flächen angelegt waren, sehr tief liegt, blieben unverkohlte pflanzliche Makroreste nicht erhalten. In flachen Gruben und Gräben ist auch Pollen restlos oxydiert und verloren. Ein zusätzliches Problem, mit dem der Archäologe auf Lößböden konfrontiert wird, ist die gewaltige Erosion, die an einigen Stellen so stark ist, daß große Teile der Siedlungen verschwunden sind. An anderen Stellen deckt ein mehrere Meter mächtiges Kolluvium die Siedlungsflächen ab.

Am Anfang unserer Grabungen in Tongeren und später auch in Tienen erwies sich glücklicherweise, daß dieses Bild zu pessimistisch war. Zunächst zeigten sich die Folgen der Entkalkung für die Erhaltung tierlicher Reste aus der römischen Periode als weniger dramatisch als erwartet. Insbesondere an den Stellen, wo zahlreiche Tierknochen im Boden lagen oder wo römischer Kalkmörtel in großen Mengen im Untergrund vorhanden war, waren Tierknochen erstaunlich gut erhalten. Ferner stellte sich heraus, daß auch pflanzliche Makroreste durch Mineralisierung in größerem Umfang erhalten waren. So fanden wir nicht nur die traditionellen Getreidearten und Ackerunkräuter, die durch ihre Verarbeitung (Darren und Rösten) eine bessere Aussicht auf Erhaltung haben. Darüber hinaus scheint das gesamte Spektrum der Kulturpflanzen in mineralisierter Form erhalten zu sein: Ölpflanzen wie Leindotter und Flachs, Hülsenfrüchte wie Linsen, Erbsen und Bohnen, Obst, Gemüse und Gewürzpflanzen wie Kirschen, Äpfel, Trauben und Feigen, Gurken, Gartenkresse, Koriander und Kapern. Die mineralisierten Samen und Früchte fanden wir - im städtischen wie auch im ländlichen Milieu - wiederholt in großen Mengen in Latrinen, Brunnen und anderen tiefen Gruben (Vanderhoeven 1993, 191–192).

Der Umfang der Erosion und Ablagerung des Kolluviums der Lößböden kann durch systematische Bohrungen in der Regel recht gut beurteilt werden, um so die römerzeitliche Topographie zu rekonstruieren. Wir können untersuchen, in welchem Umfang die Siedlungsareale durch Erosion gelitten haben und die Zonen erkennen, wo alle Befunde zerstört sind. Für geomorphologische Untersuchungen ist es wichtig zu wissen, in welcher Weise die Prozesse von Erosion und Sedimentation in den verschiedenen vor- und frühgeschichtlichen Perioden abgelaufen sind.

Ausgangspunkt jeder Berechnung der Erosionstiefe ist die Unterstellung, daß die Entkalkung des Lösses ein gleichmäßiger verlaufender Prozess ist. Löß ist ein homogenes, hellgelbes äolisches Sediment mit einer überwiegenden Siltfraktion, das sich durch einen hohen Kalkanteil auszeichnet. Zu Beginn war der Kalk im Löß homogen verteilt. Durch die Einwirkung des Regenwassers wurde er in den oberen Bodenschichten gelöst, ausgewaschen und in tieferen Schichten abgesetzt. Dieser Prozess kann nur in den Monaten stattfinden, in denen die Niederschlagsmenge die Verdampfung übertrifft. Es muß auch mehr Regen fallen als oberirdisch abfließen kann, da er sonst nicht versikkern kann (De Bakker und Edelman-Vlam 1976, 64).

Wenn nachgewiesen wurde, daß in einem bestimmten Gebiet die Tiefe der Entkalkung gleichmäßig ist, dann kann mit Hilfe der erhaltenen kalkhaltigen Zone der Umfang der Erosion berechnet werden. Die Tiefe der Entkalkung ist dabei letztlich von mehreren Variabelen abhängig, unter anderem dem Kalkgehalt des Lösses, der Vegetation, dem Klima und der Dauer der Entkalkung. Auch lokale Einflüsse wie Richtung und Neigungswinkel des Hanggefälles sind wichtig. Auf den belgischen und niederländischen Lehmböden liegen die Werte der Entkalkungstiefe zwischen 2,20 m und 3,40 m (Gullentops 1954, 123–252 und Mücher 1973, 259–276). Systematische Bohrungen in der Umgebung von nur geringfügig oder praktisch nicht erodierten Befunden zeigten, daß in der südlichen Peripherie des Vicus von Tienen die Entkalkungsgrenze in einer Tiefe von ca. 2,75 m liegt (Vormezeele 1999, 48). Die Abflachung des ursprünglichen Reliefs oder den Umfang der Erosion an einer bestimmte Stelle kann man gut berechnen, indem man die gemessene Tiefe der Entkalkung von der maximalen Entkalkungsgrenze eines vollständig erhaltenen Bodenprofils abzieht. Auf der gesamten Grabungsfläche wurde um die 5 m

die Höhe der heutigen Oberfläche, die Oberfläche nach dem Abschieben des Ackerbodens und, soweit vorhanden, die Mächtigkeit des Kolluviums gemessen. Darunter wurden Befunde sichtbar, die sich im Bereich des entkalkten Löß befinden. Ab diesem Niveau aus kann mit einem Handbohrer die Tiefe der Entkalkungsgrenze ermittelt werden. Dieser Wert wird von der ursprünglichen Tiefe der Entkalkung (2,75 m) abgezogen. Das Resultat ist der Verlust durch Erosion. Die errechnete Erosion addiert man zu der Höhe der erhaltenen Lehmschicht und áuf diese Weise kann das ursprüngliche Relief rekonstruiert werden.

An den Stellen, wo kein Kolluvium abgelagert ist, liegt der ursprüngliche Laufhorizont immer über dem heutigen. Aber auch bei einem mächtigen Kolluvium kann die antike Oberfläche durchaus unter der heutigen gelegen haben. Es kann also seit der römischen Periode zu einer Umkehr des Reliefs gekommen sein. Allgemein darf man sagen, daß die Abhänge heute weniger steil sind. Die Prozesse von Erosion und Kolluviumbildung verdienen besondere Berücksichtigung bei der Rekonstruktion des Siedlungsbildes auf den Lößböden der Civitas Tungrorum. Geomorphologische Untersuchungen sind für die Interpretation vor- und frühgeschichtlicher Siedlungen, aber auch für die Rekonstruktion historischer Prozesse ebenso wichtig wie die ökologischen und archäologischen Funde und Befunde. Dies setzt eine gemeinsame Fragestellung bei den Ausgräbern und Bearbeitern voraus.

Einen ersten Versuch solch einer integrierten Arbeitsweise, wie sie oben dargestellt wurde, wagten wir vor einige Jahren in Tongeren (Ervynck und Vanderhoeven 1997, Vanderhoeven u. a. 1992 und Vanderhoeven 1996). Dort betraf es die Rekonstruktion der Entwicklung eines vorflavischen Wohnviertels in der Civitashauptstadt. Befunde, Keramik, Haustier- und Getreidearten wurden für vier vorflavische Perioden statistisch ausgewertet und miteinander verglichen.

Im Folgenden werden wir einige neue, teilweise noch nicht abgeschlossene interdisziplinäre Untersuchungen aus dem Vicus von Tienen besprechen. 1995 und 1996 entdeckten wir in der nördlichen Peripherie des Vicus an der römischen Straße von Tienen zum Vicus von Elewijt ein Horreum und ein Badehaus aus der flavischen Zeit sowie ein Handwerkerviertel aus dem 2. Jahrhundert (Vanderhoeven u. a. in Druck und Abb. 3: A). 1997 begannen Notausgrabungen in der südlichen Peripherie des Vicus, die letztlich eine Gesamtfläche von etwa 20 ha umfassen. Neben Funden und Befunden aus dem Neolithikum, der Eisenzeit und dem Mittelalter konnten wir eine viereckige, von einem Spitzgraben umgebene Anlage aus der 1. Hälfte des 1. Jahrhunderts, ein Töpferviertel aus dem 2. und 3. Jahrhundert, ein Mithraeum und ein Gräberfeld untersuchen (Martens u. a. in Druck und Abb. 3: B).

Die Integration der ökologischen und archäologischen Daten dieser Fundkomplexe wird sich als unentbehrlich bei der Interpretation der Siedlungsreste erweisen. Im Folgenden werden wir uns auf die Ergebnisse der interdisziplinären Untersuchungen an drei Komplexen beschränken: (1) die von einem Spitzgraben umgebene Anlage aus der 1. Hälfte des 1. Jahrhunderts in der südlichen Peripherie, (2) das Handwerkerviertel aus dem 2. Jahrhundert in der nördlichen Peripherie und (3) das Mithraeum aus dem 3. Jahrhundert, wiederum in der südlichen Peripherie.

2. EINE BEFESTIGTE ANLAGE AUS DER 1. HÄLFTE DES 1. JAHRHUNDERTS

Der älteste römerzeitliche Befund, den wir bis jetzt in Tienen festgestellt haben, ist eine von einem Spitzgraben umgebene Anlage mit einer Seitenlänge von ca. 60 m (Martens u. a. in Druck und Abb. 4). Sie liegt auf einem höher gelegenen flachen Teil eines Abhangs (57 m NN). Der Spitzgraben war im Planum ungefähr 3 m breit und reichte bis eine Tiefe von ca. 2 m. Die Untersuchung der Erosion zeigte, daß der Graben ursprünglich 2,70 m bis 2,80 m tief ausgehoben war. Diese Tiefe entspricht der der Entkalkungsgrenze. Er scheint absichtlich bis auf dieses Niveau ausgegraben zu sein, um eine gute Entwässerung des Geländes zu garantieren. Auf der Nordseite ist der Graben über eine Länge von ca. 5 m durch einen Eingang, der auf eine Straße und das Zentrum des Vicus ausgerichtet war, unterbrochen. Die von dem Graben umgebene Anlage war, mit Ausnahme von zwei Gruben und einem Hausgrundriß in der Nordostecke, fast befundfrei. Der Grundriß des Pfostenbaus war nur teilweise erhalten und ist schwer zu deuten. Der Bau war 9 m breit und 25 m lang und wurde mehrfach umgebaut. Auf beiden Seiten des Einganges trafen wir auf dem Boden des Spitzgrabens zahlreiche Funde an. Die ganze Füllung wurde während der Ausgrabung quadratmeterweise ausgesiebt. Die Zusammensetzung der Funde ist in jeder Hinsicht merkwürdig.

Die Keramik gliedert sich nach der Funktion in zwei große Kategorien (Abb. 5: A und B): Tischgeschirr und keramischeBehältnisse. Seltener ist das Tischgeschirr, hauptsächlich Trinkgefäße. Es handelt sich um drei Gruppen: (1) Terra sigillata (es überwiegen die südgallischen Schalen Drag. 24/25, sporadisch erscheint ein italischer Becher Ha. 8), (2) dünnwandige, sog. Granular grey Ware (Anderson 1981), die wohl in einer rheinischen Werkstatt, möglicherweise Köln (pers. Mitt. C. Höpken) oder Neuss (Filtzinger 1972), hergestellt wurde und (3) Belgische Ware. Die größte Kategorie formen die keramischen Behältnisse. Auch hier können wir drei Gruppen unterscheiden: (1) Dolia, (2) sog. Halterner Kochtöpfe und (3) über 140.000 Scherben von Salzbehältern. Von den Dolia ist bekannt, daß sie für den Transport von Nahrungsmitteln, unter anderem Fisch, verwendet wurden (Martin-Kilcher 1990 und Van der Werff 1989, 370). Seit dem Fund eines Halterner Kochtopfes aus Nijmegen, in dem 30 Brustfilets von Singdrosseln lagen, wissen wir, daß diese Keramik auch als Verpackung, unter anderem für De-

likatessen, verwendet wurde (Lauwerier 1993 und 1995 und Mittag 1999, 244–246). Ein zusätzliches Argument für eine Interpretation dieser Gefäßform als Behälter für Lebensmittel sind die häufig festgestellte Randpichung und die Überlegung, daß der Ton absichtlich mit Kalkpartikeln vermischt wurde (Tuijn 1998). Beim Brennen des Gefäßes entsteht in einer Reaktion mit Feuchtigkeit aus der Umgebung gelöschter Kalk, der zur Konservierung des Inhaltes beiträgt. Salzbehälter waren in den letzten Jahren Gegenstand mehrerer naturwissenschaftlicher Untersuchungen (Van den Broeke 1986 und 1995). Da ein Teil dieser Keramik marine Diatomeen enthält, ging man davon aus, daß sie aus dem Küstengebiet, den Siedlungsgebieten der Morini oder Menapii, stammen müssen, worauf letztlich auch die Verbreitung dieser Keramik hindeutet (Abb. 6). Zu den besonderen Glasfunden zählen die Fragmente von Latène-Armringen und Perlen sowie das Fragment eines Intaglios mit Blattgoldauflage. Unter den Metallfunden sind über 250 Schuhnägel erwähnenswert.

Alle diese Funden befanden sich zwischen Brandschutt, der abgesehen von verbranntem Lehm, viel Holzkohle, verbrannte Sandsteine und verbrannte Knochen enthielt. Fast alle Fragmente der Salzbehälter waren sekundär verbrannt. Dies erwies eine Autopsie der alten Bruchflächen, die normalerweise schwarz, aber in unserem Falle durch sekundäre Brandeinwirkung rot oxydiert sind. Wenn man die Scherben erneut bricht, zeigen die neuen Bruchflächen einen schwarzen Kern.

Die Tierreste zeigen die ungewöhnliche Kombination von nicht verbrannten Zähnen und verbrannten Knochen. Bei der Berechnung des Anteils der verschiedenen Tierarten muß man dies berücksichtigen, da Fragmente nicht verbrannter Zähne leichter zu bestimmen sind als kleine Bruchstücke der verbrannten Knochen. Diese ungewöhnliche Zusammensetzung der Tierreste können wir mit taphonomischen Prozessen erklären. Man darf davon ausgehen, daß ursprünglich viele unverbrannte Knochen und kaum verbrannte in den Graben gelangt waren, also ein Bild, wie man es in gut erhaltenen Siedlungen erwarten kann. Oxydation und Entkalkung führten dazu, daß die meisten unverbrannten Knochen mit Ausnahme der Zähne verloren gegangen sind. Umgekehrt sind von dem verbrannten Anteil der Tierknochen Reste der Zähne zersplittert und dadurch verloren. Viele der erhaltenen Zahnfragmente sind unbestimmbar zersplittert. Auch von den verbrannten Knochen sind überwiegend die kleinen unbestimmbaren Fragmente erhalten geblieben.

Da alle tierlichen Reste sehr unter den taphonomischen Prozessen gelitten hatten und nur schwer bestimmbar waren, sind wir bei der Feststellung der Tierarten auf die gut bestimmbaren Zähne angewiesen. Vier Haustierarten sind vertreten. Die Dominanz des Rindes ist möglicherweise übertrieben, da die Rinderzähne weitaus größer sind als die der anderen anwesenden Tiere. Schwein, Schaf oder Ziege und Pferd sind seltener. Obwohl diese Zusammensetzung eine komplizierte Vorgeschichte hat, dürfen wir davon ausgehen, daß es sich um normalen Abfall, also den Niederschlag normaler Siedlungaktivitäten handelt.

Die Proben für pflanzliche Makroreste (Abb. 7: A und B) enthielten hauptsächlich Getreide, Spreu, Unkräuter, einige Haselnüsse und Samen vom schwarzen Holunder. Weizenarten wie Emmer, Dinkel und Saatweizen dominieren das Getreidespektrum. Gerste, Roggen und Hirse sind seltener. Ein erheblicher Teil der pflanzlichen Reste besteht aus Spreu. Wie die Tierreste sind auch die pflanzlichen Reste eher vereinbar mit dem Abfall einer ländlichen Siedlung.

Wie können wir diese Funde und Befunde, die beim ersten Einblick voller Widersprüche erscheinen, interpretieren? Eine Rekonstruktion der Art und Funktion der Anlage setzt zunächst eine genaue Datierung und einen Vergleich der verschiedenen Quellen voraus. Nur so ist es möglich, relevante Aussagen über die Stellung, die diese Anlage in der Siedlung und bei deren Bewohnern eingenommen hat, zu machen. Die Frage nach der Datierung scheint die einfachste Aufgabe. Die meisten Funde sind typisch für die claudische Zeit. Es gibt aber eine kleine Beimischung von Gegenständen, die älter sind. Einige, wie die italischen Sigillaten, sind eine Generation und andere, wie die latènezeitlichen Glasarmringe, sind vielleicht sogar zwei Generationen älter. Die Anwesenheit augusteischer Kostbarkeiten wie italischer Sigillata in sauber claudischen Fundzusammenhängen, in Siedlungen ebenso wie in Bestattungen, ist typisch für die zentrale Lößzone der Civitas Tungrorum, möglicherweise sogar für ein viel größeres Gebiet in Nordgallien. Für den hier vorgestellten Befund aus Tienen kann sicher ausgeschlossen werden, daß es eine Vermischung mit verlagertem Material einer älteren Nutzungsphase handelt. Der älteste Befund, den wir bisher angetroffen haben, datiert in die claudische Zeit. Eine mögliche Erklärung finden wir in den Überlegungen Bazelmans (1999, 27–32 und Fig. 2.3), der die Ergebnisse von Weiner (1985) aufgreift. Bis in die jüngste Vergangenheit wurden des öfteren in der Erforschung der Eisenzeit und der frührömischen Periode versucht, soziopolitische Prozesse mit einem Prestigegütermodell zu erklären (Friedman/Rowlands 1977; Frankenstein/ Rowlands 1978). Danach konsolidierten oder vergrößerten prominente Personen und Gruppen ihre gesellschaftliche Stellung durch die Monopolisierung des Handels mit importierten Kostbarkeiten und durch das Verteilen dieser Güter als „diplomatische" Geschenke. Hier fügen die Arbeiten von Bazelmans und Weiner wichtige Aspekte hinzu. Ihrer Auffassung nach werden Kostbarkeiten erst im Laufe der Zeit zu unveräußerlichen Kostbarkeiten. Aristokratische Familien können bemüht sein, einen Teil der in der Vergangenheit erworbenen Kostbarkeiten für die nächsten Generationen aufzubewahren anstatt sie zu verschenken. Je älter die Kostbarkeiten werden, desto stärker sind sie von alten Erzählungen oder „Geschichte" umgeben

und um so wichtiger wird ihr Anteil an der Identität und Machtposition der Besitzer. Augusteische Sigillaten in claudischen Fundzusammenhängen können greifbare Erinnerungen an erfolgreiche Kontakte hervorragender Tungri mit römischen Machthabern aus der Zeit der Gründung der Civitas sein.

Die Beantwortung der Frage nach der Funktion der von einem Spitzgraben umgebenen Anlage läßt sich schwerer fassen als die nach der Datierung. Die ökologischen Funde und der Hausgrundriß in der Nordostecke des Areals deuten auf eine residentielle Funktion, eine Art ländlicher Siedlung, am Rande eines Vicus gelegen und angesichts der Ausrichtung des Eingangs auf den Vicus orientiert. Die Monumentalität des Grabens und die Anwesenheit von Kostbarkeiten wie italischer und südgallischer Terra sigillata, dünnwandiger Keramik aus dem Rheinland, einem goldenen Fingerring mit Intaglio, unbekannten Delikatessen, die in keramischen Behältern herangeführt wurden und vielleicht auch genagelte römische Schuhe deuten auf einen aristokratischen Charakter der Fundstelle. Wie auch die Salzbehälter illustrieren diese Funde ein weitreichendes Netz von Kontakten mit Morini oder Menapii, Treveri, Ubii und Römern. Die Zusammensetzung und der Umfang der Keramik legen nahe, daß einerseits Festmahle organisiert wurden und daß andererseits Güter ausgetauscht oder verteilt wurden. Auf das erstgenannte deuten das Trinkgeschirr und die keramischen Behälter für Delikatessen, auf das zweite die Unmengen der Fragmente von Salzbehältern. Ob Verteilung von Salz die Hauptaktivität war, bleibt unbekannt, denn auch andere Produkte könnten, ohne Spuren hinterlassen zu haben, ausgetauscht worden sein. Der Besitzer des Areals dürfte in der 1. Hälfte des 1. Jahrhunderts eine wichtige Rolle in der Organisation der lokalen Gemeinschaft und der Gründung und frühen Entwicklung des Vicus von Tienen gespielt haben.

3. EIN HANDWERKERVIERTEL AUS DEM 2. JAHRHUNDERT

Im 2. Jahrhundert entwickelt sich im nördlichen Bereich des Vicus an der Straße von dem Vicus von Tienen nach dem Vicus von Elewijt ein Handwerkerviertel, nachdem hier in der flavischen Zeit ein Horreum und ein Badehaus gestanden haben (Vanderhoeven u. a. im Druck und Abb. 8). Auf der einen Seite der Straße wurden nur Gruben und Gräben mit Abfall entdeckt, auf der anderen Seite standen Häuser. Reste von vier Gebäuden wurden während der Ausgrabung entdeckt, von denen zwei Grundrisse einen zuverlässigen Eindruck von der Innengliederung gestatten. Das am weitesten östliche Haus scheint in drei Teilen gegliedert. An der Straße befand sich ein kleiner Raum, der auf die Verkehrsachse ausgerichtet war. Dahinter lag ein zweiter Raum mit einem hölzernen Keller, einem Herd und einem kleinen Ofen. In dem hinteren Raum befanden sich mehrere kleine Öfen. Ein anderes

Gebäude, unmittelbar westlich des ersten Hauses, verfügte augenscheinlich nicht über eine innere Gliederung. Westlich davon haben mindestens zwei weitere Vicushäuser gestanden, von denen wir nur Teile der Vorderseite untersuchen konnten.

Unterschiedliche Arten von Abfall wurden beiderseits der Straße abgelagert, häufig im gleichen Befund. Der erste Abfalltypus besteht aus Metallschlacken und Schmelztiegeln, der zweite aus zersplitterten Tierknochen, zumeist den Langknochen von Rindern. Die erste Kategorie deutet auf Metallbearbeitung, die zweite läßt sich auf den ersten Blick weniger einfach erklären. Die zersplitterten Fragmente von Rinderknochen halten wir für Abfall einer systematischen Verarbeitung von Tierknochen zur Gewinnung von sekundären tierischen Produkten wie Mark, Marköl, Knochenfett und Knochenleim (Abb. 9). Besonders die Langknochen sind dazu geeignet. Experimente haben gezeigt, daß eine Erwärmung der Langknochen das Spalten zur Herausnahme des Marks erleichtert. Gleichzeitig macht die Hitze das Marköl flüssiger, so daß es leichter ausgegossen werden kann (pers. Mitt. P. Stokes). Mark ist ein nahrhaftes Lebensmittel, das zu Suppe verarbeitet werden kann. Marköl kann in Salben verarbeitet werden. Nach weiterer Fragmentierung der Knochen und nach kurzem Kochen kann man das Knochenfett, das ein gutes Schmiermittel ist und sich besonders zur Lederpflege eignet, abschöpfen. Durch Eindicken des Kochwassers gewinnt man schließlich den Knochenleim. Diese sekundären Produkte finden wir bei Ausgrabungen selbstverständlich nie. Der Abfall ihrer Herstellung ist aber in der Form von Knochensplittern erhalten geblieben.

Der oben beschriebene Produktionsprozeß war wohl nur ein kleiner Bestandteil eines viel umfangreicheren Prozesses (Abb. 10). Nach der Tötung des Rindes gehen die Felle zusammen mit den Extremitäten und Hörnern zum Gerber. Erst hier werden sie abgeschnitten. Das Horn läßt sich durch Wässern leicht vom Hornzapfen lösen. Es ist eine altbekannte Tatsache, daß in der römischen Zeit Leder und Bein wichtige Rohstoffe waren. Aber bis in die jüngste Vergangenheit wurden auch aus Horn allerlei Gegenstände hergestellt. Manchmal werden bei der Ausgrabung von römischen Siedlungen Konzentrationen von Hornzapfen wiedergefunden. Sie sind Indizien für die Trennung von Horn und Hornzapfen durch Wässern. Wenn dies nicht in den Gerbereien selbst geschah, so fand es wohl in deren unmittelbarer Umgebung statt. Ein erheblicher Teil der in der nördlichen Peripherie des Vicus von Tienen aufgesammelten Rindermetapodien (Mittelhand- und Mittelfußknochen) zeigt eine bis jetzt unbekannte Art von Verschleiß. An den distalen Enden sind häufig zwei Druckstellen erkennbar. Es ist durchaus möglich, daß diese Druckstellen während des Aufspannens und der ersten Reinigung der Häute in der Gerberei entstanden sind. Dadurch können sie die Anwesenheit einer Gerberei in der Nähe der Fundstelle verraten. Die Verbreitung der Metapodien mit wie

ohne Druckstellen über die ausgegrabene Fläche zeigt aber, daß beide eine gemeinsame Verbreitung haben (Abb. 11). Die Verbreitung der Metapodien mit Druckstellen kennt keine eigenen Schwerpunkte, sondern fällt mit der der Metapodien ohne Druckstellen zusammen. Beide Fundkategorien gehören zu den Überresten der sekundären Knochenverarbeitung, da Metapodien nicht zu den Abfällen aus Haus und Küche zählen. Die Metapodien mit Druckstellen sind also tertiär verlagertes Material. Sie wurden ursprünglich vom Schlachtplatz direkt in die Gerberei geschafft. Dort können sie gesammelt und mit vielen anderen Knochen in die nördliche Peripherie des Vicus gebracht worden sein, wo sie als Rohstoff für die Herstellung von Knochenfett, Knochenleim, usw. benötigt wurden. Anschließend wurden sie in der direkten Umgebung der von uns ausgegrabenen Vicushäuser endgültig weggeworfen. Die Reinigung der hier stillschweigend unterstellten Felle hat wohl irgendwo anders stattgefunden.

Die Verbreitung der Metapodien, Hinweis auf die Herstellung von sekundären tierischen Produkten, zeigt große Konzentrationen nördlich der Straße und eine kleinere im Bereich des östlichen Hauses mit den vielen Öfen. Die Kartierung des Metallabfalls und der Schmelztiegel zeigt ebenfalls Anhäufungen nördlich der Straße und eine weitere im Vorfeld eines der westlichen Häuser (Abb. 12). Nördlich der Straße kommen beide Abfallarten gemeinsam in den gleichen Befunden vor, südlich der Straße haben sie unterschiedliche Verbreitungsbilder. Das deutet darauf, daß beide Handwerke in die gleiche Zeit datieren, aber räumlich getrennt sind.

4. EIN MITHRAEUM AUS DEM 3. JAHRHUNDERT

Um die Mitte des 3. Jahrhunderts wurde am südlichen Rand eines Töpferviertels in der südlichen Peripherie des Vicus ein Mithraeum gebaut (Martens u. a. in Druck). Die Interpretation der entsprechenden Befunde beruht auf einem epigraphischen Zeugnis, dem Kultgebäude, rituellen Gruben, Kultgegenständen und Resten eines Festmahls. Auf einem Bronzetäfelchen stand die Inschrift (Abb. 13): D(eo) I(nvicto) M(ithrae) / Tullio / Spuri V(otum) S(olvit) L(ibens) M(erito). Das Mithraeum selbst war wie in Krefeld (Reichmann 1997) ein Holzbau, von dem nur der zentrale, tief ausgeschachtete Teil des Heiligtums bewahrt war (Abb. 14: A). Die Rekonstruktion der Erosion an dieser Stelle zeigte, daß der zentrale Teil des Gebäudes 1,20 m tief unter dem römischen Laufhorizont ausgeschachtet war. Südöstlich vom Kultgebäude befand sich eine Reihe von Kultgruben (Abb. 14: B). Auf dem Boden einer dieser Gruben entdeckten wir eine fundreiche schwarze Schicht, die zahlreiche Kultgegenstände und Überreste eines rituellen Festmahls enthielt. Zu den Gegenständen, die im Kult im Allgemeinen und vor allem im Mithraskult eine Rolle gespielt haben können, zählen 6 intakte Lampen, darunter eine aus Bronze, 14 Rauchkelche und ein Keramikdeckel mit der Darstellung einer Schlange mit Eidechsenkopf, einem bärtigen Gesicht und einem eingeritzten Kantharos; ferner Reste eines Schlangentopfes und eine 20 cm lange bronzene Schlange. Zu der Keramik, die im Zusammenhang mit einem rituellen Festmahl gesehen werden kann, gehören 73 Trierer Trinkbecher der Form Niederbieber 33 (Symonds 1992), ein Spruchbecher mit dem Text PROPINO TIBI, ein Kantharos in glasierter Ware und ein seltener Krater Drag. 53 aus Rheinzabern, einer Gefäßform, wohl ausschließlich für den Mithraskult hergestellt (Pétry/Kern 1978, 29). Auf einem Henkel befindet sich ein Löwe, auf dem anderen eine Schlange. Der Trierer Spruchbecher wurde wohl zwischen 255 und 270 hergestellt (Künzl 1997, Gruppe 1/2).

Die schwarze Schicht auf dem Boden der Kultgrube enthielt auch zahlreiche Überreste von Tieren. Bisher ist erst ein Viertel dieses Materials, zusammen mit dem Inhalt einer der Siebproben, untersucht. Hühnerknochen dominieren. Insgesamt dürfte es sich um mindestens 100 Individuen handeln. An zweiter und dritter Stelle stehen Schwein (20 Individuen) und Schaf oder Ziege (10 Individuen). Rind, Hase und Fischreste sind nur in geringerem Maße vertreten. Das in der Kultgrube deponierte Material reflektiert vermutlich ein einziges Ereignis.

Die Haushühner stammen zumeist von ausgewachsenen Hennen. Alle Teile des Skelettes sind mit Ausnahme des Schädels und der Halswirbel, die beim Schlachten entfernt werden, und der Zehen, die normalerweise vor der Zubereitung beseitigt werden, vorhanden. Brandspuren befinden sich immer an den äußersten Enden, nie auf den ganzen Knochen. Es handelt sich in der Regel um schwarze, wenig intensive Brandspuren, die beim Rösten entstehen, und nicht etwa um weiße, intensive Brandspuren, die beim Verbrennen der Knochen entstehen. Huhn gilt in der römischen Zeit als teure Mahlzeit. Möglicherweise spielte dieses Tier im Mithraskult eine besondere Rolle. Hier wie in den Mithraeen von Carrawburgh und London dominieren Hühnerknochen unter den tierischen Resten. Sie sind dort unter anderem in Bechern unter dem Boden eingegraben worden. Ein antiker Text (Ambrosiaster, Quaestiones Veteris et Novi Testamenti) erwähnt, daß während der Einweihungsriten die Hände der Teilnehmer zunächst mit Hühnerdärmen gefesselt und anschließend mit einem Schwert befreit wurden. In den erhaltenen Rechnungen eines Mithraeums in Dura Europos sind große Mengen Hühner aufgezählt (Richmond/Gillam 1951, 58 und 91–92; Sheperd 1998, 208–215).

Zusammen mit den Hühnern wurden auch Ferkel und Lämmer zubereitet. Auch von diesen Tieren sind alle Skelettelemente vertreten. Sie wiesen keine Brandspuren auf. Anhand der Zahnreihen in den Kiefern ist es möglich, das Alter der Tiere und die Jahreszeit des Festmahls zu bestimmen (Abb. 15). In vorindustriellen Zeiten haben Haustiere nur einmal im Jahr geworfen: Schafe in März und Schweine in April. Neun der Lämmer oder jungen Ziegen wurden im Alter von drei Monaten im Juni geschlachtet. Drei Ferkel erreichten ein Alter von zwei bis acht Monaten, wobei das jüngere Alter das wahrscheinlichere ist. Sie können also ebenfalls im Juni geschlachtet sein. Zwei Schweine waren über acht Monate alt. Auch sie können in das Schema eingepaßt werden, wenn man davon ausgeht, daß es sich um Tiere eines durchaus nicht ungewöhnlichen zweiten Wurfes im September des vorhergegangenen Jahres gehandelt hat. Die wichtigsten Feste fallen im Mithraskult auf den längsten und den kürzesten Tag des Jahres. Das rituelle Festmahl, dessen Überreste wir entdeckt haben, kann also am Anfang des Sommers stattgefunden haben.

Vom Rind waren nur Rippen und Wirbelfragmente erhalten, was eine Feststellung der Mindestindividuenzahl unmöglich macht. Es handelt sich wohl um zubereitete Rippenstücke. Ein Hase war das einzige Jagdwild. Die Siebprobe enthielt eine große Anzahl Fischreste. Sie können in drei Gruppen eingeteilt werden:

(1) Wirbel eines sehr großen Aals. Sie stammen vermutlich von einem Exemplar;

(2) Reste spanischer Makrelen. Funde dieser eingesalzenen Meeresfische sind in unserer Gegend nicht ungewöhnlich;

(3) Reste des sogenannten Nordseegarums. Dieser Fund, obwohl noch nicht vollständig bearbeitet, zeigt große Verwandschaft mit einem Fund aus einer Latrine der Mitte des 2. Jahrhunderts in dem Vicus von Tienen. Auch hier fanden wir mehrere tausend kleine Fischreste (0,5 - 1,0 mm), vor allem Hering und Sprotte. Selten waren Plattfische, der kleine Sandaal und der dreistachlige Stichling (Abb. 16). Keiner der Fische kann größer als 5 cm gewesen sein. Der dreistachlige Stichling ist bei dieser Größe ausgewachsen, alle anderen Arten sind dann noch juvenil. Die meisten Arten sind im Atlantik und im Mittelmeer verbreitet. Der kleine Sandaal kommt nur vor den atlantischen Küsten vor. Alle diesen Fische leben auch in den Mündungsgebieten von Flüssen. Sie können also von der Küste aus oder vom Flußufer gefangen werden. Da die Tiere sehr klein sind und Tienen ziemlich weit von der Küste entfernt liegt, sind sie wahrscheinlich nicht als Fisch, sondern zu Garum verarbeitet in den Vicus gelangt (Curtis 1991). Aus der Kultgrube des Mithraeums stammt somit ein zweiter Fund dieser Art. Vergleichbare Funde von Nordseegarum kennen wir aus Tongeren, Braives, einem Vicus, 15 km südwestlich von Tongeren, wie auch aus London und York (Van Neer/Lentacker 1994). Sie datieren alle in das 3. Jahrhundert.

5. ZUSAMMENFASSUNG

Wir hoffen gezeigt zu haben, daß sich die Ergebnisse der Analysen archäologischer und ökologischer Daten ergänzen und so der Weg zu einer Rekonstruktion vor- und frühgeschichtlicher Gesellschaften geöffnet wird, die viel lebhafter und reichhaltiger ist als die weniger interdisziplinär ausgerichteter Untersuchungen.

Geomorphologische Forschungen lieferten entscheidende Beiträge zum besseren Verständnis der Befunde aus unseren Ausgrabungen im römischen Vicus von Tienen. Erst nachdem die ursprüngliche Tiefe des Grabens um die zeremonielle Anlage aus der claudischen Periode bekannt war, konnten wir seine Funktion verstehen. Sie halfen auch bei der Identifizierung einer Grube als dem zentralen Teil eines Mithraeums, das praktisch vollständig erodiert war. Schließlich lehrten sie, daß befundfreie Gebiete nicht notwendigerweise Flächen ohne vor- und frühgeschichtliche Besiedlung sind. An manchen Stellen war die Erosion so tiefreichend, daß alle römische Befunde verschwunden waren.

Gleiches gilt für die Bedeutung ökologischer Daten und deren Integration in die kulturelle Archäologie. Sie ermöglichten eine bessere Einsicht in das soziopolitische Funktionieren der zeremoniellen Anlage aus der claudischen Zeit und deren Bedeutung für die Zeit der Gründung und des ersten Ausbaus des Vicus von Tienen. Die genaue Autopsie der Tierknochen aus dem 2. Jahrhundert führte zum Nachweis der Herstellung vergänglicher Produkte wie Mark und Marköl, Knochenfett und Knochenleim. Naturwissenschaftliche Analysen brachten Importe aus den Ardennen und der Eifel (Halterner Kochtöpfe) und aus dem Küstengebiet (Salz und Nordseegarum) ans Tageslicht, was die Einbettung von Tienen in ein größeres Wirtschafts- und Austauschnetz zeigt. Schließlich lieferten sie ihren Beitrag zur Religionsgeschichte. So konnten wir feststellen, daß das rituelle Festmahl, dessen Überreste wir ausgegraben haben, im Juni oder Juli stattgefunden hat. Ein Vergleich mit historischen Überlieferungen zeigt, daß die wichtigsten Kulthandlungen jeweils am längsten und kürzesten Tag des Jahres stattfanden.

Vor dem Hintergrund dieser Erfahrungen ist es verständlich, daß wir den aufgezeigten Weg in den nächsten Jahren fortsetzen und bei der Auswertung unserer Grabungen noch intensiver archäologische und ökologische Daten zusammenführen.

An dieser Stelle möchten wir uns bei den folgenden Personen für ihre Mitarbeit herzlich bedanken: Lies Bouvrie, Jos Debuscher, André Detloff, Michael Erdrich und Marijke Willaert.

LITERATUR

A.S. Anderson, 1981: Some unusual coarse ware vessels from London and their continental background, in: A.C. Anderson/A.S. Anderson, Roman pottery research in Britain and North-West Europe. Papers presented to Graham Webster, BAR Int. Ser. 123, 1981, 93–106.

J. Bazelmans, 1999: By weapons made worthy. Lords, retainers and their relationship in Beowulf, Amsterdam Arch. Stud. 5 (Amsterdam 1999).

S. Bott/P. Cattelain, 1997: Viroinval, Treignes. La villa gallo-romaine des "Bruyères", in M.-H. Corbiau (Hrsg.), Le patrimoine archéologique de Wallonie (Namur 1997) 336–338.

D. Cramers/M. De Clerck, 1983: Vicus Tienen. Eerste resultaten van een systematisch onderzoek naar een Romeins Verleden (Tienen 1983).

R.I. Curtis, 1991: Garum and salsamenta. Production and commerce in materia medica (Leiden 1991).

H. De Bakker/A.W. Edelman-Vlam, 1976: De Nederlandse bodem in kleur, Stichting voor bodemkartering, (Wageningen 1976).

A. Ervynck/A. Vanderhoeven, 1997: Tongeren (Belgium): Changing patterns of meat consumption in a Roman civitas capital, in: M. Kokabi und J. Wahl (Hrsg.), Proceedings of the 7th ICAZ Conference, Anthropozoologica 25–26, 1997, 457–464.

Ph. Filtzinger, 1972: Novaesium V: die römische Keramik aus dem Militärbereich von Novaesium, Limesforsch. 11 (Berlin 1972).

S. Frankenstein/M. J. Rowlands, 1978: The internal structure and regional context of Early Iron Age society in south-western Germany, Bulletin of the Institute of Archaeology of London 15, 1978, 73–112.

J. Friedman/M. J. Rowlands, 1977: Notes towards an epigenetic model of the evolution of "civilisation", in: J. Friedman/M. J. Rowlands (Hrsg.), The evolution of social systems, Proceedings of a meeting of the research seminar in archaeology and related subjects held at the Institute of Archaeology, London University, Gloucester Crescent 1977, 201–276.

F. Gullentops, 1954: Contributions à la chronologie du Pleistocène et des formes du relief en Belgique, Mémoires de l'Institut Géologique de l'Université de Louvain 18, 1954, 123–252.

L. I. Kooistra, 1996: Borderland farming. Possibilities and limitations of farming in the Roman period and Early Middle Ages between the Rhine and the Meuse, (Assen 1996).

S. Künzl, 1997: Die Trierer Spruchbecherkeramik. Dekorierte Schwarzfirniskeramik des 3. und 4. Jahrhunderts, Trierer Zeitschr. Beih. 21 (Trier 1997).

R. C. G. M. Lauwerier 1993: Twenty-eight bird briskets in a pot: roman preserved food from Nijmegen, Archaeofauna 2, 1993, 15–19.

R. C. G. M. Lauwerier 1995: Dertig lijsterborstjes in een pot. Geïmporteerde conserven uit Romeins Nijmegen, Numaga 42, 1995, 7–12.

M. Martens u. a., in Druck: Het oudheidkundig bodemonderzoek aan het Grijpenveld te Tienen, Archeologie in Vlaanderen 6.

S. Martin-Kilcher, 1990: Fischsaucen und Fischkonserven aus dem römischen Gallien, Arch. Schweiz 13, 1990, 37–44.

S. Mathieu, 1997: La sidérurgie antique: questions, méthodes, in: M.H. Corbiau (Hrsg.), Le patrimoine archéologique de Wallonie (Namur 1997) 355–358.

J. R. Mertens, 1972: Tienen, een Gallo-Romeinse nederzetting, Acta Arch. Lovaniensia 5, 1972, 119–127.

Ph. Mignot, 1997: Rochefort, Jemelle. La villa romaine de Malagne, in: M.-H. Corbiau (Hrsg.), Le patrimoine archéologique de Wallonie (Namur 1997) 331–335.

E. Mittag, 1999: Untersuchungen zu sogenannten Halterner Kochtöpfen aus dem Bereich der Colonia Ulpia Traiana. Xantener Ber. 8 (Köln 1999) 201–311.

H. J. Mücher, 1973: Enkele aspecten van de loess en zijn noordelijke begrenzing, in het bijzonder in Belgisch en Nederlands Limburg en in het aangrenzende gebied in Duitsland, K.N.A.G. Geografisch Tijdschrift 7, 4, 1973, 259–279.

F. Pétry/E. Kern: Un Mithraeum à Biesheim (Haut-Rhin), Cahiers Alsaciens Arch. 21, 1978.

M.-Th. Raepsaet-Charlier, 1995: Municipium Tungrorum. Latomus 54, 1995, 361–369.

Chr. Reichmann, 1997: Das Mithräum, in: R. Pirling, Das römisch-frankische Gräberfeld von Krefeld-Gellep 1975–1982, Germanische Denkmäler der Völkerwanderungszeit (Stuttgart 1997) 21–24.

I. A. Richmond/J. P. Gillam, 1951: The temple of Mithras at Carrawburgh, Arch. Aeliana Ser. 4, 29, 1951, 91–92.

N. Roymans, 1996: The sword or the plough. Regional dynamics in the romanisation of Belgic Gaul and the Rhineland area, in: N. Roymans (Hrsg.), From the sword to the plough. Three studies on the earliest romanisation of Northern Gaul, Amsterdam Arch. Studies 1, 1996, 9–126.

J. D. Sheperd, (Hrsg.), 1998: The temple of Mithras, London, English Heritage Arch. Report 12 (London 1998).

J. Slofstra, 1991: Changing settlement systems in the Meuse-Demer-Scheldt area during the Early Roman period, in: N. Roymans/F. Theuws (Hrsg.), Images of the past. Studies on ancient societies in Northwestern Europe, Studies in Prae- en Protohistorie 7, 1991, 132–199.

R. P. Symonds, 1992: Rhenish wares. Fine dark coloured pottery from Gaul and Germany, Oxford University Commitee for Archaeology Monograph 23 (Oxford 1992).

W. Tuijn, 1998: Het geheim van de kurkurn, Westerheem 47, 1998, 236–237.

P. Van den Broeke, 1986: Zeezout: een schakel tussen West- en Zuid-Nederland in de Ijzetijd en de Romeinse tijd, in: M.C. Van Trierum/H.E. Henkes (Hrsg.), Rotterdam Papers V, 1986, 91–114.

P. Van den Broeke, 1995: Southern sea salt in the Low Countries. A reconnaisance into the land of the Morini, in: M. Lodewijckx (red.), Archaological and historical aspects of West-European societies. Album amicorum André Van Doorselaer, Acta Arch. Lovaniensia Monogr. 8 (Leuven 1995) 193–205.

A. Vanderhoeven, 1996: The earliest urbanisation in Northern Gaul: some implications of recent research in Tongres, in: N. Roymans (Hrsg.), From the sword to the plough. Three studies on the earliest romanisation of Northern Gaul, Amsterdam Arch. Stud. 1, 1996, 189–260.

A. Vanderhoeven/G. Vynckier/A. Ervynck/B. Cooremans, 1992: Het oudheidkundig bodemonderzoek aan de Kielenstraat te Tongeren. Interimverslag 1990–1993. Deel 1. De voorflavische bewoning, Arch. Vlaanderen 2, 1992, 89–146.

A. Vanderhoeven/G. Vynckier/P. Vynckier, 1993: Het oudheidkundig bodemonderzoek aan de Veemarkt te Tongeren. Eindverslag 1988, Arch. Vlaanderen 3, 1993, 127–205.

A. Vanderhoeven/G. Vynckier/W. Wouters, in Druck: Het oudheidkundig bodemonderzoek aan de Zijdelingsestraat te Tienen (prov. Brabant). Interimverslag 1995–1996, Arch. Vlaanderen 6.

J. H. Van der Werff, 1989: L. EVMACHI - à propos d'une marque d'amphore trouvée à Nimègue, Projet pour la région de la rivière 11, Ber. ROB 39, 1989, 357–376.

W. Van Neer/A. Lentacker, 1994: New archaeozoological evidence for the consuption of locally-produced fish sauce in the northern provinces of the Roman empire, Archaeofauna 3, 1994, 53–62.

J. Vormezeele, 1999: Reliefreconstructies op archeologische sites: een case-studie te Tienen, Grijpen, unveröffentlichte Diplomarbeit der Katholische Universität Leuven (Leuven 1999).

A. B. Weiner, 1985: Inalienable possessions: the paradox of keeping-while-giving, Berkely (Los Angeles und Oxford 1985).

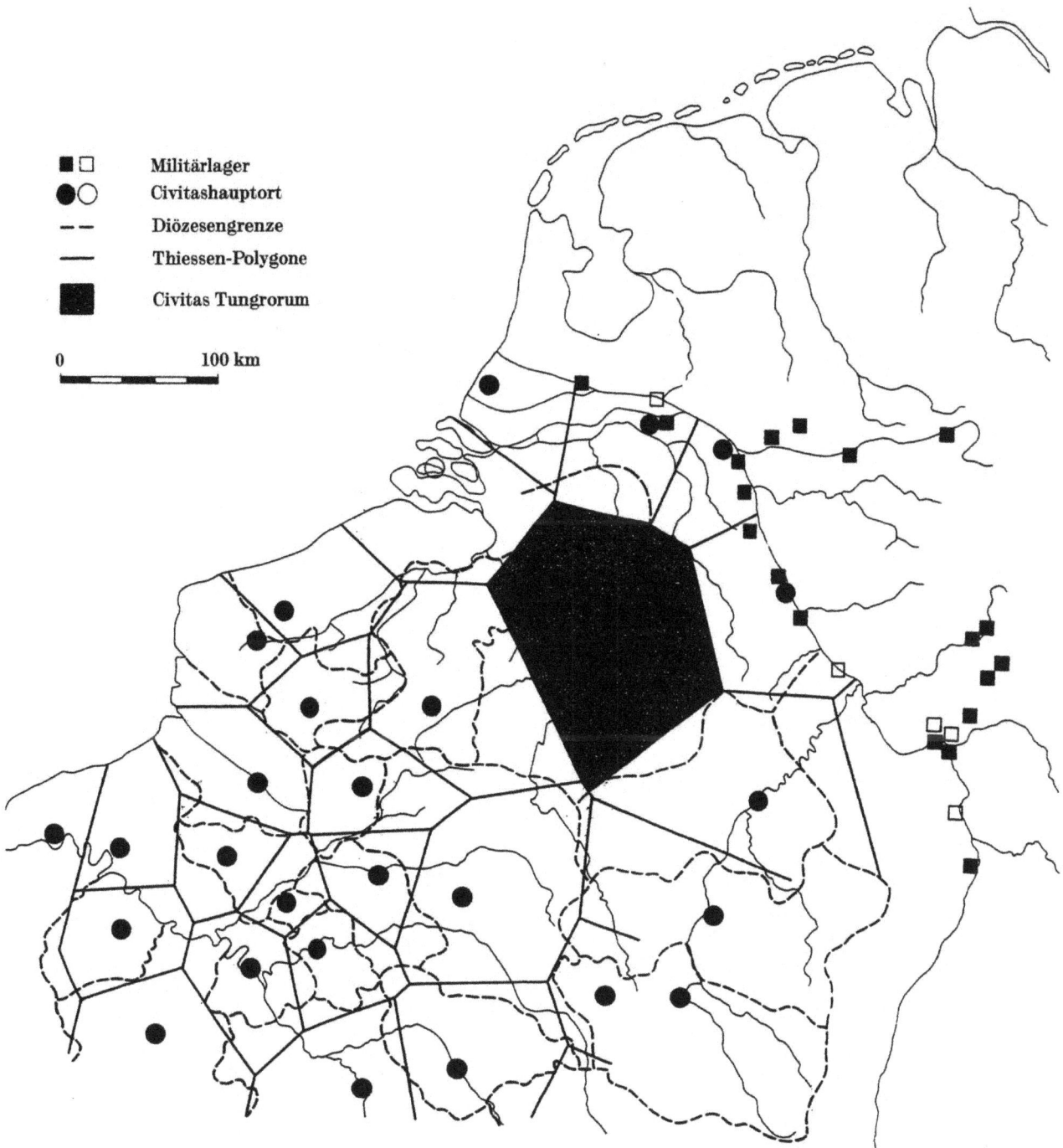

Abb. 1. Die Civitas Tungrorum in Nordgallien und Niedergermanien

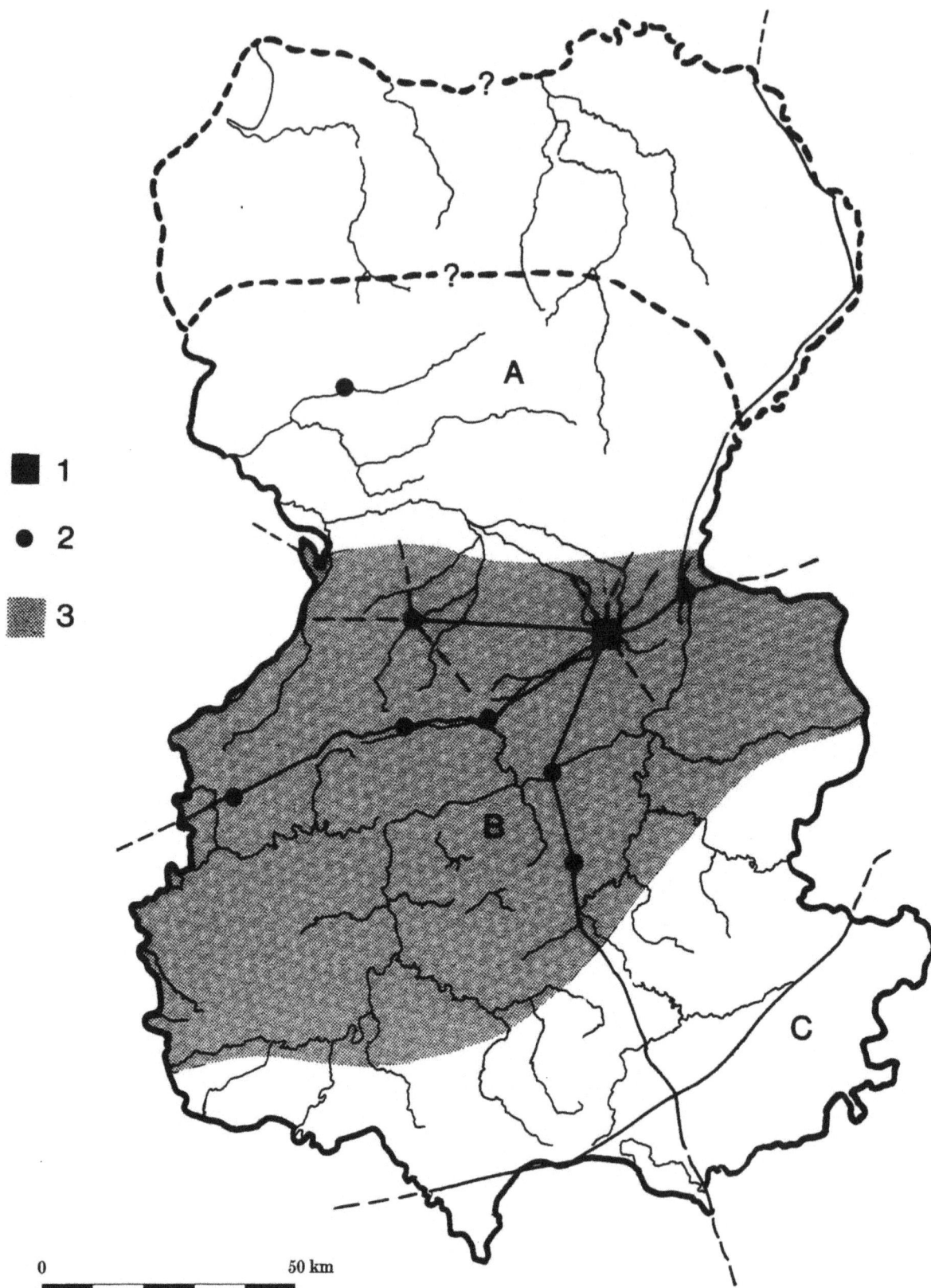

Abb. 2. Die Civitas Tungrorum, ihre Hauptstadt Tongeren und die wichtigsten Vici.

A: Die zentrale Lößzone des Haspengouw.   1: Civitashauptort Tongeren.
B: Die nördlichen Sandböden der Kempen.   2: Vicus.
C: Das südliche Bergland der Ardennen.   3: Villenlandschaft.

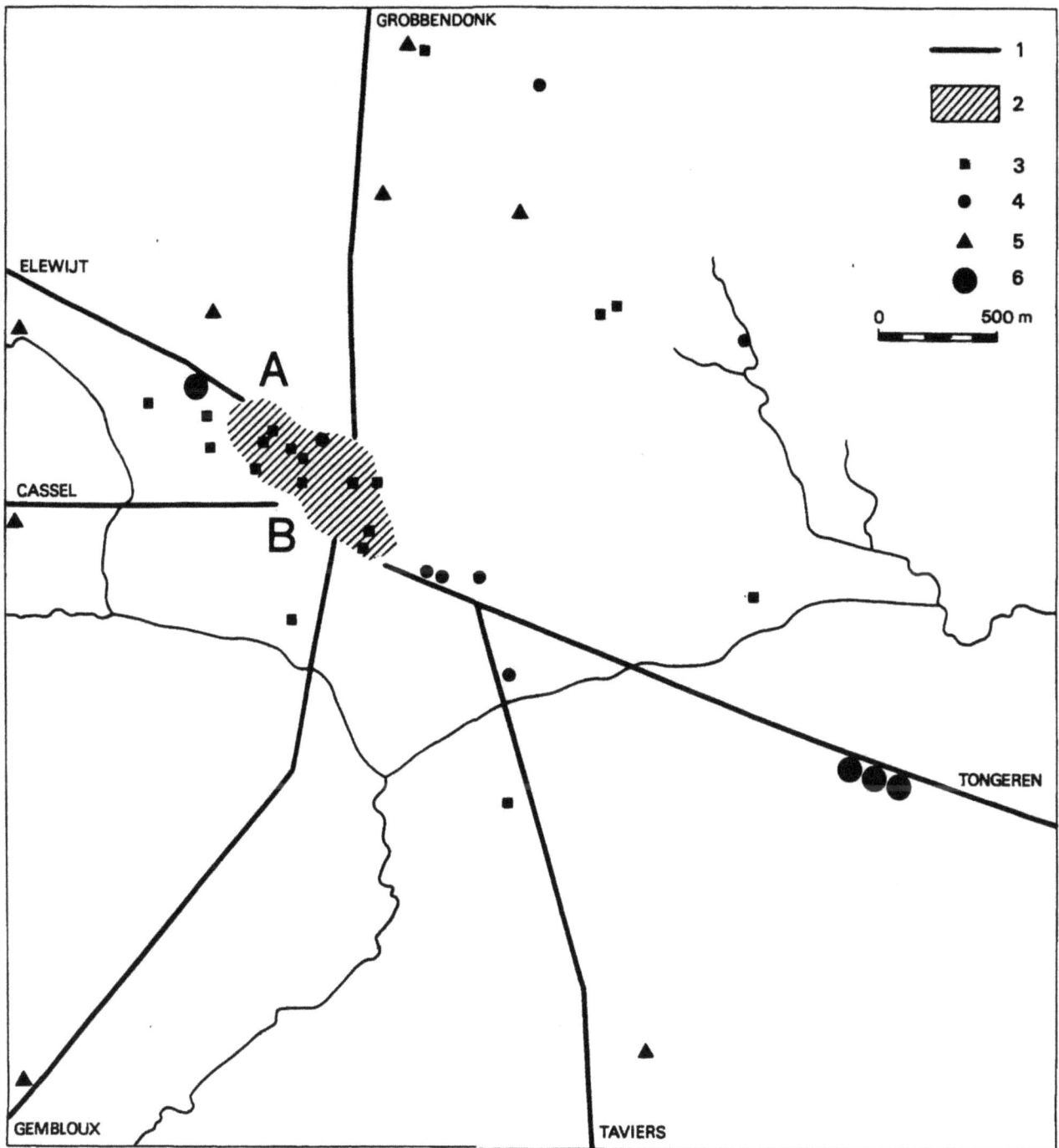

Abb. 3. Der Vicus von Tienen (nach Mertens 1972).

A: Nördliche Peripherie.   B: Südliche Peripherie.
1: römische Straße.   4: Grabfund.
2: Vicus Tienen.   5: Villa.
3: römische Fundstelle.   6: Tumulus.

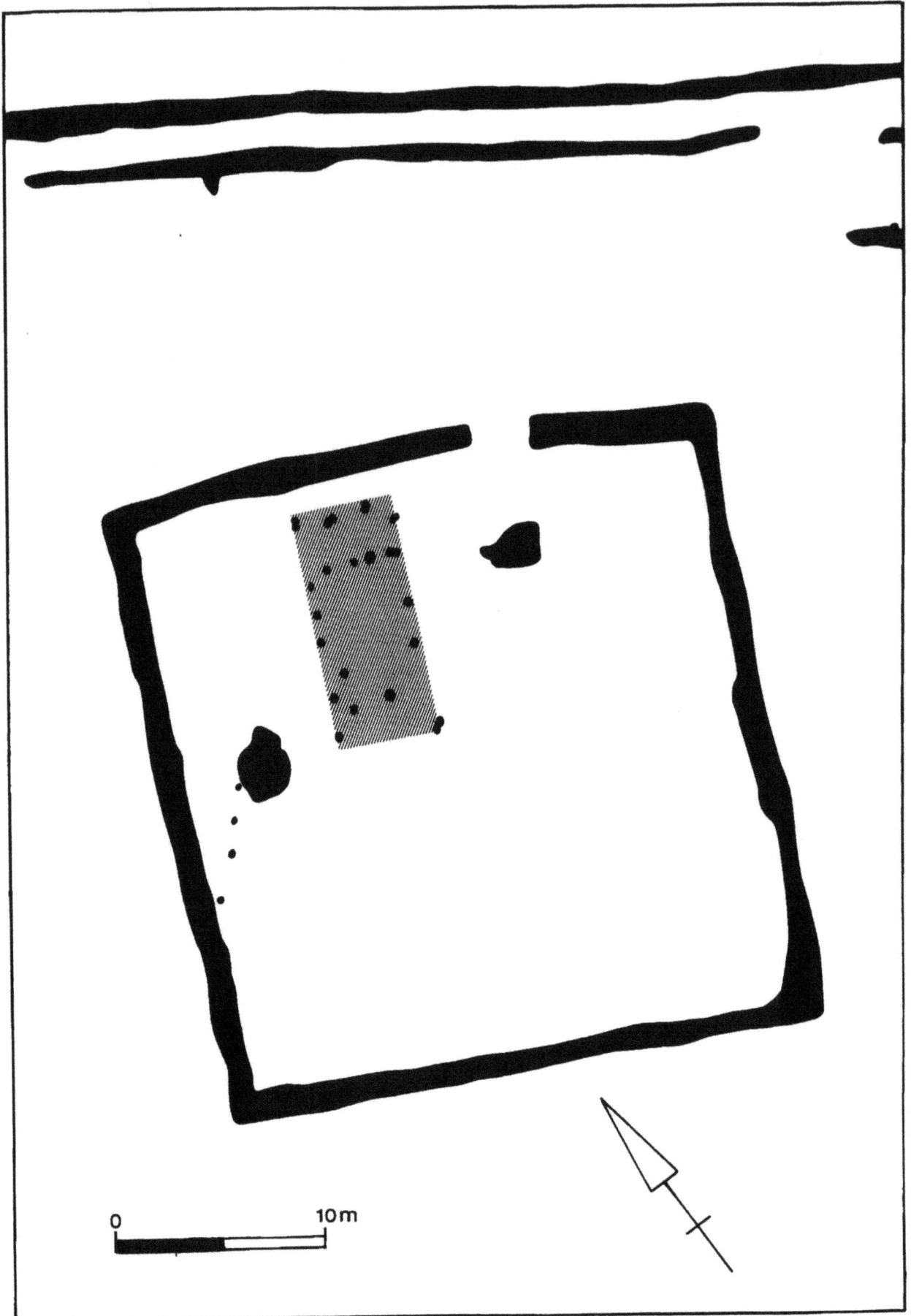

Abb. 4. Grundriß der zeremoniellen Anlage aus der claudischen Periode.

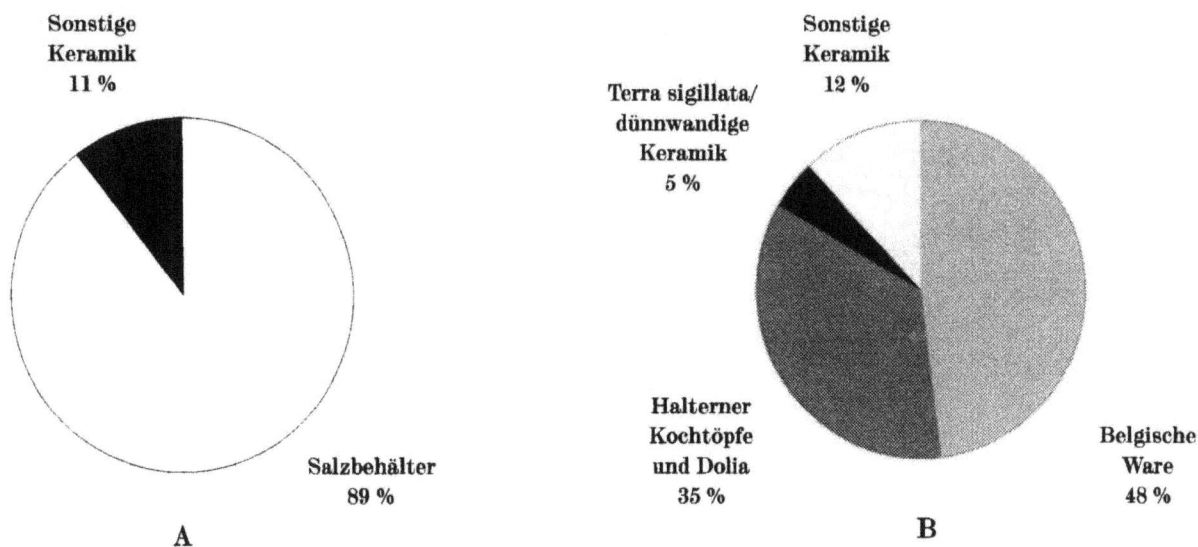

Abb. 5. Keramik (vorläufige Zählung der Scherben) aus der zeremoniellen Anlage der claudischen Periode.
A: Salzbehälter und sonstige Keramik. B: Aufschlüsselung der sonstigen Keramik.

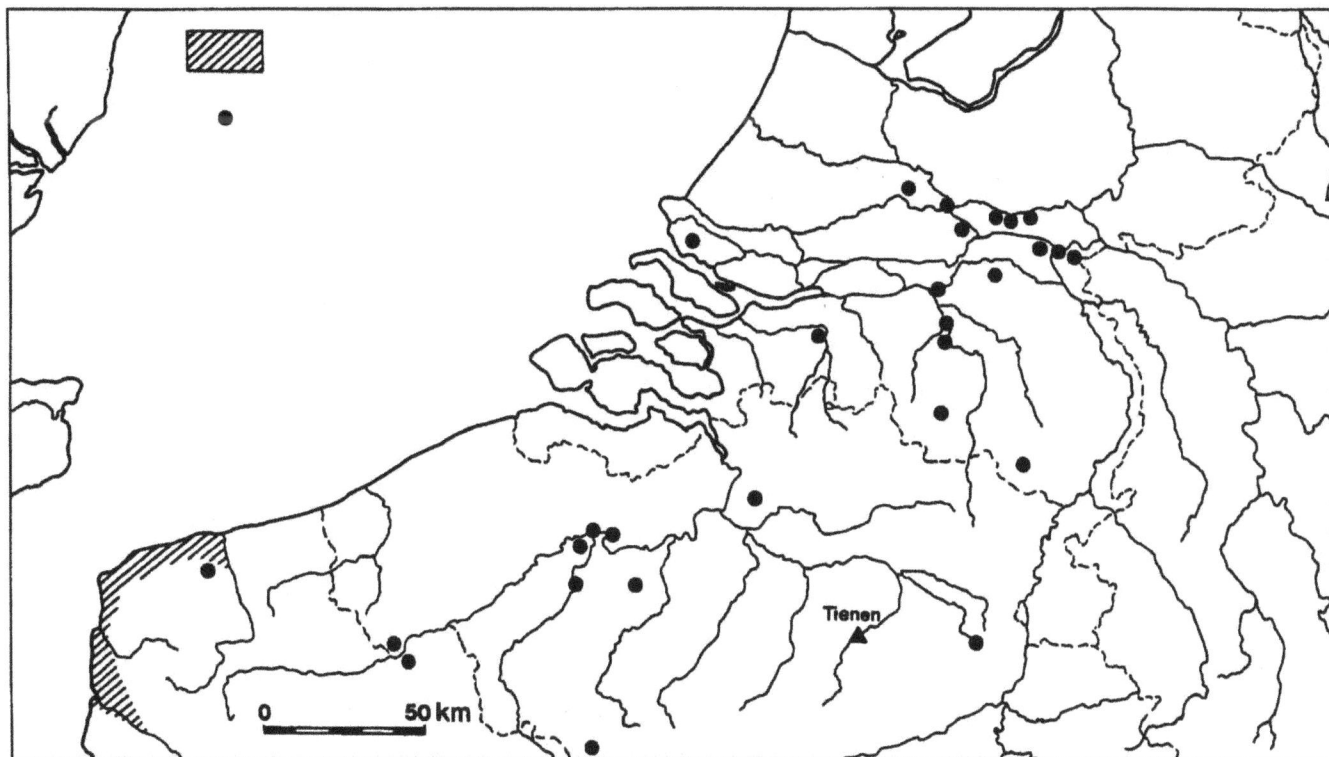

Abb. 6. Verbreitung der Salzbehälter des Typs Tienen (nach Van den Broeke 1995, mit Ergänzungen).
1: Produktionsgebiet. 2: Fundort.

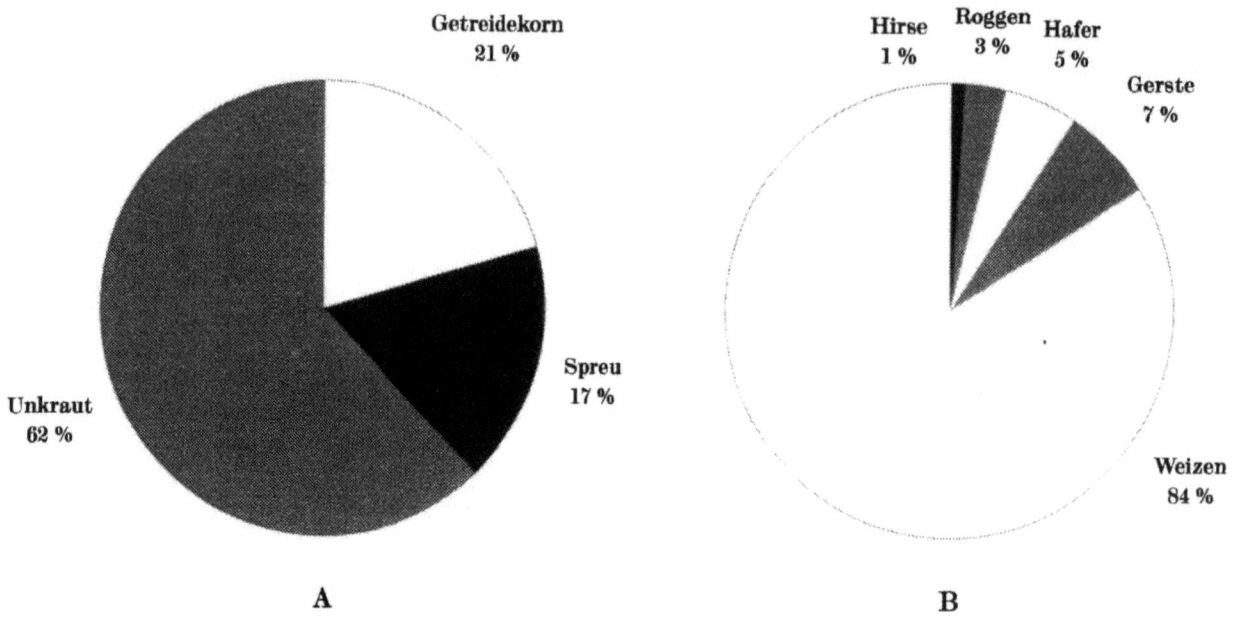

Abb. 7. Pflanzliche Reste (vorläufige Zählung) aus der zeremoniellen Anlage.
A: Verhältnis der Getreidekörner, Spreu und Unkrautsamen. B: Getreidearten.

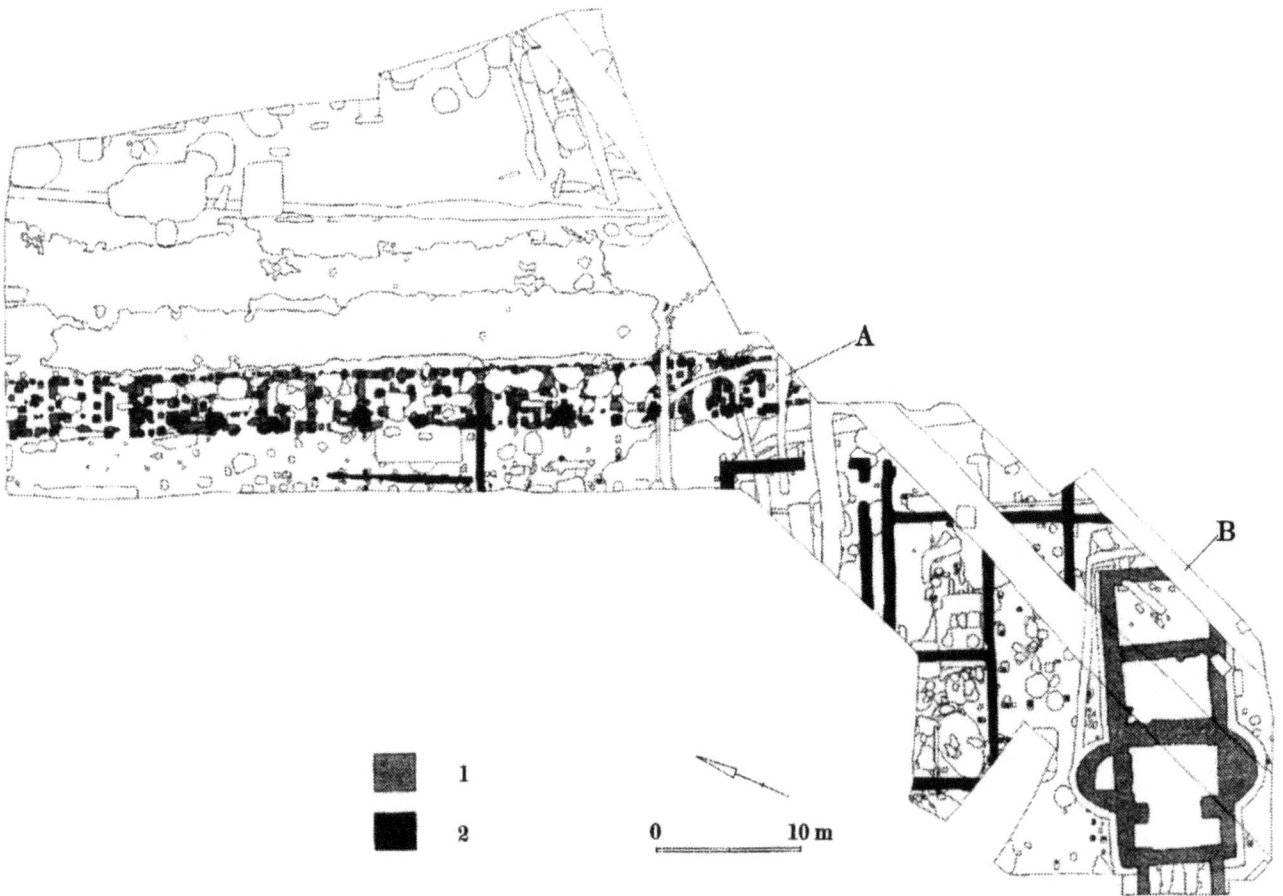

Abb. 8. Nördliche Peripherie des Vicus von Tienen.
1: flavische Befunde mit Horreum (A) und Badegebäude (B).
2: Handwerkerviertel aus dem 2. und 3. Jahrhundert.

Langknochen
↓
erhitzen
↓
durchhauen der Diaphyse   ⇨   Marköl
↓   weißes Mark
weitere Fragmentierung
↓
kurz kochen, gerinnen lassen, abschöpfen   ⇨   Knochenfett
↓
Knochen ausnehmen   ⇨   Knochensplitter
↓
einkochen   ⇨   Knochenleim

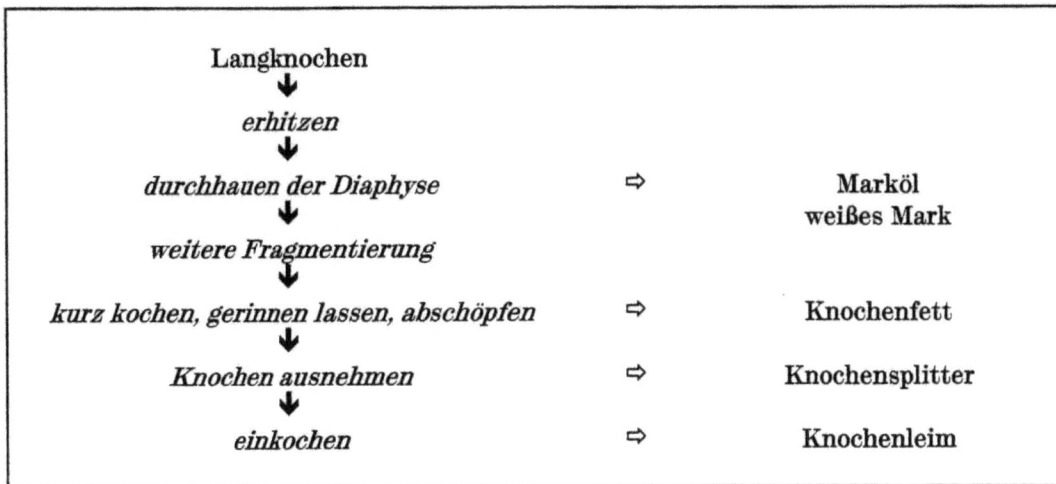

Abb. 9. Verarbeitung von Knochen zu sekundären Produkten.

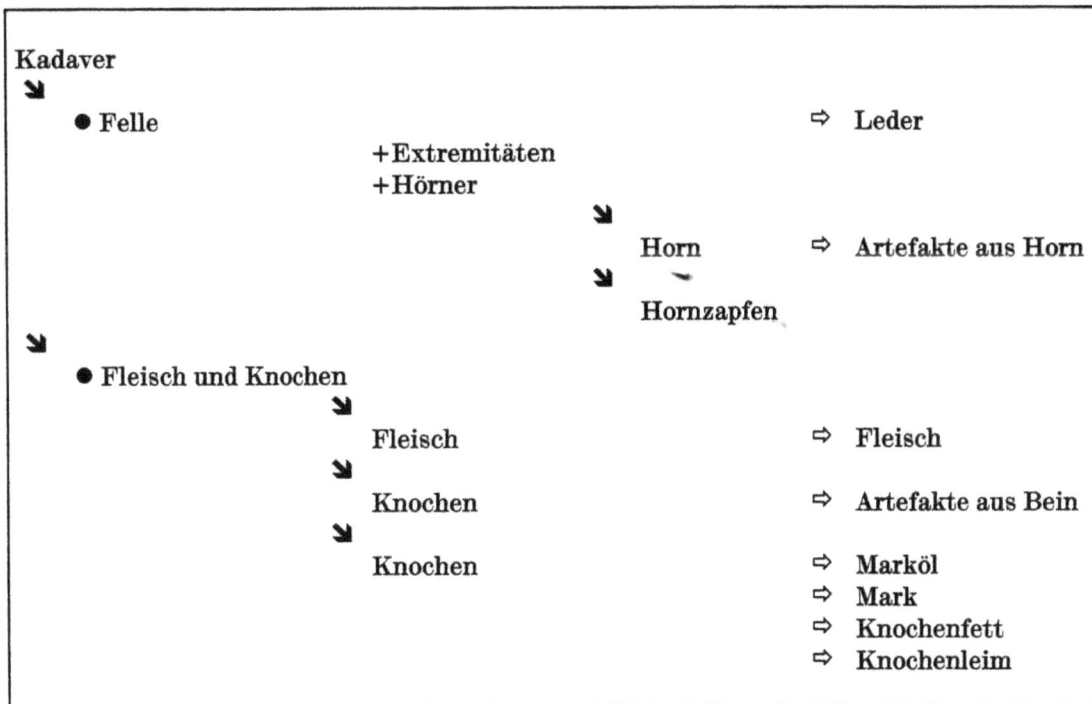

Kadaver
↘
● Felle   ⇨ Leder

+Extremitäten
+Hörner
↘
Horn   ⇨ Artefakte aus Horn
↘
Hornzapfen

↘
● Fleisch und Knochen
↘
Fleisch   ⇨ Fleisch
↘
Knochen   ⇨ Artefakte aus Bein
↘
Knochen   ⇨ Marköl
⇨ Mark
⇨ Knochenfett
⇨ Knochenleim

Abb. 10. Zerteilung eines geschlachteten Rindes zur Gewinnung primärer und sekundärer Produkte.

Abb. 11. Rindermetapodien mit (A) und ohne (B) Druckstellen.

Abb. 12. Schmelztiegel (A) und Metallschlacken (B).

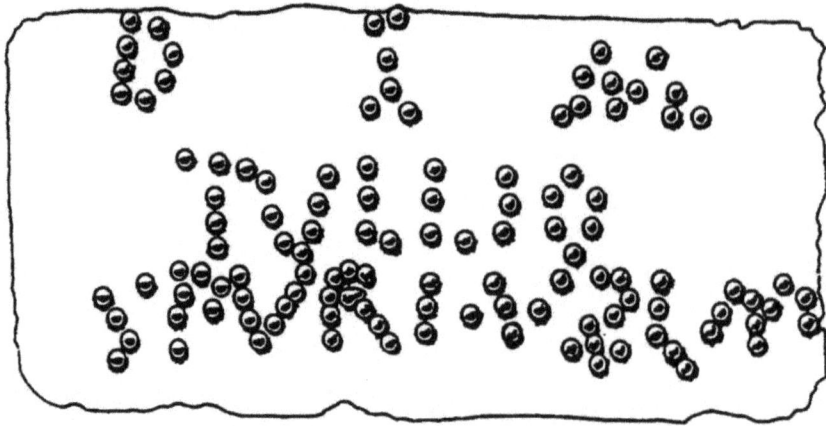

Abb. 13. Votivinschrift für Mithras (Maßstab 1 : 2).

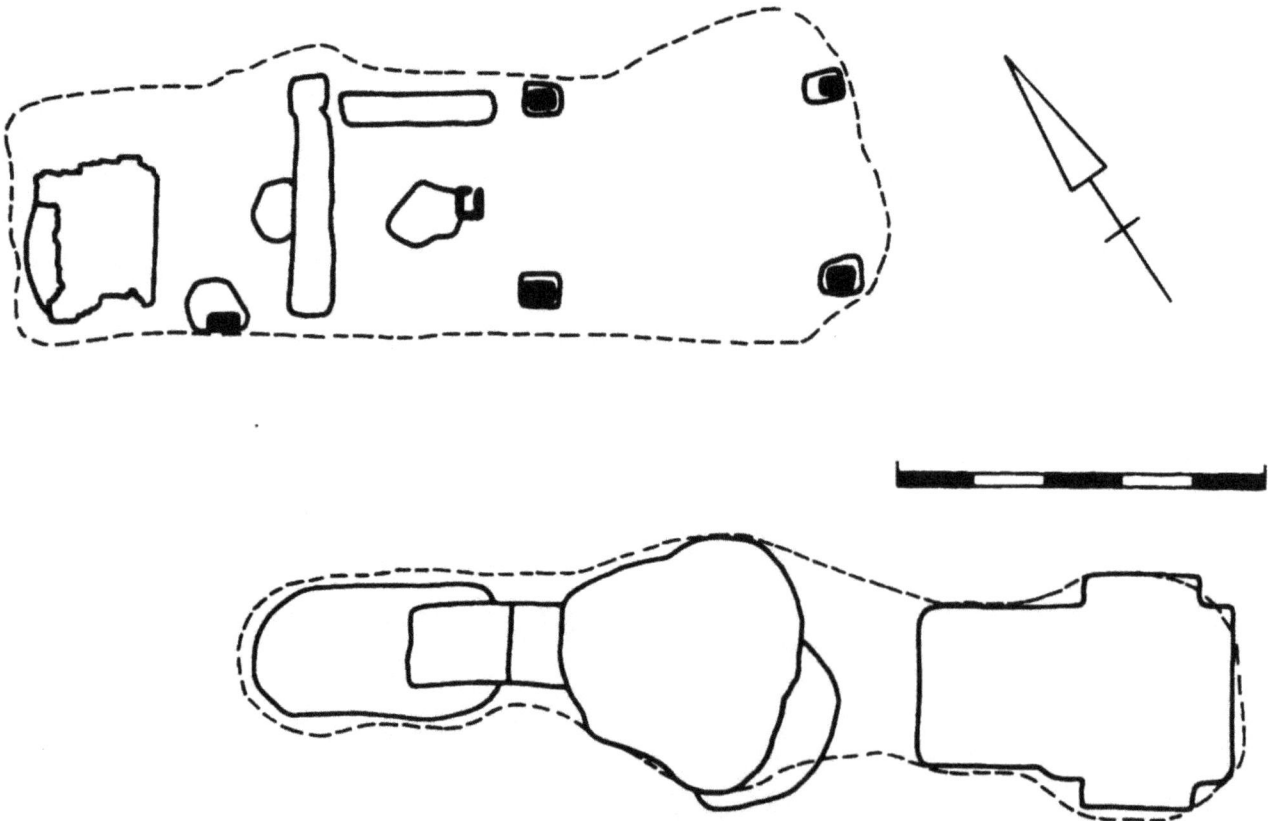

Abb. 14. Grundriß von Mithraeum (A) und Kultgruben (B).

Interdisziplinäre Untersuchungen im römischen Vicus von Tienen

	Sep.	Okt.	Nov.	Dez.	Jan.	Feb.	Mär.	Apr.	Mai	Jun.	Jul.	Aug.	Sep.	Okt.	Nov.	Dec.	N
Schwein																	
1. Wurf									1	2	3	4	5	6	7	8	3
2. Wurf*	1	2	3	4	5	6	7	8	9	10	11	12	13	14	15	16	2
Schaf																	
1. Wurf								1	2	3	4	5	6	7	8	9	9

Abb. 15. Schlachtalter der Ferkel und Lämmer aus der Kultgrube des Mithräums: Schlachtalter dick umrandet.
N = Anzahl Individuen * = Tiere des zweiten Wurfs des vorigen Jahres.

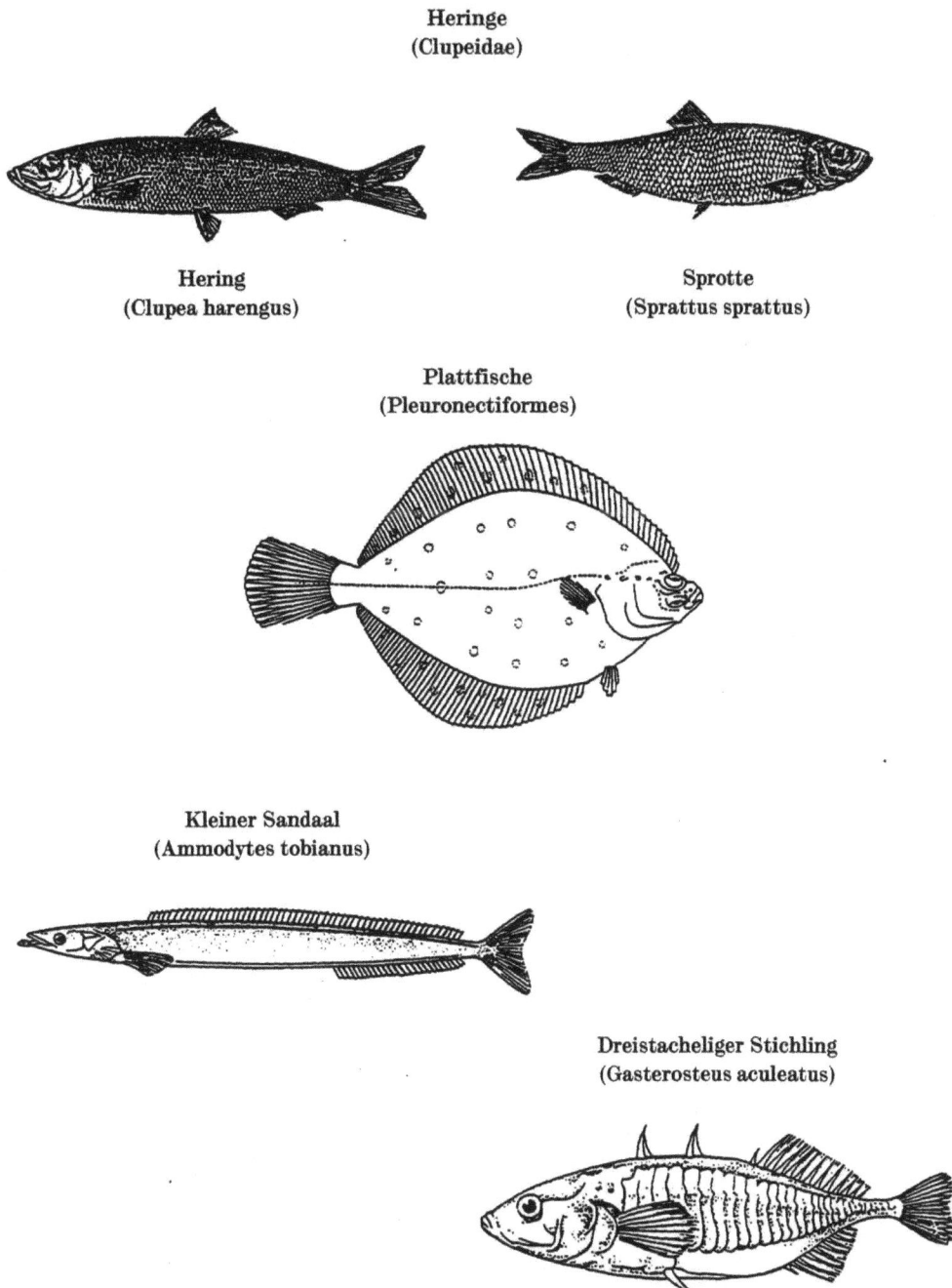

Heringe
(Clupeidae)

Hering
(Clupea harengus)

Sprotte
(Sprattus sprattus)

Plattfische
(Pleuronectiformes)

Kleiner Sandaal
(Ammodytes tobianus)

Dreistacheliger Stichling
(Gasterosteus aculeatus)

Abb. 16. Fischarten aus der Kultgrube des Mithräums.

Michael Friedrich und Bernhard Greiner

NEUE DENDROCHRONOLOGISCHE DATEN DES 3. JAHRHUNDERTS N. CHR. AUS DEM RÖMISCHEN KASTELLVICUS RAINAU-BUCH

Das Kastell von Rainau-Buch liegt am rätischen Limes. Es ist das östliche Nachbarkastell von Aalen (Abb. 1). In den Jahren von 1976 bis 1980 wurden von der Archäologischen Bodendenkmalpflege des Landesdenkmalamtes Stuttgart großflächige Grabungen im Kastellvicus durchgeführt. Dabei konnten neben den Hausbefunden auch 12 holzverschalte Gruben mit Feuchtbodenerhaltung ergraben werden. Es handelt sich um 8 Brunnen und 4 Latrinengruben. Bekannt geworden ist Rainau-Buch durch die Depotfunde aus drei Brunnen (Abb. 2), die zahlreiche Bronzegefäße und Eisengerätschaften enthielten. Die Funde sind im Limesmuseum in Aalen ausgestellt, vor Ort wurde ein Freilichtmuseum angelegt (Planck 1981).

Bereits unmittelbar nach der Ausgrabung wurden einige Hölzer von B. Becker vom Jahrringlabor des Institutes für Botanik der Universität Stuttgart-Hohenheim dendrochronologisch untersucht und die Ergebnisse vorgelegt, die wichtige Eckdaten für die Limesgeschichte lieferten (Becker 1981: 369 ff.).

Im Rahmen der archäologischen Bearbeitung der Funde und Befunde in einer Freiburger Dissertation (Greiner 1999) wurden seit Ende 1996 in Zusammenarbeit mit M. Friedrich vom Institut für Botanik der Universität Hohenheim auch die dendrochronologischen Daten aus Rainau-Buch überarbeitet. Dabei wurden die von B. Becker erhobenen Jahrringdaten mit der inzwischen überarbeiteten und erweiterten süddeutschen Eichenchronologie verglichen und umfangreiche Nachmessungen vorgenommen. Darüber hinaus sollten alle restlichen erhaltenen Hölzer, vor allem aus den bislang dendrochronologisch unbearbeiteten Brunnen, und sämtliche Holzobjekte aus den Brunnenfüllungen bearbeitet werden. Diese dendrochronologischen Untersuchungen sollten das zeitliche Gerüst für die Gliederung der Bauphasen im Vicus und wichtige Fixpunkte für die Keramikchronologie liefern. Auf Grund der schlechten finanziellen Ausstattung der Denkmalpflege 1997 wurde eine Sponsoringaktion initiiert, die weitere notwendige naturwissenschaftliche Untersuchungen im Laufe des Jahres 1998 ermöglichten.

DIE ÜBERPRÜFUNG DER BEPROBUNGEN VON 1977–1979

Die Überprüfung der Aufzeichnungen zeigte, daß die vorhandene Dokumentation unvollständig war. Es ergaben sich grundlegende Korrekturen bei der Identifikation von Fundkomplexen und der Zuweisung einzel-

ner Daten zum Befund. So wurden etwa auf der Grabung parallel zu den vergebenen Befundnummern die Gruben (Brunnen, Latrinen, Sickergruben u. a.) in mehreren Listen zusammengefaßt und unterschiedlich numeriert. Dies führte dazu, daß die Proben mit uneinheitlichen Angaben ins Hohenheimer Jahrring-Dendrochronologielabor kamen. Dort wurden diese Daten nur teilweise auf Probenprotokolle übertragen. Durch diese Schwierigkeiten wurde die Zuordnung der alten Dendrodaten zu den archäologischen Befunden und den neuen Jahrringmessungen stark erschwert.

Bis auf wenige Proben ließen sich diese Unklarheiten jedoch zweifelsfrei klären. In der Tabelle 1 sind die wesentlichen Korrekturen zusammengestellt (vgl. Becker 1981, Tab. 8).

DIE NEUEN DENDROCHRONOLOGISCHEN UNTERSUCHUNGEN VON 1998–1999

Im Januar 1998 konnte mit den neuen dendrochronologischen Untersuchungen begonnen werden. Dazu wurden die im Magazin des Württembergischen Landesmuseums Stuttgart gelagerten Hölzer und die in den Museen in Aalen und Konstanz ausgestellten Objekte dendrochronologisch beprobt. Dies erfolgte je nach Art und Zustand des Objektes durch Entnahme eines Bohrkerns mit Hilfe eines elektrischen Fräßbohrers, oder es wurde ein Abschnitt abgesägt. Schwierigkeiten ergaben sich bei der Probenentnahme vor allem durch das Konservierungsmittel PEG (Polyethylenglycol), mit dem die Objekte zur Stabilisierung getränkt sind; es verklebte Bohrer und Sägeblatt. Zudem war das Holz durch das Konservierungsmittel eingeschwärzt, so daß die sonst am Farbunterschied leicht kenntliche Grenze zwischen Kern- und Splintholz erschwert auszumachen war. Dagegen ergaben sich kaum Schwierigkeiten bei der Messung der Jahrringbreiten der konservierten Hölzer. Insgesamt wurden die Jahrringe von über 200 Hölzern aus Rainau-Buch vermessen.

Durch einen internen Einzelkurvenvergleich aller Jahrringsequenzen aus Rainau konnten die meisten Jahrringsequenzen zu einer Eichen-Lokalchronologie zusammengefaßt werden. Diese konnte mit höchst signifikanten Ähnlichkeitswerten mit der neuen Süddeutschen Eichenchronologie synchronisiert werden (Abb. 3). Die gut belegte Lokalchronologie ermöglichte dann auch die sichere Datierung kürzerer Jahrringsequenzen unter 50 Jahrringen. Die Gesamtdarstellung der Ergebnisse dieser Untersuchungen ist in Bearbeitung.

DAS DATUM 261 +/−10 - EINE KORREKTUR

Der Vergleich der neu gewonnenen dendrochronologischen Daten mit den publizierten Daten (Becker 1981) bestätigte diese im Wesentlichen, machte aber auch Korrekturen notwendig. So konnte bei den mehrfachen Vergleichen der Jahrringkurven der einzelnen Hölzer innerhalb des nun sehr umfangreichen Probenbestandes das „nicht bearbeitete Holz" aus der Verfüllung von Brunnen 13 (Becker 1981: 385), das dort auf 261 +/− 10 n. Chr. datiert wurde, eindeutig als Bruchstück eines Schalbrettes der äußeren Verschalung von Brunnen 13 identifiziert werden. Abb. 4 zeigt die Synchronlage der Jahrringkurven dieser und der übrigen Proben der äußeren Verschalung von Brunnen 13. Die Jahrringkurven der einzelnen Hölzer sind sich bezüglich der Gleichläufigkeit von Jahr zu Jahr, vor allem aber im absoluten Niveau der Jahrringbreiten so ähnlich, wie es nur innerhalb ein- und desselben Baumstammes möglich ist. Das Holz wurde also wie die anderen Bohlen der äußeren Verschalung von Brunnen 13 aus demselben Stamm gespalten und kann somit als Bruchstück eines Verschalbrettes angesehen werden, das in den Brunnenschacht gestürzt ist. Es datiert folglich wie die Bohlen der äußeren Brunnenverschalung, an denen teilweise Splint und der erste Frühholzporenkreis erhalten ist, ins Frühjahr 202 n. Chr. Die an diesem Bruchstück erhaltenen 47 Jahrringe erfassen den Ausschnitt von 16 n. Chr. bis 62 n. Chr (Abb. 4).

Auch der direkte Vergleich dieser Jahrringsequenz mit der neuen Süddeutschen Eichenchronologie ergab keine signifikaten Ähnlichkeiten auf der Position 261 n. Chr. (Abb. 5), sondern bestätigte das neu ermittelte Datum 62 n. Chr. Das Datum 261 +/− 10 n. Chr. muß damit revidiert werden. Das jüngste dendrochronologisch sicher datierte Holz aus dem Kastellvicus von Rainau-Buch ist somit das als „kurzes Pfahlstück" bezeichnete Holz aus der Verfüllung von Brunnen 13 (Becker 1981, Tab. 8). Es stammt von einer Eiche, die im Winterhalbjahr 246/47 n. Chr. gefällt wurde, was auch durch die Nachuntersuchung bestätigt werden konnte.

DIE NEUE SÜDDEUTSCHE EICHENCHRONOLOGIE

Der Grund für die dendrochronologische Korrektur von Hölzern aus der späten Römerzeit liegt darin, daß durch den stetigen Ausbau und die Überarbeitung der Jahrringchronologien seit 1994 die Datierungsgrundlagen ständig verbessert werden konnten. Dies wirkt sich vor allem in Zeiträumen aus, in denen die Chronologien nur durch wenige Bäume repräsentiert werden, die Belegung also sehr gering ist. Neben der hallstattzeitlichen Fundlücke (Friedrich 1996, Friedrich/Hen-

nig 1996) bestand auch zwischen 200 n. Chr. und 400 n. Chr. lange Zeit eine Fundlücke für dendrochronologisch verwertbares Holz, da einerseits aus archäologischen Fundstellen dieses Zeitraumes kaum Holzfunde erhalten waren und andererseits Funde von subfossil erhaltenen Eichenstämmen aus den Schottern der süddeutschen Flüsse selten waren. Erst kontinuierliche, jahrzehntelange Forschungsaktivität und die Ausdehnung auf andere Regionen ermöglichte die Überwindung dieser bedeutendsten Schwachstellen in der süddeutschen Eichenchronologie (Friedrich 1996, Friedrich/Hennig 1996). Beide Zeiträume sind heute in der Hohenheimer Chronologie durch eine ausreichende Zahl von Bäumen repräsentiert. Der Zeitraum zwischen 200 n. Chr. und 400 n. Chr. ist mit süddeutschen Eichen heute über 30fach belegt (Abb. 6).

Ein Vergleich der alten Eichenchronologie (Becker 1981, Becker 1993), in der auch die alten Daten aus Rainau-Buch integriert waren, mit der aktuellen Chronologie (Friedrich 1996; Spurk u. a. 1998) zeigt die Veränderung der Chronologie im 3. nachchristlichen Jahrhundert (Abb. 7). Zur Verdeutlichung dafür wurde der Korrelationskoeffizient als Maß für die Ähnlichkeit zwischen den Chronologien in einem 20jährigen gleitenden Zeitfenster berechnet (Abb. 8). Hohe positive Korrelationswerte zeigen dabei große Ähnlichkeit zwischen den zwei Kurven; Werte um Null bedeuten keine Ähnlichkeit, und negative Werte bedeuten, daß die beiden Chronologien gegenläufig sind.

Alte und neue Eichenchronologie zeigen höchste Übereinstimmung im gesamten Verlauf, bis auf den Zeitabschnitt zwischen 170 und 260 n. Chr., in dem sich die größten Änderungen ergeben haben. Neben Überarbeitung und Ausbau der Chronologie gibt es als Grund für diesen Unterschied die Einbindung falsch datierter Sequenzen in diesem Bereich sehr geringer Belegung (z. B. das bislang auf 261 n. Chr. datierte „unbearbeitete" Holz aus Brunnen 13).

Aufgrund erheblicher Veränderung und des Ausbaus der publizierten süddeutschen Eichenchronologie (Becker 1981, Becker 1993) durch systematische Überarbeitung seit 1994 im Hohenheimer Institut für Botanik (Friedrich/Hennig 1996, Spurk u. a. 1998) sei an dieser Stelle darauf hingewiesen, ältere Versionen dieses süddeutschen Datierungsstandards als Grundlage zur dendrochronologischen Datierung nicht mehr zu verwenden. Eine neue Publikation der Hohenheimer Eichenchronologie Süddeutschlands ist am Ende der Überarbeitung vorgesehen.

DIE ERGEBNISSE AUS ARCHÄOLOGISCHER SICHT:

Der Wegfall des Datums 261 +/− 10 für das jüngste Holz aus Rainau-Buch ist für das Ende der römischen Kaiserzeit in Südwestdeutschland mit dem Verlust eines Fixpunktes gleichzusetzen. Das späteste Zeugnis im rätischen Limesgebiet nördlich der Donau stellt nunmehr die sekundär vermauerte Inschrift von Hausen ob Lontal dar, die zwischen 254 und 268 n. Chr. entstanden ist (Haug-Sixt 85 Nr.30, 31).

Für die Entwicklung des Kastellvicus von Rainau-Buch kann anhand der neuen dendrochronologischen Daten ein verläßliches zeitliches Gerüst aufgestellt werden. Die so gewonnene chronologische Unterglie-derung der Befunde wird anhand der Münzfunde und der verzierten Terra Sigillata ergänzt und bestätigt. Tab. 2 zeigt eine Zusammenstellung sämtlicher da-tierbarer Baumaßnahmen (Greiner 1999, 20).

Aus diesen Angaben können drei Hauptbauphasen herausgearbeitet werden, die die Struktur des Vicus betreffen und mehrere Unterphasen für Phase 2, die zeitgleiche Baumaßnahmen auf mehreren Parzellen anzeigen (Tab. 3) (Greiner 1999, 21).

Mit der dendrochronologischen Datierung der Hölzer aus den Brunnen und Latrinen im Kastellvicus von Rainau-Buch ist es damit erstmals gelungen ein fein-chronologisches Entwicklungsbild für einen römischen Kastellvicus am rätischen Limes zu erstellen.

AUSBLICK

Die Überarbeitung und der Ausbau in der neuen Ei-chen-Standardchronologie Süddeutschlands ermög-licht heute bessere und damit auch sichere dendro-chronologische Datierungen von Hölzern der spätrö-mischen und frühalamannischen Zeit. Eine umfassen-de Überprüfung vorhandener Daten zur späten Kaiser-zeit und frühen Alamannenzeit mit der neuen überar-beiteten Chronologie steht an. Sie könnte weitere ab-solute Daten zu dieser wichtigen Umbruchszeit lie-fern.

DANK

Unser Dank gilt Dr. M. Kemkes vom Württembergi-schen Landesmuseum Stuttgart und Dr. C. Theune-Großkopf von der Außenstelle Konstanz des Archäolo-gischen Landesmuseums, die die Beprobungen in Stuttgart, Aalen und Konstanz ermöglichten und S. Wurst, die in Hohenheim die Jahrringmessungen vor-nahm.

Besonderer Dank gilt dem Rotary Club Aalen-Heidenheim, der Stiftung Kunst und Kultur der Lan-desgirokasse Stuttgart, der Stiftung der Württember-gischen Hypothekenbank für Kunst und Wissenschaft, den Vereinigten Studienstiftungen der Universität Freiburg und der Gemeinde Rainau, die mit ihrer großzügigen finanziellen Unterstützung die Durchfüh-rung der Untersuchungen erst ermöglicht haben.

LITERATUR:

Becker 1981 = B. Becker, Fällungsdaten römischer Bauhölzer. Fundber. Baden-Württemberg 6, 1981, 369–386.

Becker 1993 = B. Becker, An 11.000-year German oak and pine dendrochronology for radiocarbon calibration. Radiocarbon, Vol. 35, No. 1, 1993, 201–213.

Friedrich 1996 = M. Friedrich, Dendrochronologische Datierung der Toranlage der Periode Ia der Heune-burg. Röm.-Germ. Forschungen 56, 1996, 169–180.

Friedrich/Hennig 1996 = M. Friedrich/H. Hennig, A dendrodate for the Wehringen Iron Age wagon grave (778 +/- 5 BC) in relation to other recently obtained dates for the Hallstatt period in Southern Germany. Journal of European Archaeology 4, 1996, 281–303

Greiner 1999 = B. A. Greiner, Der römische Kastell-vicus von Rainau-Buch im Ostalbkreis (Dissertation Freiburg 1999).

Haug/Sixt 1914 = F. Haug/G. Sixt, Die römischen Inschriften und Bildwerke Württembergs (²1914) 85 Nr. 30, 31.

Planck 1983 = D. Planck, Das Freilichtmuseum am rätischen Limes im Ostalbkreis. Führer zu archäolog. Denkmäler in Baden-Württemberg 9 (1983).

Spurk u. a. 1998 = M. Spurk/M. Friedrich/J. Hof-mann/S. Remmele/B. Frenzel/H.H. Leuschner/B. Kromer, Revisions and Extensions of the Hohenheim Oak and Pine Chronologies - New Evidence about the Timing of the Younger Dryas/Preboreal-Transition. Radiocarbon 40(3), 1998, 1–10.

Becker 1981 Tab.8		Korrekturen		
Fundkomplex	Fällungsjahr	Fundkomplex	Datierung	Anmerkung
Zisterne 11	160+/-10	Brunnen 11		Verfüllung, nicht Verschalung
Zisterne 10	160 +/-10	unklar		nicht Brunnen 10
Zisterne 2	160	Brunnen 2		
Zisterne 9	160	Brunnen 9		Verfüllung, nicht Verschalung
Zisterne 1	167 +/-10	Brunnen 4	157-172	
„Damm"	175	„Damm"		
Zisterne 8	184 +/-10	Latrine 6		
Zisterne 13/1	202	Brunnen 13		äußere Verschalung
Zisterne 2A	205 +/-10	Brunnen 3		
Zisterne 13/2	215	Brunnen 13		innere Verschalung
Zisterne 7	229	Brunnen 7		
Zisterne 13/3, Rinne	244	Brunnen 13		Verfüllung
Zisterne 13/3, Pfahl	246	Brunnen 13		Verfüllung
Zisterne 13/3, Holz	261 +/-10	Brunnen 13	202	äußere Verschalung

Tabelle 1: Neue Zuweisung der publizierten dendrochronologischen Daten zu den archäologischen Befunden (nach Becker 1981 Tab. 8 und Greiner 1999 Abb. 109).

1)	Brunnen 2	Bau 161
2)	Latrine 8	Bau 161
3)	Latrine 9	Bau 161 +/– 10
4)	Brunnen 11	wohl 161
5)	Bauholz (aus Br.11)	160 +/– 10 o.später
6)	Brunnen 4	Bau 157-172
7)	Latrine 6	184 +/– 10
8)	Brunnen 10 erste Nutzung	Bau 193
9)	Brunnen 1	Bau wohl 199 +/– 10
10)	Brunnen 13 erste Nutzung	Bau 203
11)	Keller 10	Bau nach 206
12)	Bauholz (aus Br.9)	208 +/– 10
13)	Brunnen 13 zweite Nutzung	Bau 216
14)	Brunnen 10 zweite Nutzung	nach ca. 210
15)	Brunnen 9	Bau 229 (?)
16)	Brunnen 7	Bau 229
17)	Latrine 3	Verschalbretter 205 +/– 10, Bau wohl erst 229
18)	Bauholz (aus Br. 9)	239 +/– 10
19)	Bauholz (aus Br. 13)	246
20)	Wasserrinne (aus Br. 13)	246
21)	Planie (Verfüllung Keller 10)	Mitte 3. Jh. (wohl 247)
22)	Brandschuttverfüllung Br. 9 u. 13 mit Ausbau der Verschalung	247

Tabelle 2: Zusammenstellung der datierbaren Baumaßnahmen im Kastellvicus von Rainau-Buch.

161 n.	Phase 1:	Gründung des Vicus mit Ringstraße um das Kastell
193 n.	Phase 2a:	Verlagerung der Straßenachse zum Tangentialtyp und Neuparzellierung
229 n.	Phase 2b:	Bau von Brunnen
246 n.	Phase 2c:	Bauhölzer (Ständer und Schwellbalken)
nach 246 n.	Phase 3:	Verfüllen von Kellern und Brunnen mit Ausbau der Verschalung und Planie von Terrassen

Tabelle 3: Zusammenstellung der Bauphasen im Vicus von Rainau-Buch.

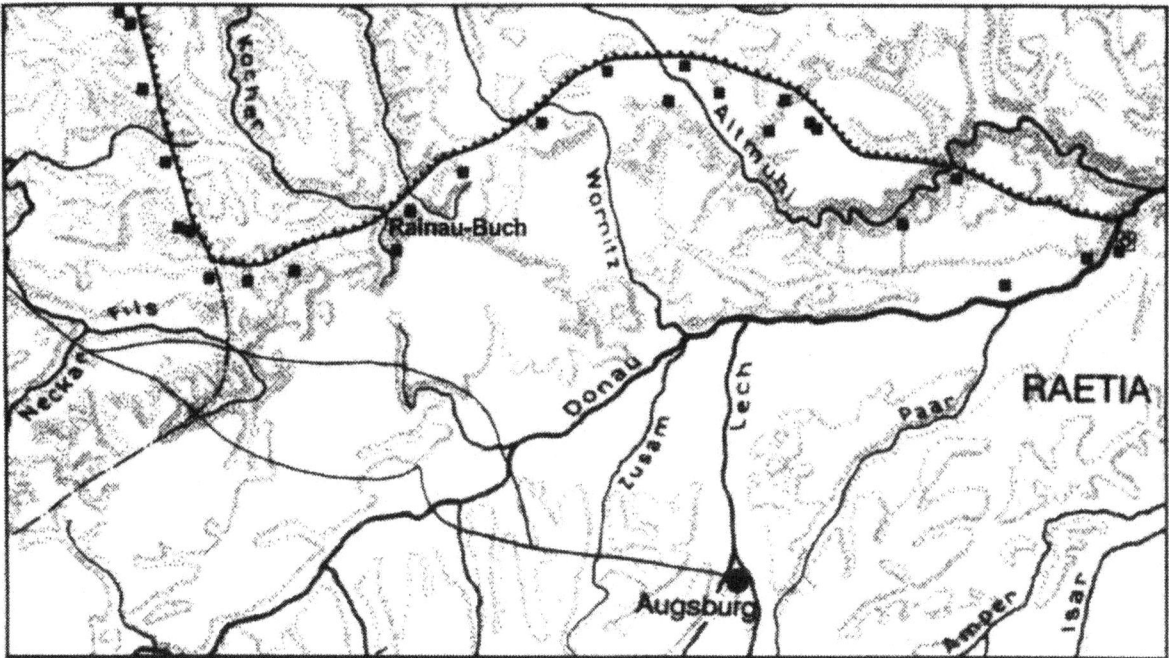

Abb. 1. Die Lage von Rainau-Buch am Rätischen Limes.

Abb. 2. Brunnen 13 mit doppelter Verschalung und Hortfund während der Ausgrabung.

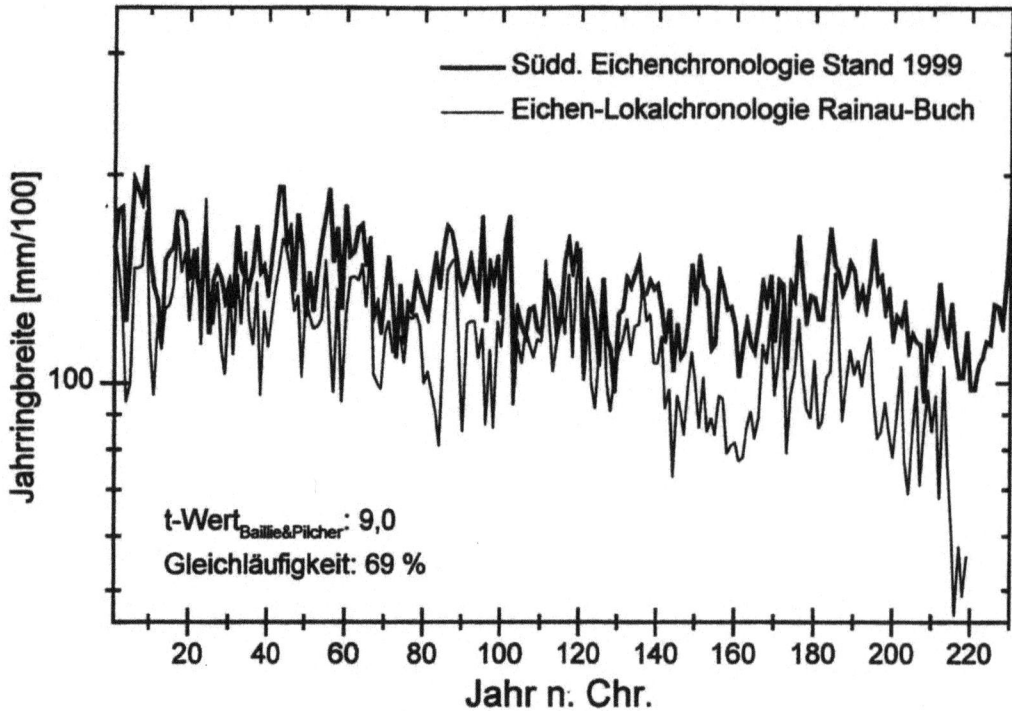

Abb. 3. Synchronlage der Eichen-Lokalchronologie von Rainau-Buch mit der überarbeiteten, aktuellen Süddeutschen Eichenchronologie (Stand 1999). Die statistischen Ähnlichkeitsmaße (t-Wert, Gleichläufigkeit) sichern die Synchronlage auf höchstsignifikantem Niveau ab.

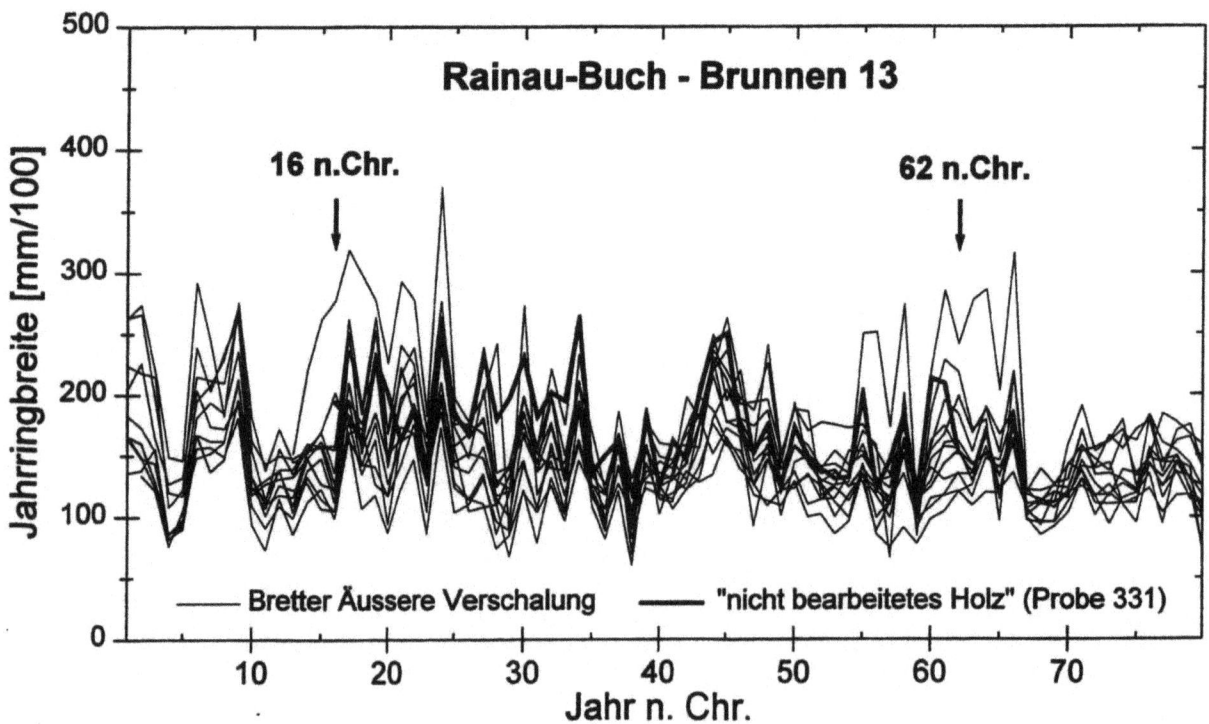

Abb. 4. Jahrringkurve des "unbearbeiteten Holzes" aus Brunnen 13 in Synchronlage mit den Hölzern der äußeren Brunnenverschalung von Brunnen 13. Der identische Verlauf der Jahrringbreiten auf gleichem absoluten Niveau belegt die Herkunft aus demselben Stamm.

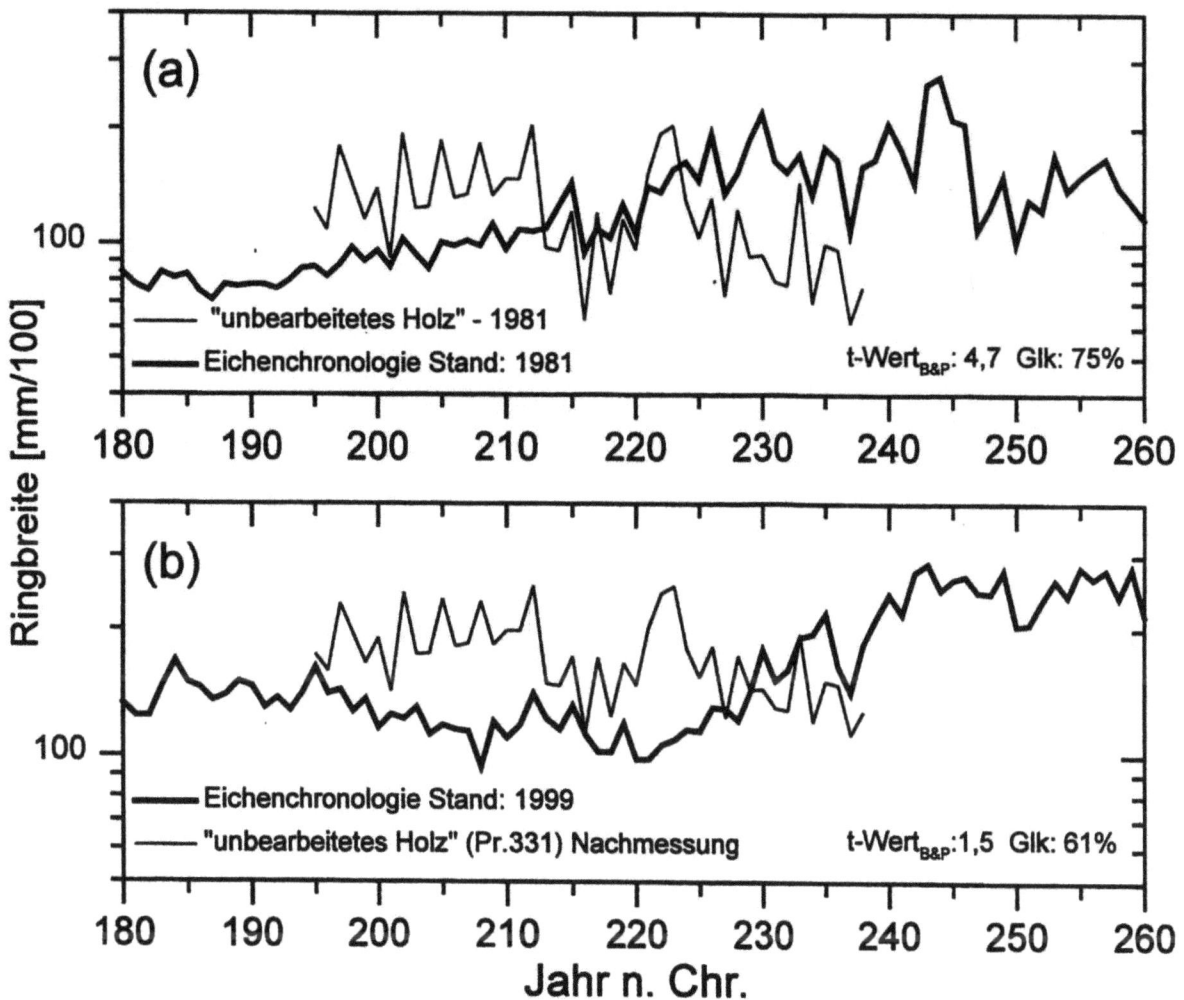

Abb. 5 a: Vergleich der Jahrringkurve von 1981 des „unbearbeiten Holzes" aus Brunnen 13 mit der Süddeutschen Eichenchronologie von 1981 (Becker 1981). Die beiden Kurven zeigen in dieser Lage eine gewisse Ähnlichkeit, auch bei den statistischen Ähnlichkeitsmaßen. Diese Ähnlichkeit führte 1981 zur dendrochronologischen Datierung. Durch die geringe Belegung der damaligen Chronologie an dieser Stelle (Abb. 6) war jedoch die Repräsentativität der Schwankungen der Chronologie nicht gesichert, und die Kürze der Sequenz erschwerte die statistisch gesicherte Synchronisierung.

Abb. 5 b: Vergleich der Nachmessung des „unbearbeiteten Holzes" (Probe 331) mit der aktuellen, überarbeiteten Eichenchronologie von 1999 in der publizierten Synchronlage (Becker, 1981). Die wesentlich höhere Belegung ergibt ein stabiles, überregionales Signal in den Ringbreiten mit klaren Weiserjahren. Die im Vergleich zur Chronologie von 1981 noch vorhandenen, zufälligen Ähnlichkeiten sind verschwunden.

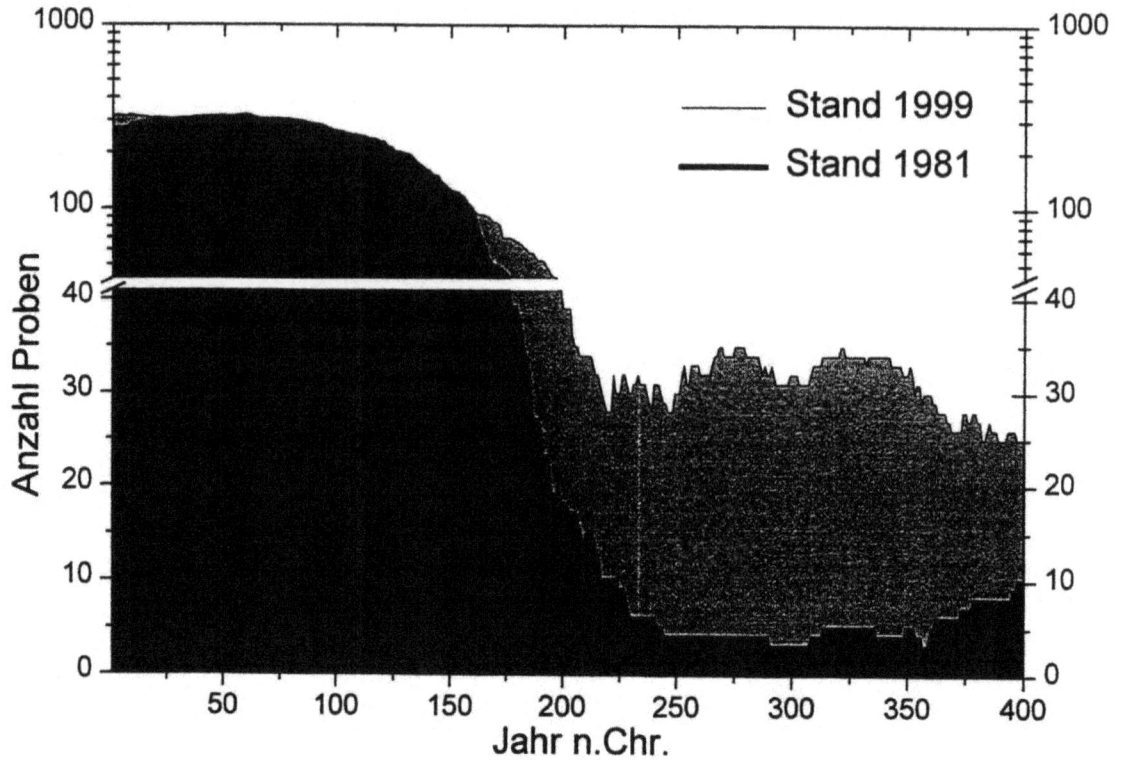

Abb. 6. Vergleich der Belegdichte der Süddeutschen Eichenchronologie des Hohenheimer Instituts für Botanik von 1981 (Becker 1981) mit dem aktuellen Stand von 1999. Deutlich wird die prägnante „völkerwanderungszeitliche Fundarmut" in der Chronologie von 1981.

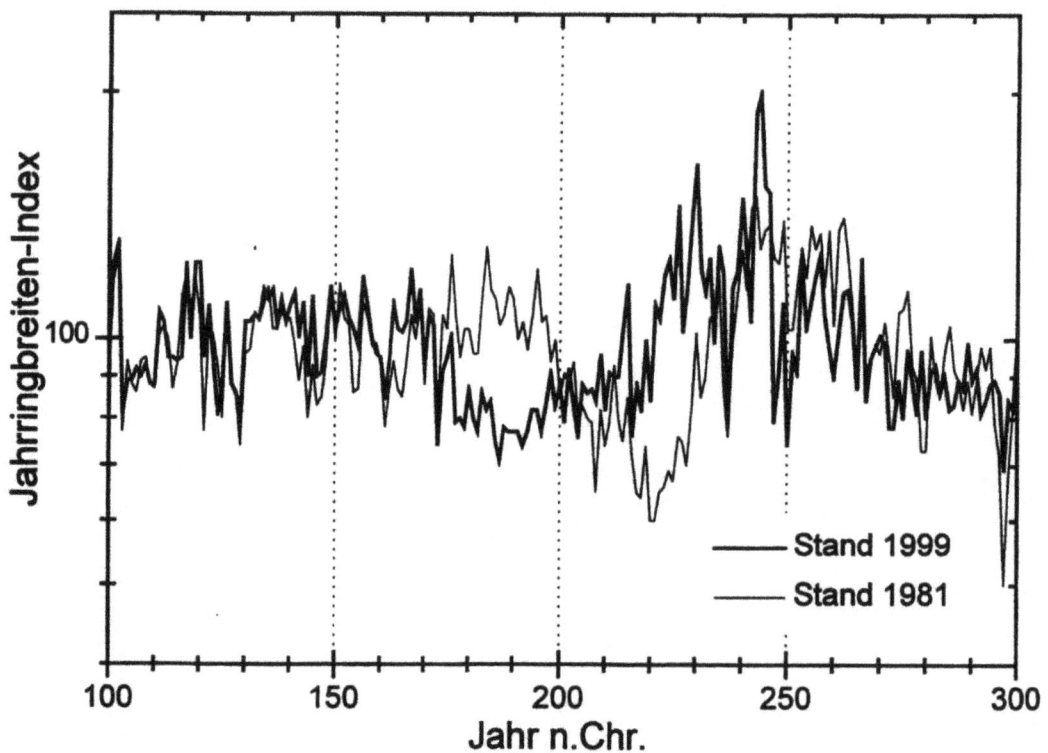

Abb. 7. Vergleich der Ringbreiten der Süddeutschen Eichenchronologie von 1981 (Becker 1981) mit dem aktuellen Stand von 1999 (Friedrich 1996, Spurk u. a. 1998). Im Zeitraum zwischen 180 und 240 n. Chr. unterscheiden sich beide Chronologien deutlich voneinander.

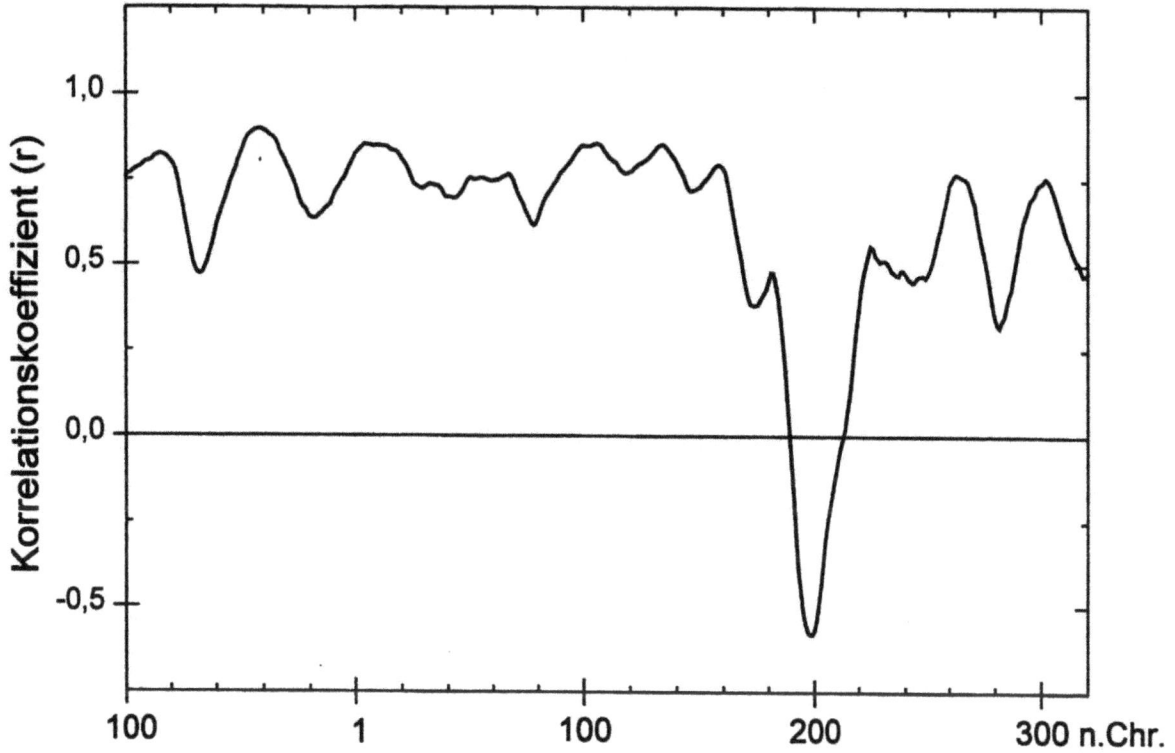

Abb. 8: Zeitlicher Verlauf der Ähnlichkeit (Korrela-tion) zwischen der süddeutschen Eichenchronologie von 1981 (Becker 1981) und der aktuellen Eichenchronologie von 1999 (Friedrich 1996; Spurk u. a. 1998). Die wesentlichen Unterschiede von alter und neuer Chronologie zeigen sich zwischen 170 n. Chr. und 260 n. Chr., exakt im Zeitraum, in den die jüngsten Holzfunde aus Rainau-Buch datieren.

Fritz Seibel

TECHNOLOGIE RÖMISCHER GLASHÜTTEN AM BEISPIEL DER AUSGRABUNGEN IM HAMBACHER FORST

Antike Gläser sind uns als Grabfunde in großer Zahl und oft von wunderbarer Schönheit erhalten geblieben. Die Technik ihrer Formgestaltung und Veredelung ist uns im wesentlichen bekannt. Wie aber wurde das Glas aus den bekannten Rohstoffen Sand, Soda, Kalk geschmolzen ? Wie sahen die Öfen aus ? Wie wurden sie betrieben ?

Darüber gab es bisher keine schlüssige Antwort. Antike Schriftquellen geben nur ungenügende Auskunft. Archäologische Quellen der jüngeren Vergangenheit insbesondere in England, Frankreich, der Schweiz und Deutschland lieferten eine Reihe von Informationen, deren Interpretation jedoch Schwierigkeiten bereitet.

DIE RÖMISCHEN GLASHÜTTEN IM HAMBACHER FORST

Im Jahr 1978 wurde im Raum Jülich-Düren westlich von Köln mit dem Aufschluß des Braunkohlereviers „Hambacher Forst" begonnen. Das Abbaufeld, eines der größten Europas, hat die Ausdehnung eines Quadrats von 9 km Kantenlänge. Dieser Eingriff vernichtete eines der ältesten Siedlungsgebiete auf deutschem Boden. Dem entgegenzuwirken, entwickelte die Rheinische Landesarchäologie ein Programm, dem Bagger vorauseilend, z. T. großflächige Ausgrabungen durchzuführen. Die Römerzeit war einer der Schwerpunkte der siedlungsarchäologischen Untersuchungen. Es zeigte sich, daß das Areal von einem Netz einzeln stehender Gutshöfe (villae rusticae) überzogen war. Diese verfielen gegen Mitte des 3. nachchristlichen Jahrhunderts zufolge von Kriegsereignissen auf römisch-germanischem Boden. Im 4. Jahrhundert kam es zur Wiederbesiedlung durch Handwerkergruppen, die in den Ruinen Gewerbebetriebe errichteten, die vornehmlich der Glasherstellung dienten. Insgesamt wurden bisher fünf gesicherte Fundplätze spätantiker Glashütten entdeckt, davon vier mehr oder weniger zufällig, der fünfte und vorerst letzte, HA 132, war Gegenstand einer sorgfältig geplanten und durchgeführten Grabungsaktion, mit der Zielsetzung einer großräumigen archäologischen Erschließung einer antiken Glashütte. Sie begann 1994 und dauerte bis zum Sommer 1996.

Bereits die ersten Plana erbrachten zahlreiche Streufunde von Glasbruch, Hafenfragmenten und feuerfestem Ofenmaterial, die auf Aktivitäten im Zusammenhang mit einer Glasherstellung hinwiesen. Als eigentlicher Mittelpunkt der Grabung erwies sich eine in Ständerbauweise errichtete Werkhalle, von der in drei

Reihen angeordnete quadratische Basissteine erhalten sind. Innerhalb des Hallenbereiches wurden die Reste von drei Öfen entdeckt. Erhalten sind nur die unteren Lagen der Setzung. Obwohl das aufgehende Mauerwerk weitgehend abgetragen ist, ist die Grundform der Öfen gut erkennbar. Zwei Öfen weisen einen runden, ein Ofen einen halbkreisförmigen Grundriß auf.

Diese in HA 132 festgestellten Ofengrundrisse finden sich in ihrer charakteristischen Form: „rund" und „halbrund" auch in allen anderen Hambacher Glashüttenplätzen wieder. Zum Beispiel liefert HA 500 den besterhaltenen Halbkreisofen. Seine Feuerstelle wird durch eine flachliegende Ziegeldecke gebildet. Der Herd wird begrenzt durch eine halbkreisförmige Aufmauerung, die in der Mitte von einer Schüröffnung unterbrochen wird und durch eine Quermauer. Hinter der Quermauer befindet sich eine Zone gelbroter Lehmverziegelung, entstanden durch Hitzeeinwirkung. Sie liefert das Phantombild eines nicht mehr vorhandenen rechteckigen Anbaus.

Aus der Befundsituation der Öfen läßt sich zunächst nur mit Sicherheit nachweisen, daß es sich um Feuerbetriebe gehandelt hat. Erst das mit den Öfen in Verbindung zu bringende Fundmaterial führte zum Nachweis der Glasherstellung. Dabei gab es im eigentlichen Ofenbereich selbst kaum in situ befindliche Funde. Bodenerosion führte zur Abtragung der antiken Oberfläche. Nur die im Boden eingelassenen Fundamente blieben erhalten. Das übrige Fundmaterial war umgelagert und verstreut. Als wichtigste Informationsquelle stellten sich jedoch die im Umfeld der Öfen angelegten Abfallgruben heraus. Hier kam eine Fülle von Material zutage das der Glasherstellung zuzuordnen ist. Zwar bestand dieses nur aus kleinsten Bruchstücken und Scherben; aber wenn man Mikroüberresten die notwendige Aufmerksamkeit schenkt, werden Zusammenhänge deutlich, die zu weiteren Erkenntnissen führen. So wie die Öfen der fünf Hambacher Hütten gleiche Konstruktionsmerkmale aufweisen, lassen sich auch beim Vergleich des Fundmaterials keine Unterschiede feststellen. Praktisch waren alle Fundobjekte austauschbar.

OFENMATERIAL

Der überwiegende Teil des Inhaltes der Abfallgruben bestand aus Ofenmaterial, Brocken feuerfesten Materials, das bei Ofenreparaturen anfiel und auf Halde gekarrt wurde. Bruchstücke der inneren Wandung weisen eine flächendeckende Glasur auf. Dabei handelt es sich einmal um die sogenannte Brennhaut, die für alle industriellen Öfen typisch ist, also auch für Kalk- und Keramiköfen, zum anderen aber trat eine Erscheinungsform auf, die nur für Glasöfen typisch ist. Sie entsteht durch Arbeitsfehler und Unfälle, bei denen flüssiges Glas verschüttet wird, auf das Ofenmaterial aggressiv einwirkt und zu dessen Zerstörung führt. An vielen Fundobjekten ist deutlich erkennbar, wie der Glasfluß in die Ritzen der Ofenwandung eingedrungen ist, diese ausgehöhlt und unterspült hat.

SCHMELZGEFÄSSE (HÄFEN)

In allen 5 Hambacher Hütten wurden Fragmente von Schmelzgefäßen (Häfen) gefunden. Durchweg handelt es sich um schüsselförmige Häfen. Die Hambacher Glaswerker benutzten handelsübliches Küchengeschirr für die Glasschmelze, sogenannte Mayener Ware, von Töpfereien aus der Eifel, die steinzeugartig hart gebrannt und praktisch feuerfest war. Die Verwendung als Schmelzgefäß wird durch die Benetzung mit Glasfluß bewiesen. Vor seinem Einsatz im Ofen wird das Innere des angetemperten Hafens mit einer sehr heißen und daher dünnflüssigen Glasmasse ausgeschwenkt. Mit diesem Fertigungskniff wird die Korrosionsbeständigkeit des Hafens verbessert und damit seine Lebensdauer verlängert. Diese sehr dünnwandige Schutzglasur ist im Mündungsbereich der Hambacher Häfen deutlich erkennbar. Das Verfahren wurde also bereits im Altertum praktiziert. In einem Fall ist ein Hafen vor dem Ausschwenken zu Bruch gegangen, die für die Glasur bestimmte Glasmasse befindet sich am Boden des noch unglasierten Gefäßes. Nach unten nimmt die Dicke der Glasur schnell zu. Die Schutzglasur verbindet sich mit der Schmelzmasse. Es bleibt die Frage zu klären, warum der Schüsselform der Häfen offensichtlich der Vorzug gegeben wurde. Dafür gibt es mehrere Gründe. Eine große Oberfläche begünstigt den Wärmeübergang zwischen Ofenatmosphäre und dem von oben nach unten schmelzenden Glas, desgleichen beschleunigt der niedrige Glasstand in der Schüssel die Schmelzdauer.

GLASFUNDE

Glas findet sich bei archäologischen Ausgrabungen alter Glashütten seltener, als man vermutet. Kein Wunder also, daß die in den Hambacher Hütten gefundenen Glasfragmente häufig nicht größer als ein Pfennig und selten größer als ein Fünfmarkstück sind. Mehrheitlich wurden sie in den Abfallgruben gefunden, was darauf schließen läßt, daß es sich um Kehricht handelt, der zusammen mit anderen Abfällen vom Hüttenflur aufgefegt und entsorgt wurde. Selbst die aus dem Ofenbereich stammenden Glasfragmente sind zumeist Streufunde aus den oberen Plana und erlauben keine direkte Zuordnung.

Glasfunde können wie folgt gegliedert werden:

- Rohglas
- Verschüttetes bzw. ausgeschöpftes Glas
- Produktionsabfall
- Kühlofenbruch

Rohglas: Unter Rohglas versteht man das in eigener Regie hergestellte oder zugekaufte Vorprodukt, das anstelle von Primärstoffen das Füllgut für den Schmelzhafen bildet. In allen Hambacher Glashütten wurde Rohglas in Form gut durchgeschmolzener und geläuterter Glaspartikel in Gestalt und Größe vergleichbar mit Kandiszucker gefunden. Rohglas wird hergestellt, indem man fertig geschmolzenes Glas nach der Abkühlung zerkleinert oder aber in noch flüssigem Zustand in Wasser schüttet. Das Hambacher Rohglas besteht aus drei Grundfarben: Lichtgrün, lichtes Blaugrün, Olivgrün, und in geringem Umfang Kobaltblau. Das Glas ist frei von Einschlüssen und Blasen und nur geringfügig gispig. Die Übereinstimmung in Form, Farbe und Qualität und auch in der chemischen Analyse läßt es sicher erscheinen, daß das Rohglas zentral gefertigt und von den Hambacher Hütten zugekauft wurde. Im Altertum gab es bereits einen wohlorganisierten Rohglas- und Scherbenhandel. Die Rohglasherstellung ist im mediterranen Bereich zu vermuten, nur dort gab es die für die Glasherstellung erforderlichen Alkalien. Auch gibt es mehrere historische und archäologische Hinweise für die Richtigkeit dieser These.

Verschüttetes und ausgeschöpftes Glas: Ist bei der Entnahme von Glasposten aus dem Hafen die Pfeife oder das Anfangeisen zu kalt oder die Schmelze zu dünnflüssig, kommt es zu einem fehlerhaften Abtropfen der Glasmasse. Diese tropft auf den Hafenrand, die Hafenbank oder in den Ofenschacht. Häufig ist Glasfluß zu beobachten, der mit dem Schöpflöffel aus dem Hafen geholt wurde, um Verunreinigungen und Fremdkörper aus der Schmelze zu entfernen. In der erkalteten Glasmasse ist dann ein Stück Ofenmaterial eingebettet, das in den Hafen gefallen war. Auch zur Qualitätskontrolle wird Glas dem Hafen entnommen. Der Schmelzer taucht die zur Rotglut erhitzte Pfeife oder Eisenstange in das Glasbad und zieht das daran haftende Glas als Faden, Strang oder Band ab. Er kann dann Inhomogenitäten mit der Hand fühlen und feststellen, ob das Glas „aus dem Sande" ist. Aber auch die Verarbeitbarkeit des Glases kann er auf diese Weise prüfen. Je nachdem, ob der Faden beim Ausziehen dick oder dünn ausfällt, beurteilt er die Viskosität. Dicke Fäden bedeuten zähes, dünne sehr flüssiges Glas.

Produktionsabfall: Prozesse und Werkzeuge der Glasherstellung - dieser „most conservative of industries" (Harden) - haben in 2000 Jahren keine nennenswerten Veränderungen erfahren. Die Römer kannten und nutzten alle Fertigungstricks des Gewerbes. Es ist deshalb von Interesse, anhand des Hambacher Produktionsabfalls die angewendeten Techniken zu untersuchen. Beginnen wir damit am Arbeitsplatz beim Schmelzofen.

Beim „Anfangen", dem Aufwickeln eines Glaspostens mit der Pfeife, wird diese wiederholt in das Schmelzbad eingetaucht. Nach dem Fertigblasen und Abtrennen des Blaskörpers von der Pfeife muß noch das an ihr haftende Restglas entfernt werden. Dieser Abschlag oder „Nabel" hat eine typische Ringform und läßt den Pfeifendurchmesser erkennen. Vom fertig geblasenen Objekt muß noch die Kappe entfernt werden. Dieses Abfallprodukt ist erkennbar an seiner eigenwilligen Formgebung, die von einer normalen Becher- oder Schalenform deutlich abweicht.

Kühlofenbruch: Dieser tritt als Folge von Kühlfehlern auf, die das Glas aufgrund innerer Spannungen zerstören. Diese Scherben sowie solche die auf Sortier-und Lagerbruch zurückzuführen sind, sind die einzigen Zeugen für eine Rekonstruktion des Produktionprogrammes der Hütte, das in Hambach im wesentlichen aus dünnwandigen Bechern, Schalen, Vasen gelegentlich auch Weinausschankflaschen besteht. Besonderen ästhetischen Ansprüchen genügten die Hambacher Gläser offensichtlich nicht. Sie sind als preiswerte Massenkonsumware anzusprechen.

BRENNSTOFFE

Im Umkreis der Öfen wurden zahlreiche verkohlte Holzpartikel als Überreste des Brennmaterials gefunden. Es muß darauf hingewiesen werden, daß nur Holz und nicht Holzkohle als Brennmaterial für die Öfen in Frage kam. Holzkohle war als Brennstoff ungeeignet, sie verbrennt mit niedriger, wabernder Flamme, erfordert künstliche Luftzufuhr, Brennroste und Kaminabzug.

Eine holzanatomische Untersuchung ergab folgende Holzarten: Weide, Eiche, Esche, Birke, Kernobstbäume. Alle genannten Arten halten ihren Standort in der dortigen Gegend, was die pollenanalytische Untersuchung einer Moorfläche in der Nähe der Glashütten bestätigte.

REKONSTRUKTION

Vorstufe und Grundlage einer Rekonstruktion ist die Funktionsinterpretation. Erst wenn die Funktion klar ist, macht die Rekonstruktion einen Sinn. Die Auswertung der Befundsituation, der überraschend hohe Anteil an Rohglas gleicher Form, Farbe und Qualität hat bereits gezeigt, daß die Hambacher Hütten Glasverarbeitungsbetriebe waren, die das Rohglas von anderer Seite bezogen. Derartige Betriebe brauchen Schmelz- und Kühlöfen, die im zeitlichen und räumlichen Zusammenhang arbeiten. Wir haben in Hambach 2 Ofengrundformen, rund und halbkreisförmig mit rechteckigem Anbau innerhalb einer Werkshalle gefunden. Herauszufinden war, welcher Ofen für welchen Zweck bestimmt war.

Ein wichtiges Indiz für die Zweckbestimmung der Öfen sind die Temperaturverhältnisse im Inneren derselben. Diese konnten indirekt durch Verziegelung und Verfärbung des Erdreiches im unmittelbaren Umkreis der Öfen ermittelt werden. Es wurde festgestellt, daß die Rundöfen stark und gleichmäßig beheizt wurden. Die Halbkreisöfen, die eigentlich richtiger Rechteck-öfen heißen sollten, wiesen eine unterschiedliche Beheizung auf. Der halbkreisförmige Teil war stärker durch Hitze belastet, der rechteckige Teil weniger. Wir haben, wie es in der Fachsprache heißt, ein „Heißes" und ein „Kaltes" Ende. Das entspricht den Anforderungen an einen Kühlofen. Der Rundofen gewährleistet den direkten Kontakt von Flamme und Schmelzgut, also ist er als Schmelzofen anzusprechen. Aus der Funktionsbestimmung ergibt sich die Rekonstruktion in Form von Skizzen und Modellen. Aus den Größenverhältnissen von Öfen und Häfen lassen sich Schätzungen der Produktionsleistung, des Personalbedarfs und des Brennstoffverbrauchs ableiten. Pollenuntersuchungen erschließen das Landschaftsbild. Historische Bezüge können aufgrund der Datierung zumindest vermutet werden.

LITERATUR:

M. Rech, Eine römische Glashütte im Hambacher Forst bei Niederzier, Kr. Düren. In: Bonner Jahrbücher 182, 1982, 349–388.

F. Seibel, Technologie und Fertigungstechniken römischer Glashütten am Beispiel der Ausgrabungen im Hambacher Forst (Glienicke/Berlin 1998).

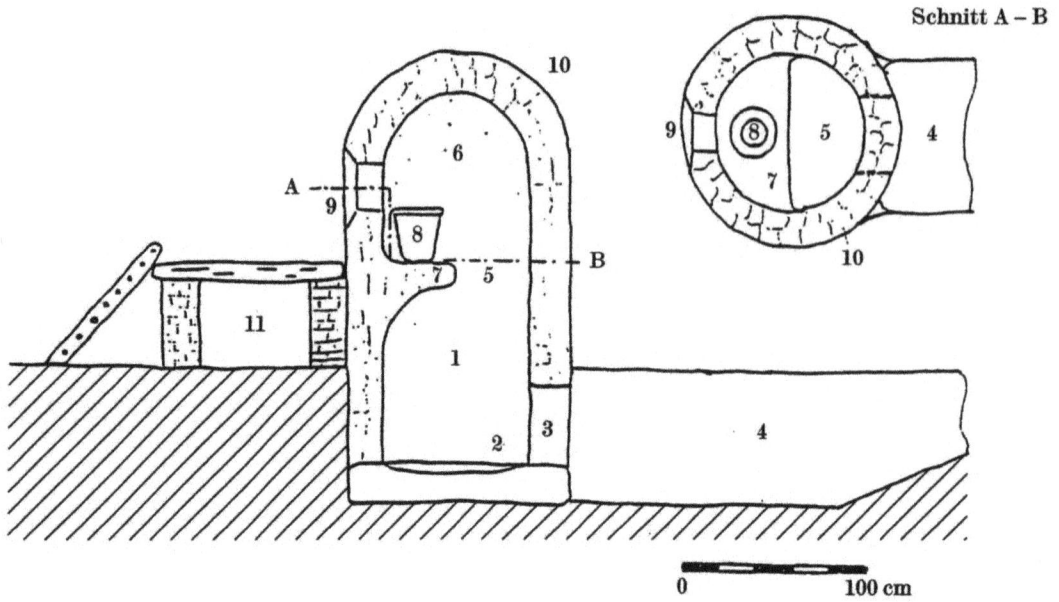

Abb. 1. Rekonstruktion eines römischen Glasschmelzofens Typ Hambach.

1 Feuerungsraum	5 Flammloch	9 Hafentor mit
2 Feuersohle	6 Schmelzraum	Arbeitsöffnung
3 Schüröffnung	7 Hafenbank	10 Wandung
4 Arbeitsgrube	8 Schmelzhafen	11 Arbeitsbühne

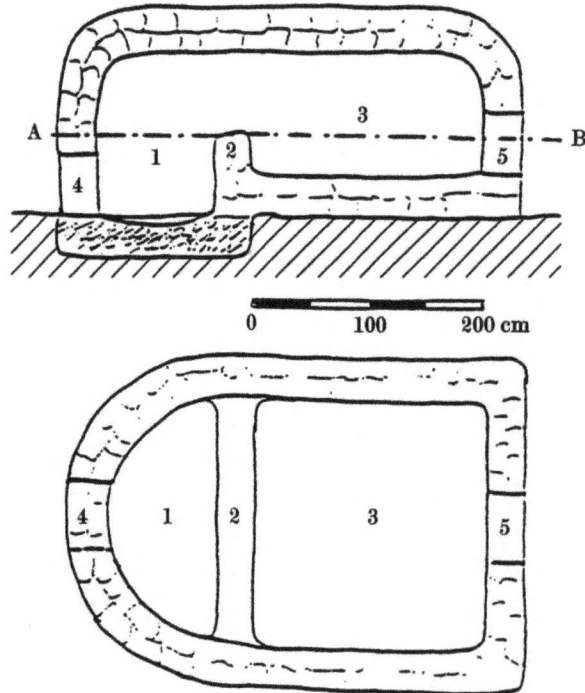

Abb. 2. Rekonstruktion eines römischen Glaskühlofens Typ Hambach.

1 Feuerungsraum 2 Brückenwand 3 Abkühlraum 4 Schüröffnung 5 Arbeitsöffnung

Sabine Deschler-Erb

VICI UND VILLEN IM ELCHTEST - ARCHÄOZOOLOGISCHE AUSSAGEMÖGLICHKEITEN BEI DER FRAGE NACH DER INTENSITÄT MENSCHLICHER EINGRIFFE IN DIE NORDALPINE NATURLANDSCHAFT ZUR RÖMERZEIT

Der Elch als größte und wohl auffälligste heute noch lebende Hirschart war bis in unser Jahrhundert in Rückzugsgebieten Mitteleuropas freilebend anzutreffen. Wiedereinbürgerungsversuche scheiterten bislang an ungeeigneten Biotopen. Im folgenden Beitrag soll der Elch symbolisch für den Konflikt Mensch-Umwelt stehen, zu dessen Verlierern bislang hauptsächlich die Natur zählte.

Seit dem Neolithikum griff der Mensch intensiver in seine Umwelt ein und führte zumindest lokal zu Umweltveränderungen, die aber in der Regel reversibel waren. Nach neueren Forschungsergebnissen zwangen ihn vor allem Klimaschwankungen zeitweise zu dieser Übernutzung der vorhandenen Ressourcen (Schibler u. a. 1997a, 329 ff.; Schibler u. a. 1997b). Spätestens in römischer Zeit - für eisenzeitliche Fundstellen sind erst wenige naturwissenschaftliche Daten greifbar (z. B. Jacomet u. a. 1999) - hat die Ausbeutung der Natur eine neue Dimension erreicht. Dies geschah weniger unter dem Einfluß von Klimaschwankungen, denn - wie Untersuchungen zum 14C-Gehalt der Atmosphäre (Greene 1990, 81 ff.) oder zur Gletscherentwicklung (Patzelt 1994) gezeigt haben -, soll zwischen dem 1. Jh. v. Chr. und dem 4. Jh. n. Chr. ein durchschnittlich mildes Klima geherrscht haben. Dieses dürfte sich positiv auf die landwirtschaftlichen Erträge ausgewirkt haben. Es ist daher eher anzunehmen, daß die starke Bevölkerungsvermehrung und die gehobeneren Ansprüche gewisser Bevölkerungsteile zur intensiveren Nutzung bis zur Übernutzung der natürlichen Ressourcen führte.

Die Vergrößerung der Kulturlandschaft und die intensive Nutzung derselben wurden durch siedlungsgeographische, bodenkundliche (Haversath 1984, 25 ff. und 77 ff.) und archäobotanische Untersuchungen (Küster 1986; Küster 1994; Zitate in Deschler-Erb 1998, 20) gezeigt. Lassen sich diese Erscheinungen aber auch anhand archäozoologischer Analysen, also anhand Untersuchungen der bei Ausgrabungen von römerzeitlichen Fundstellen geborgenen Tierknochen nachweisen? In einigen nordalpinen Fundstellen konnte eine Zunahme der Rinderknochenanteile im Verlaufe der römischen Besiedlungszeit festgestellt werden, was in Zusammenhang mit der Intensivierung des Ackerbaues gesehen wird (Ebersbach/Schröder 1997). Man möchte nun meinen, daß Wildtierknochen stärker noch als Haustierknochen die naturräumlichen Gegebenheiten einer Siedlung und ihrer Umgebung widerspiegeln. Allerdings schränken gewisse Faktoren die

Aussagekraft der Wildfauna, deren Überreste in Siedlungen angetroffen werden, ein:

Wildtierknochen in römischen Faunenkomplexen machen meistens weniger als 6%, aber nie mehr als 12% der Tierknochen aus (Abb. 2 und 3). Wildtiere waren somit ernährungswirtschaftlich kaum von Bedeutung. Der größte Teil des Bedarfs an tierischen Produkten wurde durch Haustiere, also hauptsächlich durch Rinder, gefolgt von Schweinen, Schafen, Ziegen und Geflügel gedeckt. Wildtiere dienten - wie heute noch - nur der Deckung eines gewissen Bedürfnisses nach Luxus, den sich der Durchschnittsbürger lediglich in Ausnahmefällen leisten konnte. Im berühmten Kochbuch des Apicius (Maier 1991) stehen zwar einige Rezepte zur Zubereitung von Wildbret, der Alltag bei uns nördlich der Alpen sah aber mit Sicherheit anders aus. Kommen allerdings Wildtierknochen in einem Faunenmaterial häufiger vor, kann ein Hinweis auf den verstärkten Romanisierungsgrad einer Bevölkerungsgruppe vorliegen (Schibler/Furger 1988, 156 ff.; Deschler-Erb 1991, 332 ff.).

Gerade weil die Römer ausgesprochene Gourmets waren, können sich erhebliche Schwierigkeiten beim ökologischen Aussagewert der Wildtierknochen ergeben. Denn der Anteil der einzelnen Wildtierarten im Tierknochenmaterial ist in erster Linie immer noch das Spiegelbild der Jagdtätigkeit, das heißt, der Mensch bestimmte, was in die Siedlung gelangte. Qualität und Quantität der Wildtierknochen in einem Siedlungsmaterial müssen nicht natürliche Verhältnisse der näheren Umgebung widerspiegeln. Dieses Problem stellt sich bis zu einem gewissen Grad schon bei neolithischen und metallzeitlichen Tierknochenkomplexen. Trotzdem gilt in vorrömischer Zeit die Gleichung, daß nicht gejagt werden kann, was nicht vorhanden ist. In römischer Zeit muß hingegen mit einem Handel von lebenden Wildtieren oder Teilen von Tieren über weite Strecken gerechnet werden. So ist der Fund von Elefantenelfenbein natürlich kein Beleg dafür, daß es in den römerzeitlichen Wäldern Mitteleuropas Elefanten gegeben hätte und diese gejagt worden wären. Weiterhin wissen wir aus schriftlichen und archäologischen Zeugnissen, daß sich im Mittelmeerraum gewisse Betriebe auf die Hegehaltung von wilden oder semidomestizierten Tiere spezialisierten (Mielsch 1987, 7 ff.). Den schriftlichen Quellen ist nicht zu entnehmen, ob solche Betriebe auch nördlich der Alpen anzutreffen waren. Auf den archäozoologischen Nachweis eines solchen Betriebes wird weiter unten einzugehen sein.

Weitere Probleme in Bezug auf den ökologischen Aussagewert von Wildtierknochen ergeben sich dadurch, daß für die wenigsten römischen Fundstellen das geographische, biologische und klimatische Umfeld detailliert untersucht wurde. Da die Naturräume zeitlichen Veränderungen unterliegen, die gerade durch menschliche Eingriffe noch verstärkt wurden, ist es nicht möglich, die heutigen Naturgegebenheiten ohne weiteres in die Römerzeit zurückzuprojizieren (Haversath 1984, 17). So sind anpassungsfähige Tiere wie z. B. der Rothirsch heute in Biotopen anzutreffen, die stark von den ursprünglichen Lebensräumen abweichen. Für die römischen Gutshöfe Süddeutschlands wird von der archäologischen Forschung Ökotopengrenzlage angenommen (Haversath 1984, 33 ff.; Fischer 1994, 275). Durch die Hanglage zwischen trockenen und feuchten Ökotopen ließen sich Ackerbau und Viehwirtschaft gleichermaßen durchführen, ohne daß es zu langen Anfahrtswegen kam: Ein Aspekt, der gerade bei Subsistenzwirtschaft wichtig ist. In den zum Teil sehr dicht besiedelten und intensiv genutzten Gebieten des Schweizerischen Mittellandes (Schucany 1999) dürfte allerdings eine solche Ökotopenvielfalt nicht mehr der Fall gewesen sein. Diesbezügliche Untersuchungen stehen noch aus.

Eingedenk aller erwähnten methodischen Einschränkungen und Probleme möchte ich im folgenden versuchen, aufgrund der Wildtierhäufigkeiten und -arten in einem bestimmten Untersuchungsgebiet die naturräumlichen gegen die kulturhistorischen Faktoren abzuwägen, um so Aussagen über die Qualität und Quantität der menschlichen Eingriffe in die Natur zur Römerzeit zu erhalten.

Das Arbeitsgebiet (Abb. 1) umfaßt hauptsächlich zivil geprägte Vici und Villen des 1. bis 4. Jh. der Schweiz im Vergleich mit solchen des Dekumatenlandes. Die Villa von Bad Kreuznach stellt insofern einen Sonderfall dar, als sie sich an verkehrsgünstiger Lage im Nahetal in Richtung Mainz befand, aufgrund ihres sehr aufwändigen Baues im Besitz eines Angehörigen der Oberschicht war und nicht im Dekumatenland lag. Etwas abseits des Untersuchungsgebietes befindet sich auch der Magdalensberg, der aber mit seiner alpinen Lage einen guten Gegenpol zu den Fundstellen im Dekumatenland bildet. Als geographische Zonen sind somit das Schweizer Mittelland, der Schweizer Jura, der alpine Raum mit Chur und dem Magdalensberg, das Süddeutsche Alpenvorland, der Schwarzwald und Südhessen zu nennen.

Für Süddeutschland habe ich mich vorwiegend an die von J. Peters 1998 zitierten Publikationen gehalten. Aufnahmebedingung in die Tabellen (Abb. 2 und 3) war eine minimale Anzahl von 250 auf die Tierart bestimmbarer Tierknochen. Optimal wären Komplexe mit mindestens 1000 bestimmbaren Knochen; eine brauchbare Artenrepräsentanz liegt aber auch bereits bei 300 bis 500 Knochen vor (Schibler u. a. 1998, 43). Einige der hier berücksichtigten Komplexe liegen da

her in Bezug auf die Knochenanzahl an der unteren Grenze, was bei der Interpretation nicht vergessen werden darf.

Nicht einbezogen habe ich in der Regel das Fundmaterial aus Militärlagern, die häufig, aber nicht immer höhere Wildtieranteile als zivile Fundstellen aufweisen. Eine Überprüfung der publizierten Arbeiten zu Tierknochenkomplexen aus solchen Lagern hat nämlich ergeben, daß hier das Tierartenspektrum in erster Linie damit zusammenhängt, an welchen Stellen innerhalb des Lagers gegraben wurde. Geht man nämlich davon aus, daß die Jagd auf Großwild nur den höher gestellten Offizieren erlaubt war, ist leicht zu erklären, wieso in einigen Lagern viele Hirschknochen und in anderen keine gefunden wurden, nämlich nur in den Lagern, in denen auch die Offiziersbaracken angeschnitten wurden. Zusätzlich muß festgestellt werden, daß es sich bei den untersuchten Tierknochen aus Lagern häufig um altgegrabenes Material handelt und mit gewissen Selektionen des Materials zu rechnen ist. Jüngere publizierte Arbeiten zu Tierknochen aus Limeskastellen sind rar. Sozial-hierarchische Unterschiede konnten zwar auch in Zivilstädten wie Augusta Raurica nachgewiesen werden (Schibler/Furger 1988). Durch die Jahrzehnte dauernde Grabungstätigkeit über das ganze Stadtgebiet verteilt dürfte aber ein guter Querschnitt der vorhandenen Wildtierknochen vorliegen.

Wildtieranteile: Auf den ersten Blick (Abb. 3) fällt auf, daß Werte von über 5% Wildtieren unter den bestimmbaren Tierknochen nur im alpinen Gebiet und in den Villen des schweizerischen Mittellandes und des Juras vorkommen. Allerdings zeigen die Beispiele von Triengen und Biberist, daß es im Mittelland auch Villen mit relativ geringen Wildtieranteilen gibt. Die Villen des Dekumatenlandes haben zwar auch im Vergleich zu den dortigen Städten erhöhte Wildtieranteiele, erreichen die Spitzenwerte der Schweizer Villen aber nicht. Es gibt verschiedene Möglichkeiten diese Erscheinung zu interpretieren:

1. Im Gebiet der heutigen Schweiz gab es zur Römerzeit mehr Wildtiere und eine größere Wildtierdiversität als in Südwestdeutschland. Daß gerade das Umgekehrte häufiger der Fall war, werden die folgenden Ausführungen noch zu zeigen haben.

2. Geht man davon aus, daß die Villenbewohner nur für den persönlichen Bedarf jagten, müßte man folglich annehmen, daß die Schweizer Villenbesitzer lieber Wildbret aßen und daher häufiger auf die Jagd gingen als ihre nördlichen Kollegen. Dies müßte so interpretiert werden, daß sie stärker romanisiert waren und häufiger nach römischem Geschmack speisten.

3. Das Beispiel der Villa von Neftenbach/ZH, auf das ich später nochmals zurückkommen werde, zeigt, daß nicht nur gelegentlich für den Eigenbedarf, sondern auch systematisch für den Verkauf von Wildbret in die städtischen Zentren gejagt wurde. Dies würde bedeu

ten, daß in den schweizerischen Vici ein größeres Bedürfnis an Wildbret herrschte als nördlicher oder daß die Bewohner hier über größere finanzielle Mittel verfügten.

Eine Kombination der Punkte 2 und 3 dürfte am wahrscheinlichsten sein.

Die zivil geprägten schweizerischen Vici Lausanne, Avenches, Augst und Oberwinterthur weisen einen relativ geringen Wildtieranteil auf. Etwas höher liegt er im Kastellvicus von Zurzach, was vielleicht mit dem Einfluß des benachbarten Militärs zu erklären ist. In den Vici Südwestdeutschlands ist der Wildtieranteil schwankend, kann aber gerade in den Kastellvici über 2% erreichen, was wiederum mit einem Einfluß der militärischen Nachbarschaft erklärt werden könnte. Auffallend hoch sind die Wildtieranteile in den alpinen Siedlungen. Hier könnte ein höheres Wildtierangebot auf Kosten der schwierigeren landwirtschaftlichen Umstände die Jagd begünstigt haben.

Im folgenden wird die Häufigkeit einiger ökologisch aussagekräftiger Tierarten in den untersuchten Fundstellen besprochen:

Elch (Alces alces): Der Elch ist ein Tier der feuchten Auewälder. Seine Nahrung ist hauptsächlich Laub von Laubgehölzen. Seine Haupthufe sind groß, lang und schmal, die Nebenhufe groß und breit, die Zehen sind weit spreizbar, dadurch kann er sich gut in Sümpfen und Mooren fortbewegen. Mit dem Verschwinden von Laub- und Sumpfwäldern geht auch der Bestand der Elche zurück (Grzimek 13, 1968, 254 ff.). Die Abbildungen 2 und 3 zeigen, daß Elchüberreste nur in römischen Fundstellen nahe des Schwarzwaldes einerseits und in den großen Koloniestädten Augusta Raurica und Aventicum andererseits vorkommen. Denkbar wäre, daß die Augster Elchüberreste von Tieren stammen, die vereinzelt noch in den Rheinauen lebten. Allerdings belegen Eisenfunde, die im Zusammenhang mit der Viehhaltung stehen (Haversath 1984, 82), daß auch Auewälder als Weide für Haustiere genutzt wurden und somit Wildtiere verdrängt haben dürften. Es scheint mir daher eher unwahrscheinlich, daß im schon in vorrömischer Zeit intensiv besiedelten Oberrheintal noch in römischer Zeit Elche existierten. Das Gleiche dürfte bei den Feuchtgebieten um Avenches der Fall gewesen sein. Eher dürfte der Schwarzwald in römischer Zeit als Rückzugsgebiet für den Elch gedient haben. Bei den Funden in den Koloniestädten dürfte es sich folglich um importierte Produkte vom Elch, wie konserviertes Fleisch, Fell oder Geweih aus dem Schwarzwald handeln. Zu diesen Ergebnissen paßt auch gut eine Stelle aus dem gallischen Krieg von Caesar (De bello gallico 6,27) über die *hercynia silva,* welche die an der Donau gelegenen Waldgebirge bezeichnet. Das Zitat sei der Leserschaft hier nicht vorenthalten:

„Weiter gibt es da die sogenannten Elche. Sie haben die Gestalt einer Ziege und ein buntes Fell, sind jedoch etwas größer und haben ein abgestumpftes Geweih und Beine ohne Gelenkknoten. Deshalb legen sie sich auch nicht hin, wenn sie ruhen wollen, und können nicht wiederaufstehen oder auch nur sich aufrichten, wenn sie durch irgendeinen Zufall hinfallen. Ihnen dienen die Bäume als Ruhestätten; an sie lehnen sie sich an und pflegen so, nur ein wenig zurückgelehnt, der Ruhe. Wenn ihre Fährten den Jägern ihren gewohnten Schlupfwinkel verraten, so unterwühlen diese alle Bäume dort an den Wurzeln oder schneiden sie unten an, aber nur so weit, daß es ganz so aussieht, als ständen sie noch fest. Lehnen sich dann die Tiere ihrer Gewohnheit nach an die gelockerten Bäume an, so reißen sie sie durch ihre Schwere um und fallen selbst dabei hin" (Übersetzung nach Woyte 1978, 166).

Nach philologischen Untersuchungen sollen in diese Stelle schriftliche Quellen zum Elefanten eingeflossen sein, was die seltsame Beschreibung von knielosen Beinen erklärt (Seel 1967, 37 ff.). Jedenfalls zeigt die Textstelle deutlich, daß Caesar oder vielleicht besser gesagt seine Schreiberlinge, in Gallien nie einen lebenden Elch zu Gesicht bekommen haben.

Ur oder Auerochse (Bos primigenius): Er bevorzugte lichte Wälder, Tal- und Flussauen, Waldränder mit offenem Weideland und Parklandschaften aller Art von der Ebene bis in die unteren Gebirgslagen. Die geschlossenen, sumpfigen Waldgebiete Polens und Littauens waren für die überall verfolgten europäischen Ure die letzte Zufluchtsstätte. Die letzte Urkuh starb 1627 in Polen (Grzimek 1968, 410 ff.). In römischer Zeit scheint der Ur bereits nur noch in Rückzugsgebieten vorzukommen, also im Gebiet des alpinen Magdalensberg und im Schwarzwald (vgl. dazu Hüster-Plogmann u. a. 1999, 156 ff). Zu erwähnen ist ein ganzes Urskelett aus einem Brunnen in Rottweil (Kokabi 1988, 201 ff.). In der Region um Neftenbach dürfte sich ebenfalls ein Rückzugsgebiet für Ure und, wie wir noch sehen werden, auch andere Wildtiere befunden haben.

Wisent (Bison bonasus): Im Gegensatz zum Ur konnte der Wisent, der ebenfalls ein Waldtier ist und durch die immer stärker werdende Rodung des Waldes zurückgedrängt wurde, in einem hartnäckigen Kampf bis in die heutige Zeit hineingerettet werden (Grzimek 1968, 431 ff.). Funde vom Wisent wurden bis jetzt nur in Rottweil und auf dem Magdalensberg mit Sicherheit nachgewiesen.

Braunbär (Ursus arctos): Braunbären sind weder typische Gebirgstiere, noch echte Waldbewohner, brauchen aber ausgedehnte Waldflächen. Neben dem genügenden Angebot an Nahrung im Frühjahr und im Herbst ist das Vorhandensein von Ruheplätzen, ungestörten Wechseln und Winterlagern von wesentlicher Bedeutung (Hausser 1995, 357 ff.).

In der Schweiz kommt er - mit Ausnahme von Neftenbach - praktisch nur in Städten vor. Es ist zu vermuten, daß der Bär hier kaum mehr heimisch war, auch wenn es nicht völlig auszuschließen ist, daß noch wenige Exemplare im Jura lebten. Die reichen Städter hätten sich die Tiere für Schauzwecke oder Tierhatzen oder nur Teile von ihnen, wie Felle oder Zähne (Deschler-Erb 1998, 87), von weiter weg kommen lassen. Als Rückzugsgebiet kommen wieder der Schwarzwald oder - im Falle von Bad Kreuznach und Groß-Gerau - die nördlicheren Mittelgebirge in Frage. Relativ gut vertreten ist der Braunbär auf dem Magdalensberg. Es fragt sich schließlich, ob der Hersteller der Statuette der Dea Artio mit Bären, die in Muri/BE gefunden wurde (Leibundgut 1980, Taf. 88 und 89), sein Modell in einem Amphitheater studiert hat, da freilebende Bären kaum mehr vorkamen.

Wild- oder Waldkatze (Felis silvestris): Sie ist eine Bewohnerin der Mittelgebirge und bevorzugt sonnige, warme und trockene Standorte. Für die Jagd bevorzugt sie Gegenden mit lockeren Laub- und Laubmischwäldern, eingestreuten Felspartien und offenem Gelände (Hausser 1995, 412 ff.). Es fällt auf, daß die Wildkatze in Boécourt und Biberist vertreten ist, welche juranahe Villen sind und nicht in anderen Mittellandvillen. Wahrscheinlich war die Wildkatze nur noch im Jura beheimatet. Auch die Augster und die Zurzacher Funde dürften von Tieren stammen, die im Jura gelebt haben. Die Funde von Bad Kreuznach, Treuchtlingen und Rainau-Buch deuten auch in diesen Gegenden auf ein, wenn auch seltenes, Vorkommen dieser Tierart.

Gämse (Rupicapra rupicapra): Im Gegensatz zur verbreiteten Ansicht ist die Gämse kein eigentliches Hochgebirgstier. Sie kann heute zwar ganzjährig dort angetroffen werden, doch auch steile Gebiete unterhalb der Waldgrenze können als Lebensraum dienen (Hausser 1995, 461 ff.; mündliche Mitteilung J. Schibler). In römischer Zeit findet sie sich vor allem in der Villa von Langendorf (Veszeli in Vorb.), was daraufhin deutet, daß die Gämse nicht nur im Alpinen Raum, sondern auch noch im Jura beheimatet war. Selten tritt sie noch in Augst, Oberwinterthur und auf dem Magdalensberg auf. Zu bemerken ist, daß offensichtlich kein Export der Gämse ins Dekumatenland stattfand.

Steinbock (Capra ibex): Verglichen mit anderen Huftieren stellt der Steinbock relativ präzise Ansprüche an seinen Lebensraum. Er lebt oberhalb der Waldgrenze und bevorzugt steile, topographisch reich gegliederte und felsige Hänge zwischen 1600 und 3200 m Höhe. Unterhalb der Waldgrenze findet man ihn in aufgelockerten, gut besonnten und mit Felsen durchsetzten Wäldern (Hausser 1995, 450 ff.). Sein Auftreten in römischen Siedlungen des alpinen Raumes (Abb. 2 und 3) erstaunt daher nicht. Sein Nachweis in Avenches und Augst dürfte wohl eher mit dem Import vom alpinen Raum in die Koloniestädte zu erklären sein, wobei nicht völlig ausgeschlossen werden kann, daß auch im Jura noch selten Steinböcke lebten. In Augst fanden sich Knochen vom Steinbock zusammen

mit einem solchen der Gämse in Schichten der 2. Bauphase des Theaters, in welcher dieses als Amphitheater genutzt wurde. Denkbar ist, daß diese für Augst exotischen Tiere bei Tierspielen ihr Ende fanden (Furger/Deschler-Erb 1992, 378 f.). Wie bei der Gämse fand kein Export ins Dekumatenland statt, da hier wahrscheinlich die an solchen Tieren interessierte Bevölkerungsschicht fehlte.

Die Wildtierarten, die bis jetzt zur Sprache kamen, haben relativ deutliche Unterschiede bei ihrem Vorkommen oder ihrer Absenz in den verschiedenen römischen Fundstellen gezeigt. Aufgrund dieser ist wahrscheinlich auf das natürliche Vorkommen in römischer Zeit und den Export dieser Tiere in Gebiete, in denen sie nicht mehr vorkamen, zu schließen.

Es folgt nun die Besprechung von Wildtierarten, die zwar mit ziemlicher Regelmäßigkeit in allen Gebieten auftreten. Ihre schwankenden Anteile deuten aber auf verschiedene naturräumliche Gegebenheiten, die ihrerseits wieder mit der Intensität der landwirtschaftlichen Nutzung zusammenhängen könnten. Wegen den oben genannten Problemen bezüglich ökologischer Untersuchungen soll im folgenden nur auf einige markante Erscheinungen hingewiesen werden.

Feldhase (Lepus europaeus): Der Feldhase braucht eine gegliederte Landschaft mit Wald, Waldrändern, Gebüschen und offenen Gebieten. Seine Häufigkeit im Tierknochenmaterial kann ein guter Indikator für die Rodung und Öffnung einer Landschaft sein (Hausser 1995, 205 ff.). Der Hase profitiert somit von den menschlichen Eingriffen in die Natur und ist ein typischer Kulturfolger. Mit Ausnahme von Bad Kreuznach, Bondorf und Hechingen ist der Anteil an Feldhasen in süddeutschen Fundstellen geringer als südlich des Rheins. Dies könnte auf eine weniger intensive landwirtschaftliche Nutzung in diesem Gebiet hindeuten. Besonders hohe Hasenanteile finden sich in den mittelländischen Villen von Tschugg und Worb, was wenig erstaunt: Noch heute ist diese Region eines der wichtigsten Gemüseanbaugebiete der Schweiz. Hingegen fanden sich keine Hasenknochen in Boécourt und Laufen, die beide in relativ engen Juratälern liegen. In Augsta Raurica ist der Anteil der Hasenknochenfunde nicht gerade hoch (Abb. 2 und 3). Betrachtet man diese Anteile im Verlaufe der Zeit (Abb. 4), so erkennt man, daß sie allmählich zunehmen. Diese Zunahme dürfte ein Hinweis auf die immer stärker landwirtschaftlich genutzte Umgebung der Koloniestadt sein.

Biber (Castor fiber): Das Vorkommen des Bibers ist auf Gewässer mit natürlichen Ufern beschränkt, die mit Auenwäldern und Dickichten umsäumt sind (Hausser 1995, 239 ff.). Damit schließen sich die Lebensräume von Feldhase und Biber praktisch aus. Und tatsächlich: Beim Vergleich der Anteile scheinen sich Biber und Hase häufig auszuschließen: So hat es in Pfaffenhofen und Pocking zwar keine Hasenknochen, dafür aber Biberknochen. In Tschugg und Worb ist es gerade umgekehrt. Allerdings ist zu berücksichtigen, daß es sich hierbei zum Teil um relativ kleine Fundkomplexe mit geringem Wildtieranteil handelt.

Rothirsch (Cervus elaphus): Seine ursprünglichen Lebensräume waren lichte Auenwälder, offenes Grasland und ausgedehnte Heideflächen ohne Gehölzvegetation (Hausser 1995, 433 ff.). Im Neolithikum muß aber auch eine extrem hohe Hirschpopulationsdichte in völlig bewaldeter Landschaft existiert haben (Schibler u. a. 1997, 89). Dies spricht für die große Anpassungsfähigkeit dieser Tierart, was sich in ihrem breiten Nahrungsspektrum widerspiegelt: Neben sämtlichen Baum- und Straucharten umfaßt ihre Äsung auch zahlreiche Kraut-, Farn- und Moosarten. Daher konnte der Hirsch sich von den heute dicht besiedelten Regionen Mitteleuropas in großflächige Waldgebiete der Mittelgebirge und der Alpen zurückziehen und überleben.

Spätestens seit dem Neolithikum ist der Hirsch wichtigstes Jagdtier in unseren Gegenden, was sich auch auf der Tabelle Abb. 3 niederschlägt: Rothirschknochen wurden in allen hier berücksichtigten Fundstellen angetroffen. Es fällt allerdings auf, daß die höchsten Hirschanteile in den Fundstellen der heutigen Schweiz angetroffen werden, also Neftenbach, Boécourt, Dietikon und Laufen-Müschhag. Unter den Wildtierknochen dieser Fundstellen haben die Hirschknochen im Vergleich zu den anderen Wildtierarten auch den größten Anteil (Abb. 3). Diese Fundstellen liegen einerseits im Jura, andererseits in der in römischer Zeit relativ abgelegenen Ostschweiz. Umgekehrt gibt es Villen des Mittellandes, die zwar einen hohen Wildtieranteil haben, bei denen aber der Hirschanteil relativ gering ist, wie Tschugg, Ersigen-Murain, Langendorf oder Triengen. Obwohl der Rothirsch ein sehr anpassungsfähiges Tier ist, wird er durch intensive landwirtschaftliche Nutzung aus einem Gebiet allmählich verdrängt, was bei den Mittelland-Villen der Fall sein dürfte. Auch von der Betrachtung der anderen Wildtiere wissen wir nun, daß große Gebiete der heutigen Schweiz intensiver genutzt waren als das Dekumatenland. Daher würde man die Hirschmaxima eigentlich eher dort und nicht in der heutigen Schweiz erwarten (Abb. 3). Allerdings spiegeln die Knochenfunde primär nicht das natürliche lokale Vorkommen der Hirsche wider, sondern die Intensität der menschlichen Nutzung dieses Tieres, wie folgende Ausführungen zeigen sollen:

Wie bereits erwähnt, war der Bedarf an teuren Wild- und vor allem Hirschprodukten südlich des Rhein größer als im Dekumatenland und folglich die Jagd dementsprechend intensiver. Vor allem in der Mittelkaiserzeit scheint in den Städten geradezu ein Mangel an Hirschrohstoffen geherrscht zu haben, wie Abbildung 5 zeigen soll. Es handelt sich dabei um die Anteile von Knochen, Geweih und Elfenbein unter den fast 6000 Beinartefakten aus Augst. Der Hirschgeweihanteil ist in der Mittelkaiserzeit im Vergleich zum 1. und 4. Jh.

geringer. Dies hat zum einen typologisch-kulturhistorische Gründe, auf die ich hier nicht genauer eingehen kann (Deschler-Erb 1998, 88 ff. und 214 ff). Andererseits dürfte dieser Rückgang auch damit zusammenhängen, daß die Umgebung von Augst im Verlaufe des 1. Jh. immer intensiver landwirtschaftlich genutzt wurde. So umfaßte das Hinterland von Augusta Raurica große Teile der heutigen Nordwestschweiz sowie die angrenzenden Gebiete im Südelsaß und Südbaden (Ewald/Tauber 1998, 434 ff.). In der Blütezeit von Augusta Raurica, in der Mittelkaiserzeit, bot die Umgebung von Augst kaum mehr geeignete Lebensräume für Rothirsche. In der zweiten Hälfte des 3. Jh. wurde die Augster Oberstadt aufgegeben und das Siedlungsareal drastisch verkleinert. Dies hatte auch eine extensivere landwirtschaftliche Nutzung der Umgebung und eine Verbesserung des Biotops für Hirsche im 4. Jh. zur Folge.

Aber kommen wir nochmals zurück zur Blüte- und somit zur „Hirschmangelzeit". Bekanntlich waren die Römer sehr erfindungsreich, wenn es um das leibliche Wohl ging, die Wildbretliebhaber mußten also nicht darben. Im Vergleich zu anderen römischen Fundstellen fällt die Villa von Neftenbach durch einen außerordentlichen Rothirschknochenanteil von über 8% auf (Abb. 3). In den einzelnen Bereichen des Gutshofes schwanken die Hirschknochenanteile stark (Abb. 6). Im Südosten des Gutshofes erreichen sie fast 30%. Die Interpretation, daß wir es hier mit einer organisierten Hirschjagd zu tun haben, liegt nahe (Rychener u. a. 1999, 455 f.). Die Hirsche sind östlich des Herrenhauses sozusagen angeliefert und grob zerlegt worden. In Gebäude 25 wurde das Hirschfleisch konserviert. Da bestimmte Skeletteile des Hirsches sowohl in Gebäude 25 als auch sonst auf dem Villengelände praktisch fehlen, ist anzunehmen, daß diese mit dem Fleisch aus der Villa in die Städte exportiert wurden, wo wie gesagt die zahlungskräftigen Abnehmer warteten.

Denkbar wäre in Neftenbach eine Gatterhaltung der Tiere, wie dies für Rottweil vermutet wird (Kokabi u. a. 1988, 206). Allerdings fanden sich in Neftenbach keine Spuren dafür, daß die Tiere angebunden gewesen wären. Auch ist keine Größenverminderung im Verlaufe der Zeit festzustellen, wie dies bei Gatterhaltung der Fall gewesen wäre. Es ist daher eher mit einer echten Jagd auf Hirsche zu rechnen. Wie wir schon bei den anderen Wildtieren festgestellt haben, muß in der Gegend von Neftenbach eine reiche Fauna beheimatet gewesen sein, was die findigen Villabesitzer in Form einer Nischenproduktion auch ausnutzten (Olive/Deschler-Erb 1999, 37 f.). Wie sehr läßt die Individualalterentwicklung der Rothirsche im Verlaufe der Zeit erkennen (Rychener u. a. 1999, 453 f.): Im Verlaufe der Zeit wird der Anteil der Jungtiere unter den gejagten Rothirschen immer höher. Dies sind deutliche Anzeichen einer Überjagung (vgl. dazu Schibler u. a. 1997, 97). Das heißt, wäre die organisierte Hirschjagd im gleichen Stile weitergegangen, hätten die Villenbewohner diese Tierart bald einmal in der Umgebung von Neftenbach ausgerottet.

SYNTHESE:

Große Gebiete der heutigen Schweiz waren im Vergleich zum Dekumatenland intensiver landwirtschaftlich genutzt. Vor allem der Schwarzwald scheint für gewisse Tierarten Rückzugsgebiet gewesen zu sein.

Auf dem Gebiet der heutigen Schweiz war der Bedarf an Wildtieren und ihren Produkten stärker als im Dekumatenland, was auf einen durchschnittlich höheren Romanisierungsgrad der Bevölkerung und auf mehr reiche Personen mit größeren Ansprüchen schließen läßt.

Auch nördlich der Alpen haben sich Villen auf die Deckung von Versorgungsengpässen bei Luxusgütern spezialisiert. Allerdings dürfte die Tatsache, daß diese Engpässe hauptsächlich „hausgemacht" waren, kaum zu Diskussionen in der Bevölkerung geführt haben (Sonnabend 1999, 378 f.). Dieser Verdrängungsmechanismus läßt sich auch heute noch bei Umweltproblemen beobachten.

LITERATUR

C. Ambros, Vorläufige Mitteilung über die Tierreste aus dem römischen Avenches. 3rd International Congress of Archaeozoology (Szczecin 1978).

S. Deschler-Erb, Neue Erkenntnisse zur vertikalen und horizontalen Fundverteilung in einer Augster Stadtinsula. Die Tierknochenfunde aus der Insula 23 (Grabung 1987.56). Jahresber. Augst u. Kaiseraugst 12, 1991, 305–379.

S. Deschler-Erb, Römische Beinartefakte aus Augusta Raurica. Rohmaterial, Technologie, Typologie und Chronologie. Forsch. Augst 27 (Augst 1998).

S. Deschler-Erb (Unpubl.), Untersuchungen zu Tierknochenfunden aus Groß-Gerau.

S. Deschler-Erb (in Vorb.), Tierknochenfunde aus der römischen Villa von Biberist (SO).

R. Ebersbach/S. Schröder, Roman Occupation and ist Economic Consequences in the Northern Part of Switzerland. Anthropozoologica 25/26, 1997, 449–456.

Ch. Ebnöther u. a., Der römische Gutshof in Dietikon. Monogr. der Kantonsarchäologie Zürich 25 (Zürich und Egg 1995).

J. Ewald/J. Tauber, Tatort Vergangenheit. Ergebnisse aus der Archäologie heute (Basel 1998).

H. Fetz u. a., Triengen, Murhubel. Ein römischer Gutshof im Suretal. Arch. Schr. Luzern 7 (Luzern 1997).

Th. Fischer, Römische Landwirtschaft in Bayern. In: H. Bender/H. Wolff (Hrsg.), Ländliche Besiedlung und Landwirtschaft in den Rhein-Donau-Provinzen des römischen Reiches (Espelkamp 1994) 267–300.

A.R. Furger/S. Deschler-Erb, Das Fundmaterial aus der Schichtenfolge beim Augster Theater. Forsch. Augst 15 (Augst 1992).

S. Frey, Bad Wimpfen I. Osteologische Untersuchungen an Schlacht- und Siedlungsabfällen aus dem römischen Vicus von Bad Wimpfen. Forsch. und Ber. Vor- u. Frühgesch. Baden-Württemberg 39 (Stuttgart 1991).

A. Gaubatz-Sattler, Die Villa rustica von Bondorf. Forsch. und Ber. Vor- u. Frühgesch. Baden-Württemberg 51 (Stuttgart 1994).

K. Greene, The Archaeology of the Roman Economy (Berkeley und Los Angeles 1990).

B. Grzimek u. a., Grzimeks Tierleben. Enzyklopaedie des Tierreichs (Zürich 1968)

V. Gulde, Osteologische Untersuchungen an Tierknochen aus dem römischen Vicus von Rainau-Buch (Ostalbkreis). Mat. Vor- u. Frühgesch. Baden-Württemberg 5 (Stuttgart 1985).

R. Hänggi u. a., Die frühen römischen Kastelle und der Kastell-Vicus von Tenedo-Zurzach. Veröff. Ges. Pro Vindonissa 11 (Brugg 1994).

J. Hausser (Hrsg.), Säugetiere der Schweiz. Verbreitung, Biologie, Ökologie (Basel, Boston, Berlin 1995).

J.-B. Haversath, Die Agrarlandschaft im römischen Deutschland der Kaiserzeit (1.-4. Jh. n. Chr.). Passauer Schr. Geographie 2 (Passau 1984).

M. Hornberger, Gesamtbeurteilung der Tierknochenfunde aus der Stadt auf dem Magdalensberg in Kärnten (1948–1966). Kärntner Mus. Schr. 49 (Klagenfurt 1970).

G. von Houwald, Römische Tierknochenfunde aus Pfaffenhofen am Inn, Ldkr. Rosenheim, und aus Wehringen, Ldkr Schwabmünchen (Diss. München 1971).

H. Hüster-Plogmann u. a., The significance of aurochs as hunted animal in the Swiss Neolithic. In: G.-Ch. Weniger (Hrsg.), Archäologie und Biologie des Auerochsen. Wiss. Schr. Neandertalmus. 1 (Mettmann 1999) 151 ff.

St. Jacomet u. a., Klima, Umwelt, Landwirtschaft und Ernährung. In: F. Müller u. a. (Hrsg.), Die Schweiz vom Paläolithikum bis zum frühen Mittelalter 4, Eisenzeit (Basel 1999) 93 ff.

F. Johansson, Zoologische und kulturgeschichtliche Untersuchungen an den Tierresten aus der römischen Palastvilla in Bad Kreuznach (Kiel 1987).

C. Julius Caesar, Der Gallische Krieg. Hgg. v. C. Woyte (Stuttgart 1978).

G. Kaenel u. a., Nouvelles recherches sur le vicus gallo-romain de Lousonna. Lousonna 2. Cahiers d'archéologie romande 18 (Lausanne 1980).

G. Kaenel u. a., Un quartier de Lousonna. La fouille de „Chavannes 7" 1974/75 et 1977. Lousonna 3. Cahiers d'archéologie romande 19 (Lausanne 1980).

H.-M. von Kaenel u. a., Tschugg - Römischer Gutshof, Grabung 1977. Schr. Erziehungsdirektion des Kantons Bern (Bern 1980).

H. Koch u. a., Die Villa rustica von Treuchtlingen-Weinsdorf. Internat. Arch. 13 (Buch am Erlbach 1993).

M. Kokabi, Arae Flaviae II. Viehhaltung und Jagd im römischen Rottweil. Forsch. und Ber. Vor- u. Frühgesch. Baden-Württemberg 13 (Stuttgart 1982).

M. Kokabi u. a., Arae Flaviae IV. Forsch. und Ber. Vor- u. Frühgesch. Baden-Württemberg 28 (Stuttgart 1988).

H. Küster, Werden und Wandel der Kulturlandschaft im Alpenvorland. Pollenanalytische Aussagen zur Siedlungsgeschichte am Auerberg in Südbayern. Germania 64, 1986, 533 ff.

H. Küster, Botanische Untersuchungen zur Landwirtschaft in den Rhein-Donau-Provinzen vom 1. bis zum 5. Jh. n. Chr. In: H. Bender/H. Wolff (Hrsg.), Ländliche Besiedlung und Landwirtschaft in den Rhein-Donau-Provinzen des römischen Reiches (Espelkamp 1994) 21–36.

A. Leibundgut, Die römischen Bronzen der Schweiz III. Westschweiz, Bern und Wallis (Mainz 1980).

R. Maier (Hrsg.), Marcus Gavius Apicius. De re coquinaria/Über die Kochkunst. Lateinisch/deutsche Ausgabe (Stuttgart 1991).

St. Martin-Kilcher u. a., Die Funde aus dem römischen Gushof von Laufen-Müschhag. Schr. Erziehungsdirektion des Kantons Bern (Bern 1980).

St. Martin-Kilcher u. a., Vitudurum 5. Ber. Zürcher Denkmalpflege, Arch. Monogr. 10 (Zürich 1991).

H. Mielsch, Die römische Villa. Architektur und Lebensform (München 1987).

C. Olive/S. Deschler-Erb, Poulet de grain et rôtis de cerf: produit de luxe pour les villes romaines. Arch. Schweiz 22, 1999, 1, 35–38.

D. Paunier u. a., Le Vicus gallo-romain de Lousonna-Vidy. Lousonna 7. Cahiers d'archéologie romande 42 (Lausanne 1989).

O. Paccolat u. a., L'établissement gallo-romain de Boécourt, Les Montoyes (JU). Cahier Arch. jurassienne 1 (Porrentruy 1991).

G. Patzelt, Die klimatischen Verhältnisse im südlichen Mitteleuropa zur Römerzeit. In: H. Bender/H. Wolff (Hrsg.), Ländliche Besiedlung und Landwirt-schaft in den Rhein-Donau-Provinzen des römischen Reiches (Espelkamp 1994) 7–20.

J. Peters, Römische Tierhaltung und Tierzucht. Passauer Univ. Schr. Arch. 5 (Rahden 1998).

J. Rychener u. a., Der römische Gutshof in Neftenbach. Monogr. Kantonsarch. Zürich 31 (Zürich 1999).

M. Ramstein u. a., Worb - Sunnhalde. Ein römischer Gutshof im 3. Jahrhundert. Schr. Erziehungsdirektion des Kantons Bern (Bern 1998).

K. Schalla u. a., Osteologische und osteometrische Untersuchungen an Tierknochenfunden aus einer Villa rustica in Hechingen-Stein. Fundber. Baden-Württemberg 21, 1996, 463–482.

J. Schibler/A. R. Furger, Die Tierknochenfunde aus Augusta Raurica (Grabungen 1955–1974). Forsch. Augst 9 (Augst 1988).

J. Schibler u. a., Ökonomie und Ökologie neolithischer und bronzezeitlicher Ufersiedlungen am Zürichsee. Monogr. Kantonsarch. Zürich 20 (Zürich und Egg 1997).

J. Schibler u. a., Economic Crash in the 37th and 36th Centuries cal. BC in Neolithic Lake Shore Sites in Switzerland. Anthropozoologica 25/26, 1997b, 553–570.

C. Schucany, Solothurn und Olten - Zwei Kleinstädte und ihr Hinterland in römischer Zeit. Arch. Schweiz 23, 1999, 2, 88–95.

O. Seel, Caesarstudien. Beiheft zum altsprachlichen Unterricht 10 (Stuttgart 1967).

H. Sonnabend (Hrsg.), Mensch und Landschaft in der Antike. Lexikon Hist. Geographie (Stuttgart 1999).

H. R. Stampfli, Die Tierreste aus der römischen Villa „Ersigen-Murain" in Gegenüberstellung zu anderen zeitgleichen Funden aus der Schweiz und dem Ausland. Jahrb. Bern. Hist. Mus. 45/46, 1965/1966, 449–469.

H. R. Stampfli, Die Tierknochenfunde der Grabung Chur-Welschdörfli 1962/63. Jahresber. Naturforsch. Ges. Graubündens 92, 1968, 1–8.

U. Streitferdt, Osteoarchäologische Untersuchungen an Tierknochenfunden aus vier römischen Stationen im süddeutschen Raum (Dissertation München 1972).

M. Veszeli (in Vorb.), Langendorf.

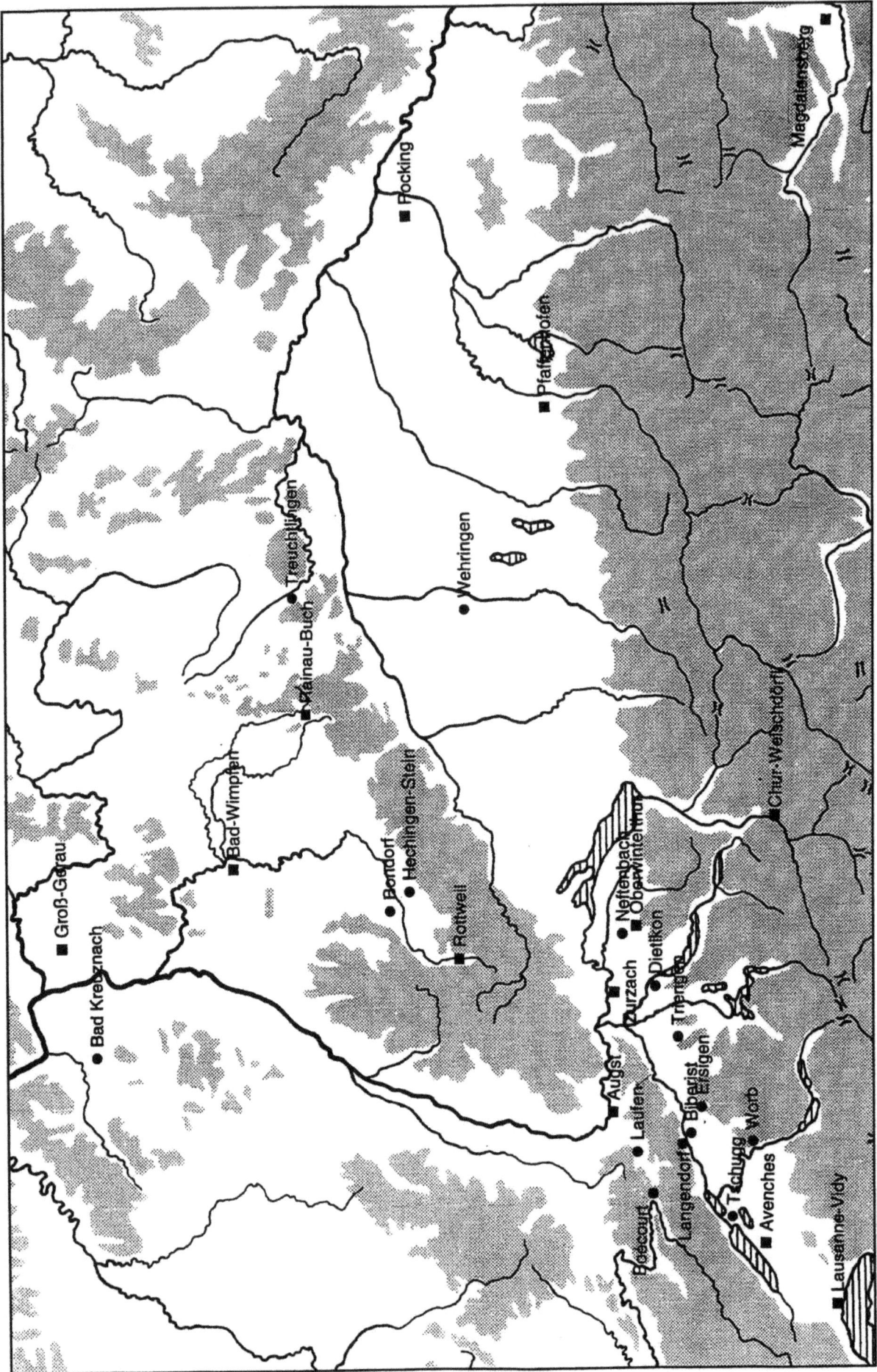

Abb. 1. Die im Artikel berücksichtigten Fundstellen. ■ Vici bzw. Koloniestädte. ● Villae.

Fundstelle	Fundstellentyp	Datierung	Zitat	Ur	Wisent	Elch	Rothirsch	Steinbock	Bär	Reh	Wildschwein	Gämse	Feldhase	Wildkatze	Biber	Wildtiere	Best. Tierkn.
Bad Kreuznach	Villa	2./3.Jh.	Johansson 1987				101		4	1	40		69	10	1	247	7482
Bondorf	Villa	2./3.Jh.	Kokabi 1994	2			61			6	12		40			133	2919
Hechingen-Stein	Villa		Schalla et al. 1996	1			121			16	10		168			352	10607
Treuchtlingen	Villa	2./3.Jh.	Koch 1993				2			1	1	1	5	1	1	14	2035
Wehringen	Villa	2.H.2.Jh.	von Houwald 1971				3						1			4	471
Gross-Gerau	Kastellvicus	1.-4.Jh.	Deschler-Erb unpubl.				30				2					34	2018
Bad-Wimpfen	Kastellvicus	Ende 1.Jh.-Mitte 3.Jh.	Frey 1991				74		4	13	53		33		22	205	40412
Arae Flaviae	Kastell/Vicus	Ende 1.Jh.-Mitte 3.Jh.	Kokabi 1982; Kokabi 1988	1 Skelett	1	8	238		11	43	78		61		5	445	59030
Rainau-Buch	Kastellvicus	150-260	Gulde 1985			11	168		4	89	79		106	7	2	541	23451
Pfaffenhofen	Kastellvicus	2./3.Jh.	von Houwald 1971				9			2	1	1	4			31	3177
Poeking	Vicus	Ende 1.Jh.-Mitte 3.Jh.	Streitferdt 1972				8								1	9	310
Tschugg	Villa	40/50-190/200	Kaenel et al.1980				1						37		40	40	623
Worb	Villa		Büttiker 1998				74				1		44			140	2153
Ersigen-Murain	Villa	1.-3.Jh.	Stampfli 1965/66				22				5		13	1	1	102	1125
Biberist	Villa	1.-3.Jh.	Deschler-Erb in Vorb.	9			62		11	15	1	1	3	1	1	110	3611
Langendorf	Villa	Ende 1.-Mitte 2.Jh.	Veszeli in Vorb.				4					11	5			38	407
Boécourt	Villa	50-250	Olive 1991				21							3		24	358
Laufen-Müschh.	Villa	1.-4.Jh.	Kilcher 1980				16			2						19	531
Triengen	Villa	1.-Mitte 3.Jh.	Fetz 1997				4				6		12			22	1399
Dietikon	Villa	1.-3.Jh.	Ebnöther 1995				82								7	111	2276
Neftenbach	Villa	1.-3.Jh.	Rychener 1999				1181			16	24	5	99		30	1553	13693
Lousonna	Vicus	1.-3.Jh.	Kaenel 1980; Paunier 1989				7						12	1		39	6199
Avenches	Kolonie	1.-4.Jh.	Ambros 1978			1	118	1	3	32	11		195		2	375	20541
Augst	Kolonie	1.-4.Jh.	Schibler/Furger 1988; Furger/Deschler-Erb 1992; Deschler-Erb 1991			11	513	11	4	185	70	5	959	10	14	1978	136175
Zurzach	Kastellvicus	1.Jh.	Morel 1994				26				3		2	10	5	117	4004
Oberwinterthur	Vicus	1.-2.Jh	Morel 1991				22		1	1	14	1	20		2	63	26176
Chur-Welschd.	Vicus	röm	Stampfli 1968				12	5	1	1	2		4			26	249
Magdalensberg	Vicus	1.v.-?	Hornberger 1970	9	5	6	869	34	87	826	874	9	454	19	6	3215	59526

Abb. 2. Tabelle der berücksichtigten Fundstellen und deren jeweiligen Häufigkeiten (n) der wichtigsten Wildtierknochenfragmente. In allen Fundstellen bedeuten die Zahlen Fragmentzahlen, mit Ausnahme von Chur-Welschdörfli, wo sich die Zahlen auf die MIZ beziehen. Für Biberist und Groß-Gerau handelt es sich nur um vorläufige Werte, da die Tierknochen dieser Fundstellen noch in Bearbeitung sind.

Fundstelle	Ur	Wisent	Elch	Rothirsch	Steinbock	Bär	Reh	Wildschwein	Gämse	Hase	Wildkatze	Biber	Total Wildtiere
Bad Kreuznach	*			**		*	*	*		*	*	*	****
Bondorf	*	*		***			*	*		**			*****
Hechingen-Stein	*	*	*	**			*	*		**			****
Treuchtlingen				*			*	*		*	*	*	*
Wehringen				*			*			*			*
Gross-Gerau				**			*					*	**
Bad-Wimpfen				**		*	*	*		*		*	*
Arae Flaviae	1Sk.	*		*		*	*	*		*		*	*
Rainau-Buch		*		*		*	*			*	*	*	***
Pfaffenhofen				*		*	*	*				*	*
Pocking				***								*	***
Tschugg				*						******			*******
Worb				****			*			***		*	*******
Ersigen-Murain				***			*	*		**		*	*********
Biberist				**		*	*	*		*	*	*	****
Langendorf				*					***	**			**********
Boécourt				******			*				*		*******
Laufen-Müschhag				****		*							****
Triengen				*			*	*		*			**
Dietikon				****			*	*					*****
Neftenbach	*			*********		*	*	*		*		*	***********
Lousonna				*	*		*	*		*	*		*
Avenches			*	*	*	*	*	*	*	*	*	*	**
Augst			*	*	*	*	*	*	*	*	*	*	**
Zurzach				*		*	*	*		*	*	*	***
Oberwinterthur				*	***		*	*	*	*		*	*
Chur-Welschdörfli				*****	***		*	*		**		*	**********
Magdalensberg	*	*	*	**	*	*	***	**	*	*	*	*	*******

Abb. 3. Anteil (n %) der wichtigsten Wildtierarten am Total der bestimmbaren Tierknochen in den berücksichtigten Fundstellen:

*	0.0% - 0.9%	***** 4.0% - 4.9%	******** 7.0% - 7.9%	*********** 10.0% - 10.9%
**	1.0% - 1.9%	****** 5.0% - 5.9%	********* 8.0% - 8.9%	************ 11.0% - 11.9%
***	2.0% - 2.9%.	******* 6.0% - 6.9%	********** 9.0% - 9.9%	************* 12.0% - 12.9%
****	3.0% - 3.9%			

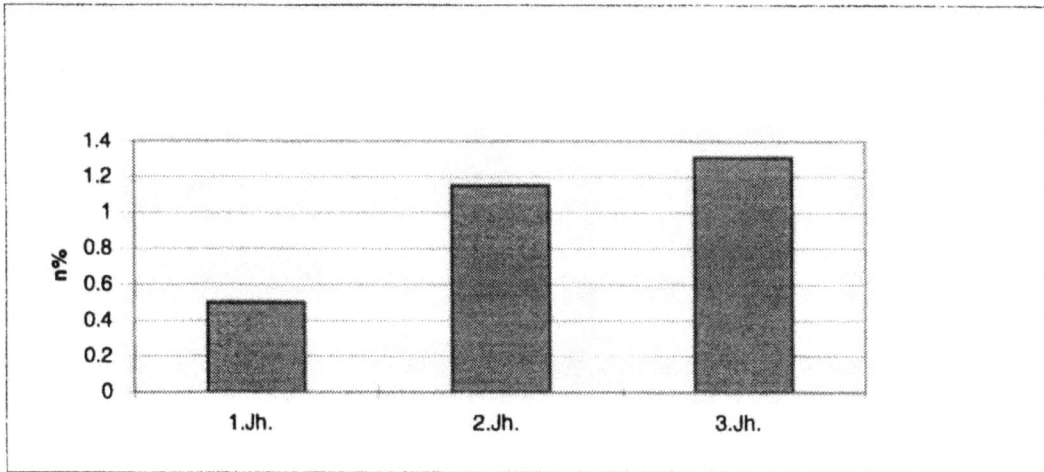

Abb. 4. Feldhasenanteile in Augusta Raurica (nach Schibler und Furger 1988, 21).

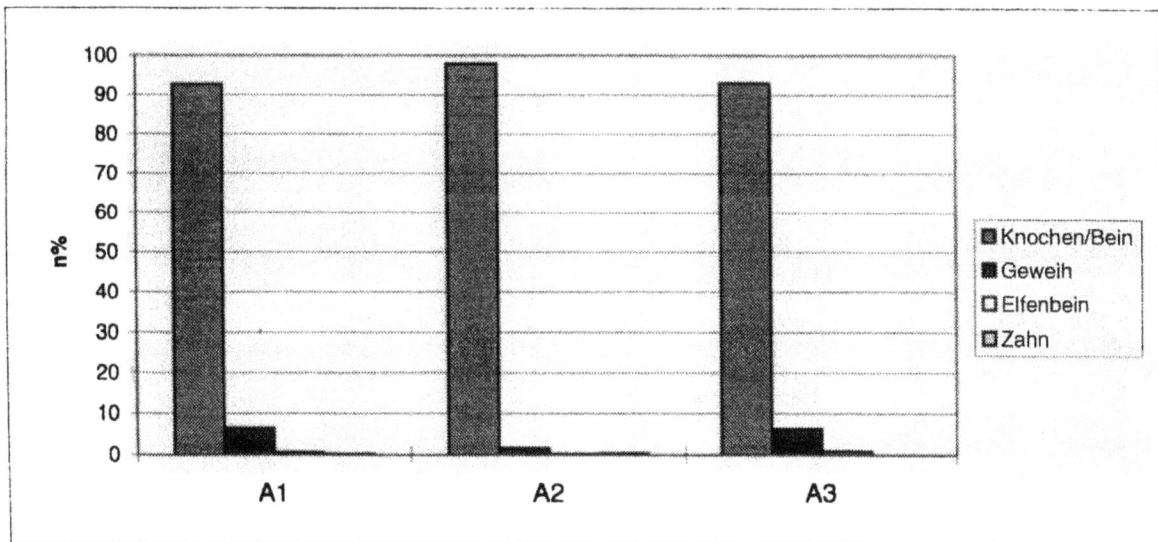

Abb. 5. Anteile der verschiedenen Rohmaterialien unter den Beinartefakten von Augusta Raurica.
A 1: 10 v. Chr. bis 110 n. Chr., A 2: 110 bis 280 n. Chr., A 3: 280 bis 400 n. Chr.
Nach Deschler-Erb 1998, 91.

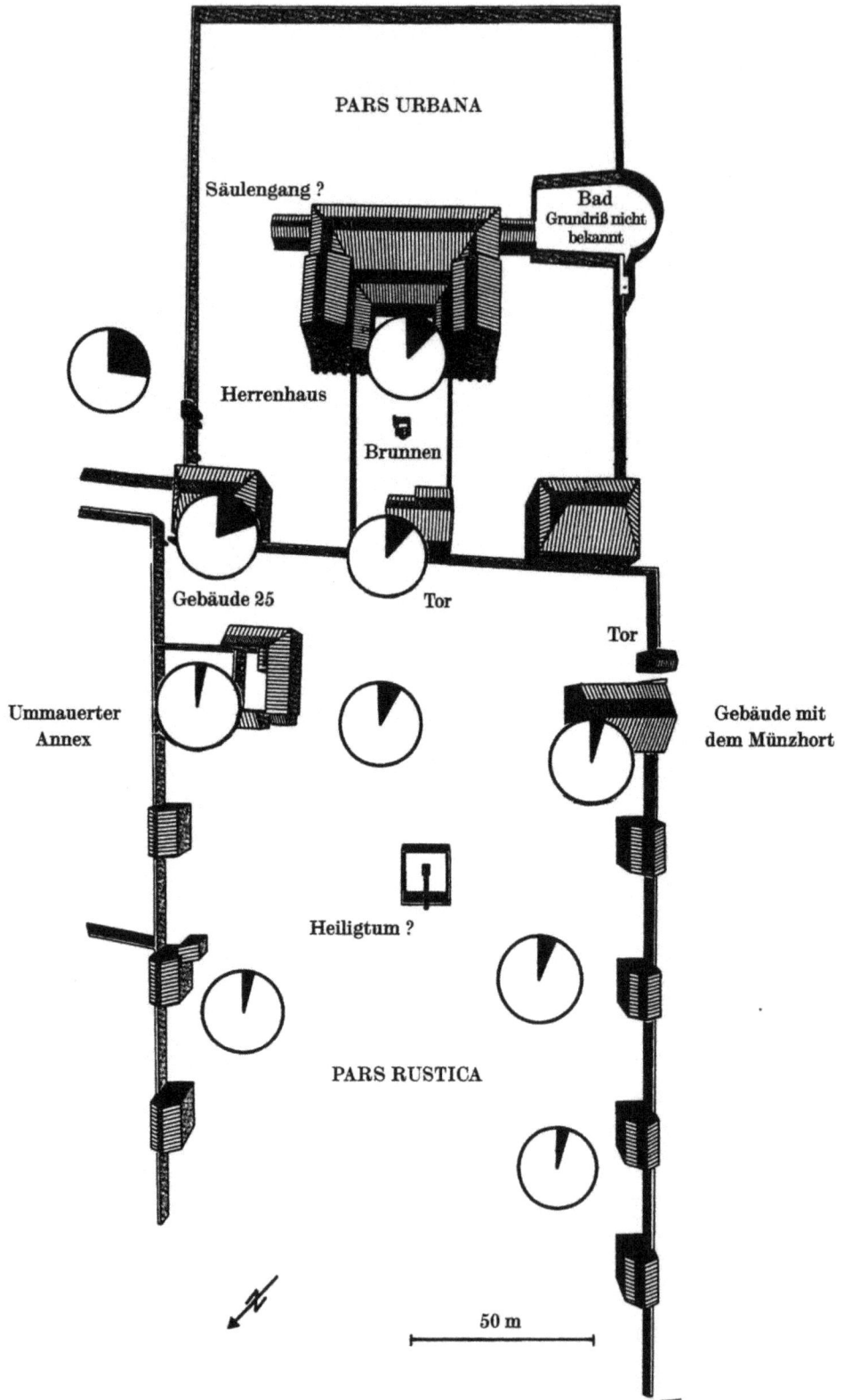

PARS URBANA

Säulengang ?

Bad
Grundriß nicht
bekannt

Herrenhaus

Brunnen

Gebäude 25

Tor

Tor

Ummauerter
Annex

Gebäude mit
dem Münzhort

Heiligtum ?

PARS RUSTICA

50 m

Abb. 6. Anteile (n %) der Rothirschknochen am Total der bestimmbaren Tierknochen
in den verschiedenen Zonen des Gutshofes von Neftenbach/ZH (2. Jh. n. Chr.).
Grundlage: Rychener u. a. 1999,

Malgorzata Daszkiewicz, Gerwulf Schneider und Ewa Bobryk

TECHNOLOGISCHE UNTERSUCHUNGEN ZUR KERAMIK VON RHEINZABERN

EINFÜHRUNG

Die von der Deutschen Forschungsgemeinschaft finanziell unterstützten systematischen Ausgrabungen in Rheinzabern, dem antiken Tabernae, im Süden der Pfalz erbrachten seit 1975 viele neue Erkenntnisse zur technischen Organisation einer solchen großen römischen Keramikproduktionstätte (Reutti 1986; Schulz/Schellenberger 1996). Das Terra-Sigillata-Museum, zwei konservierte Brennöfen und eine moderne Töpferei am Ort, die nach den alten Verfahren Reproduktionen der Terra Sigillata herstellt, bringen dies auch der Öffentlichkeit nahe.

Die in der Umgebung Rheinzaberns vorhandenen Tonablagerungen eines frühen Rheines dienten schon im 1. Jh. n. Chr. für die Töpferei einfacher Hauskeramik. Durch die günstige Lage an der römischen Straße zwischen Straßburg und Mainz wurde Rheinzabern dann im 2. und 3. Jh. zur bedeutendsten römischen Terra-Sigillata-Manufaktur nördlich der Alpen, die noch bis in die Spätantike aktiv war (Bernhard 1987). Gleichzeitig war Rheinzabern für diverse römische Legionen der Ort für die Produktion von Ziegeln, die an vielen anderen Fundorten nachgewiesen wurden (Dolata 2000). Neue Analysen spätrömischer Funde in Raetien bestätigten, daß die spätantike Rheinzaberner Sigillata noch weit exportiert wurden (Gschwind 1999). Die Analysen für die letzteren beiden Arbeiten wurden im Labor der Arbeitsgruppe Archäometrie in Berlin durchgeführt.

Tone aus der Jockgrim/Rheinzaberner Tonlagerstätte und die keramischen Produkte des Töpfer- und Zieglerortes dienten schon 1975 als Grundlage eines archäometrischen Forschungsprojektes der Berliner Arbeitsgruppe (diverse Aufsätze in INW 1975 und Schneider 1978). Mit den inzwischen durchgeführten weiteren Analysen Rheinzaberner Materials und mit analysierten Funden exportierter Rheinzaberner Keramik liegen etwa 350 chemische Analysen auf zehn Hauptelemente und zehn bis fünfzehn Spurenelemente vor, die in einer Datenbank von etwa 20 000 Analysen archäologischer Keramik diverser Zeitstellung und Herkunft enthalten sind.

Eine Unterscheidung von Werkstätten, denen dieselben Rohstoffe zur Verfügung standen, ist nur auf der Basis technologischer Eigenheiten möglich, wenn Namenstempel oder stilistische oder andere äußere Merkmale fehlen, oder wenn diese unzureichend sind. Die handwerklichen Techniken der Keramikproduktion sind innerhalb einer Werkstatt wegen der risikover-

mindernden Tradition in weit geringerem Maß Änderungen unterworfen als z. B. stilistische Merkmale. Sie eignen sich daher in besonderem Maße für die Charakterisierung von Werkstätten.

Technologische Untersuchungen an Rheinzaberner Keramik wurden bisher nur in begrenztem Umfang durchgeführt. Sie bezogen sich vor allem auf die Frage, wie sich die Formschüsseln von den darin gefertigten Sigillata-Gefäßen unterscheiden (Heimann 1982). Zur Herstellungstechnik der Bilderschüsseln liegen Untersuchungen von Juranek und Hoffmann (1980) vor. Die vorliegende Arbeit stellt erste Ergebnisse einer Methode vor, mit der sich Produkte verschiedener Werkstätten unterscheiden lassen. Dabei ist hier nicht die Rede von Herkunftsbestimmungen mittels chemischer Analysen oder Dünnschliffuntersuchungen, mit denen Werkstätten nach der Art der verwendeten Rohstoffe charakterisiert werden (z. B. Schneider 1978). Auch bei Verwendung derselben Rohstoffe und bei einer standardisierten Ware wie Terra Sigillata sind Qualitätsunterschiede zu erwarten, die sich nicht nur im äußeren Aussehen, sondern auch in der technischen Qualität zeigen. Letztere hängt von der Sorgfalt der Töpfer und von den akzeptierten Produktionskosten ab. So gab es sicher damals wie heute billigere Massenprodukte und exklusive Luxusware.

Technologische Unterschiede sind bei der Vorbereitung der Rohstoffe zu einer keramischen Masse, bei der Formgebung, bei der Oberflächenbehandlung und beim Brand möglich. Bei Rheinzaberner Sigillata kann von einem standardisierten Formgebungsverfahren auf der Scheibe ausgegangen werden, das wenig werkstättentypische Unterschiede zuläßt. Die Bedingungen beim Brand unterliegen zum großen Teil zufälligen Gegebenheiten. Da die Produkte verschiedener Werkstätten zudem oft in einer gemeinsamen Ofenfüllung gebrannt wurden, sind auch die rekonstruierten Brennbedingungen kein geeignetes Mittel, Werkstätten zu unterscheiden. Die arbeitsaufwendige Tonaufbereitung mit ihrem großen Einfluß auf die Qualität der Endprodukte sollte daher am ehesten Unterschiede in der technologischen Sorgfalt aufdecken.

Mit systematischen Untersuchungen an früher und später römischer Glanztonkeramik aus Zypern, von zyprischer Sigillata (ES-D) und von Cypriot Red Slip Ware (CRSW), ließen sich Qualitätsgruppen aufgrund der technologischen Parameter unterscheiden (Daszkiewicz u. a. 1998). Im Gegensatz zur zyprischen Sigillata würde man bei Material aus Rheinzabern aufgrund der verschiedenen Namenstempel die Unterschiede bestimmten Werkstätten zuordnen können.

Vielleicht ließe sich auch die Frage beantworten, ob sich hier frühe und späte Produkte durch Untersuchungen im Labor unterscheiden lassen. Da die zur Verfügung stehenden Rohstoffe bekannt sind, bot sich hier die Möglichkeit, Unterschiede in der Tonauswahl und der Tonaufbereitung, sowie im Brand festzustellen.

Untersuchtes Material

Für die Untersuchungen wählte der derzeitige Ausgräber in Rheinzabern, Herr Dr. Rüdiger Schulz, insgesamt fünf Serien früher und später Sigillata aus.

Frühe Sigillata:

Proben G255-G278 (Serien 1–3): insgesamt neunzehn Scherben mit Eierstab und fünf wegen der dunklen Brennfarbe als überfeuerte Fehlbrände klassifizierte Scherben aus dem Komplex der Janus-Produktion aus den Grabungen Rau 24 Morgen (z.T. in der Dissertation Gimber bearbeitet, der Rest ist unpubliziert).

Späte Sigillata:

Proben G279-G289 (Serie 4): elf ausgewählte Scherben mit Eierstab E 43 (der Victor II-Januco-Gruppe zugeordnet) aus der Bediengrube eines Sigillata-Ofens.

Proben G290–297 (Serie 5): acht Scherben aus einem Brunnenkomplex der späten Manufakturzeit (zeitgleich mit Serie 4), darunter sechs Scherben Julius II-Julianus I, zwei Scherben Respectinus und zwei Scherben Helenius.

Weitere Rheinzaberner Produkte:

Proben G300-G315 (Serie 6): sechzehn Scherben von frühen orangerot überzogenen Bechern mit Griesbewurf und Karniesrand aus der Verfüllung einer Bedienungsgrube (mit eindeutiger Zuordnung zu einem kleinen Ofen)

Proben G318–326 (Serie 7): neun ungebrannte Scherben von Sigillata-Reibschalen,

Proben 456–459: vier Scherben von Kerbschnitt-Sigillata.

Zusammensetzung der Keramik

Die von den Römern, und später von der Jockgrimer Ziegelei Ludovici, abgebauten Tone weisen eine typische Schichtung von Sand und kalkreichen und kalkarmen Tonen auf (Abb. 1). Die Zusammensetzung der Keramik liegt im Bereich der möglichen Mischungen verschiedener Schichten. Das Feld der möglichen Keramikzusammensetzungen wird durch die verfügbaren Rohstoffe begrenzt, die durch 21 analysierte Tonproben aus dem Raum Jockgrim/Rheinzabern belegt sind. In Abb. 2 sind, zusammen mit den Analysen der hier untersuchten Keramik, auch die Analysen verschiedener Tone eingetragen. Wie schon 1975 dargelegt (Schneider 1975: 79), entspricht die mittlere Zusam-

mensetzung der Terra Sigillata einer Mischung der kalkarmen Tonschichten mit etwa 20% Mergel z. B. aus der gelben kalkreichen Schicht im Otterbachprofil (Abb. 1; Analyse in Abb. 2 nicht eingetragen). Wie die große Streuung der Calcium-Werte zeigt, wurde dieses Verhältnis beim Abbau der Tone nicht sehr konstant gehalten.

Die im Diagramm deutlich abweichenden drei Proben mit mehr als 66% SiO_2 sind durch höhere Sandanteile ausgezeichnet, die im Mikroskop erkennbar sind. Ihre Zusammensetzung ist daher zu höheren SiO_2-Gehalten verschoben, was gegenüber den mit CaO negativ korrelierten SiO_2-Gehalten des Hauptteils der Keramik ins Auge fällt. Auch ein großer Teil der orangerot überzogenen Ware ist gegenüber Sigillata durch etwas höhere SiO_2-Gehalte ausgezeichnet. Hier wurden also offensichtlich Tonschichten mit etwas höheren Sand- und Schluffgehalten verwendet. Dasselbe gilt für den bei den Experimenten verwendeten Ton 429.

In das Feld mit höheren Sandgehalten fällt auch ein kleiner Teil der Formschüsseln und der in Rheinzabern hergestellten einfachen Hauskeramik und der Ziegel. Für diese im Diagramm nicht eingezeichneten Produkte ist wegen der im Gegensatz zur Feinkeramik weniger notwendigen besonderen Aufbereitung eine größere Streuung charakteristisch.

Die Zusammensetzung der frühen und späten Sigillata läßt sich anhand des chemischen Elementmusters nicht unterscheiden (Tabelle 2). Die am stärksten variierenden Calcium-Gehalte lassen jedoch eine Tendenz erkennen. Die frühen Serien zeigen mit im Mittel etwa 7,6 % CaO etwas höhere Calcium-Gehalte als die späteren Sigillaten mit 6,4 % CaO (der Unterschied ist wegen der großen Streuung allerdings nicht signifikant). Die Calcium-Gehalte der Sigillata sind im allgemeinen höher als die der frühen orangerot überzogenen Ware mit im Mittel 4,4 % CaO. Dies zeigt, daß die Sigillata-Töpfer die mit den höheren Calcium-Gehalten verbundene Qualitätsverbesserung in Richtung gut haftender und glänzender Sigillata-Überzüge kannten und die kalkreichere Mischung möglichst konstant hielten. Nur die spätesten Sigillata-Produkte schließen niedrige Calcium-Gehalte bis 1% CaO ein, was der Zusammensetzung der entkalkten plastischen Tone entspricht, zum Beispiel aus dem für die römische Tonlagerstätte typischen Otterbach-Profil (Abb. 1).

Aus der Serie der von Dolata (2000) untersuchten gestempelten Rheinzaberner Ziegel verschiedener Legionen wurden gesichert frühe und späte Varianten ausgewählt. Hier zeigte sich eine entgegengesetzte Tendenz zu höheren Calcium-Gehalten in der Spätzeit. Dies ist wahrscheinlich auf die stärkere Ausbeutung der Mergelschichten zurückzuführen, eine Tendenz, die unter anderem wegen der schlechteren Frostbeständigkeit der kalkreichen Ziegel, in unserem Jahrhundert zur Einstellung der Ziegelproduktion in Rheinzabern führte.

Brennverhalten

Die Zusammensetzung bestimmt das Brennverhalten der Tone. Die Scherbenfarbe wird daher von der Brenntemperatur (bei im übrigen gleichen Brennbedingungen) und von der Zusammensetzung bestimmt. Nachgebrannte Scherben machen auch feine Unterschiede in der Scherbenzusammensetzung sichtbar, wenn sie unter gleichen Bedingungen bei einer über der originalen Brenntemperatur liegenden Temperatur im Labor nachgebrannt werden. Das Nachbrennen erfolgt an kleinen von den Scherben abgeschnittenen Scheibchen. Ein Scheibchen dient als Vergleich, während jeweils eines der übrigen bei einer Temperatur zwischen 400 und 1200° C nachgebrannt wird (Abb. 3). Dies geschieht immer im Elektro-Ofen mit 200° C/h Aufheizgeschwindigkeit und 1 h Haltezeit bei der Maximaltemperatur. Diese Methode des Nachbrennens (MGR-Analyse) kann auch zur schnellen Klassifizierung von Scherbenserien nach der Materialzusammensetzung verwendet werden (Daszkiewicz u. a. 2000).

Typisch zusammengesetzte Rheinzaberner Scherben entsprechen in ihrer Farbe und im Schmelzverhalten beim Nachbrennen den Brennproben eines Rheinzaberner Mischtons (Probe 429). Die Scherbe der Tafel (Abb. 3) mit dem höchsten Calcium-Gehalt und daher etwas hellerem Scherben, nimmt bei 1150° C eine grünliche Farbe an (G274). Diese Probe ist bei 1200° C zu einer glatten Kugel geschmolzen, während die Proben mit geringeren Calcium-Gehalten weniger glattgeschmolzen sind. Scherben mit Gehalten unter 5% CaO sind bei 1200° C nur oberflächlich angeschmolzen (G280).

Bei den in Stufen nachgebrannten Proben ist das Erreichen der originalen Brenntemperatur an den ersten auftretenden Veränderungen abzulesen. Auch die Brennfarben der in Stufen von 100° gebrannten Tonprobe 429 lassen sich zum Vergleich mit den Scherbenfarben der Keramik verwenden um die originalen Brenntemperaturen abzuschätzen. Allerdings ist die Farbveränderung zwischen 800 und 1000° C kaum zu erkennen. Bei Sigillata zeigen sich erste Veränderungen beim Nachbrennen meist erst oberhalb 1050° C, das heißt, die originalen Brenntemperaturen lagen etwas darunter. Dies entspricht den mit vielen anderen Methoden erhaltenen Werten für Rheinzaberner Sigillata, wie sie zum Beispiel auch schon von Heimann und Franklin (1980) publiziert worden sind. Die unten diskutierten Brenntemperaturen Rheinzaberner Sigillata beruhen auf der Kombination verschiedener Methoden.

Das Brennverhalten des Rheinzaberner Tons (Probe 429) wurde auch im Heiztischmikroskop untersucht. Dazu werden 3 x 3 mm kleine gepreßte Probekörper während der kontinuierlichen Erhitzung beobachtet und fotografiert (Abb. 4). Die planimetrische Auswertung der Aufnahmen ergibt die Kurve der linearen Schwindung (Abb. 5). Aus den Veränderungen läßt sich das für einen optimalen Keramikbrand wichtige Sinterintervall und die Erweichungstemperatur ablesen. Die technologisch günstigste Brenntemperatur des hier verwendeten Tons mit 6,5 % CaO liegt zwischen 1050 und 1100° C. Oberhalb 1150° C würde sich wegen der beginnenden Erweichung die Keramik unter dem Druck der anderen Gefäße verformen. Bei Temperaturen über 1200° C beginnt das Material sehr schnell zu schmelzen und zu fließen. Dies geschieht wegen der Wirkung von Calcium als Flußmittel bei zunehmenden Calcium-Gehalten bei zunehmend niedrigeren Temperaturen.

Keramische Eigenschaften

Mit der Schwindung und der Farbe ändern sich beim Brand auch die Rohdichte (das ist die Dichte des Materials unter Einbeziehung der geschlossenen Poren), die offene Porosität und die Wasseraufnahme, die als keramische Eigenschaften zusammengefaßt werden. Diese Parameter werden durch hydrostatische Wägungen ermittelt. Abb. 6 zeigt am Beispiel des Rheinzaberner Tons den typischen Verlauf: Die offene Porosität und die Wasseraufnahme nimmt mit dem Beginn der Sinterung ab, gleichzeitig steigt die Rohdichte. Die Zugfestigkeit nimmt bis zu einem Maximum bei 1100° C zu. Bei 1200° C ist die Scherbe weitgehend in den Glaszustand mit vielen geschlossenen Poren übergegangen. Letztere verursachen die Abnahme der Rohdichte. Gleichzeitig geht die offene Porosität gegen Null und die Zugfestigkeit wird schlechter. Die Scherbe ist überbrannt.

Die keramischen Eigenschaften sind jedoch nicht nur von der Temperatur abhängig, sondern auch von der Vorbereitung der Masse, die der Töpfer vor der Formgebung homogenisieren und vor allem von eingeschlossener Luft befreien muß. Dies ist ein arbeitsaufwendiger Prozeß, der heute von Maschinen übernommen wird. Wahrscheinlich haben die römischen Töpfer, wie noch heute zum Beispiel bei Töpfern im Mittelmeer-Raum üblich, durch Treten mit Füßen die Masse vorbereitet. Es war zu erwarten, daß hier größere Qualitätsunterschiede zu finden sind.

Um festzustellen, wieweit sich Scherben aus gut aufbereiteten von solchen aus schlecht entlüfteten Massen unterscheiden, wurden aus dem Rheinzaberner Ton unterschiedlich aufbereitete Scherben hergestellt und bei 1000° C gebrannt. Die Masse wurde von Hand durch wiederholtes Werfen auf den Tisch entlüftet, wie das Töpfer tun, die nicht mit einer Maschine arbeiten. Diese Masse wurde von Hand geformt und führte zu einer Scherbe mit geringerer Rohdichte, also größerer Porosität, als bei der zweiten Probe, die zusätzlich mit einer hydraulischen Presse komprimiert wurde. Das wichtigste Ergebnis war, daß der Unterschied der beiden Massen bleibt auch beim Nachbrennen erhalten bleibt (Abb. 7). Die anfänglich unterschiedliche Dichte wird also durch Brennen bei höherer Temperatur nicht ausgeglichen. Bei beiden Proben ist als erste Veränderung die oberhalb 1000° C einsetzende Zunahme der Rohdichte erkennbar, die das Überschreiten der originalen Brenntemperatur anzeigt.

Die Kurve für die weniger verdichtete Masse ist in Abb. 8 den Nachbrennkurven zweier Sigillata-Scherben gegenübergestellt. Beim Nachbrennen unter denselben Bedingungen sollten gleich aufbereitete Materialien (gleicher Zusammensetzung) denselben Spitzenwert der Rohdichte erreichen. Dies wird erfüllt von der experimentellen Scherbe aus dem Rheinzaberner Ton und der ursprünglich bei 950° C gebrannten Sigillata-Scherbe. Die andere, ursprünglich geringfügig höher gebrannte Sigillata-Scherbe erreicht eine geringere maximale Rohdichte. Dies muß auf eine größere geschlossene Porosität durch eingeschlossene Luftblasen zurückzuführen sein, wie das bei einer schlechter entlüfteten oder verdichteten Masse der Fall ist.

Qualitätsunterschiede früher und später Sigillata

Mit der Erfahrung aus dem Experiment wurden die fünf Probenserien untersucht, um eventuelle Unterschiede zwischen den Sigillata-Werkstätten aufzudecken. Um Unterschiede durch die Formgebung vernachlässigen zu können, wurden nur Randstücke mit Eierstab beprobt, von denen anzunehmen ist, daß sie beim Drehen auf der Scheibe ähnlichen Druckbedingungen unterlagen und die Masse daher beim Formen in ähnlicher Weise komprimiert wurde. Abb. 9 zeigt die Veränderungen der Rohdichte beim Nachbrennen verschiedener Scherben. Die originalen Brenntemperaturen der einzelnen Scherben wurden aus den Veränderungen beim Nachbrennen bestimmt und dann für jede Serie gemittelt.

Zunächst sollen zwei experimentelle, nach dem normalen Verfahren von Hand geformte Scherben betrachtet werden. Die eine davon wurde bei 900° C, die andere bei 1100° C gebrannt. Das Nachbrennen der ersten Scherbe bei 1100° C führt zu einer Rohdichte über 2,0 g/cm³ und damit etwa zum selben Wert wie er bei der nur einmal bei 1100° C gebrannten Scherbe erreicht wurde. In diesem maximalen Dichtebereich liegen auch die bei einer Temperatur um 1130° C überfeuerten Scherben der zweiten Serie.

Die Rohdichten der anderen Serien der hier untersuchten frühen und späten Sigillata liegen in einem ähnlichen Bereich unter 1,8 g/cm³. Sie sind nicht korreliert mit den originalen Brenntemperaturen. Das Nachbrennen bei 1100° C führt bei allen Scherben zu einer etwas höheren Rohdichte, die bei drei Serien jedoch unter den experimentell erreichten Dichten liegt. Über 1,8 g/cm³ liegen die beiden Scherben des Helenius und die Scherben der Victor II/Januco-Serie. Für die Ersteren könnte neben der besseren Aufbereitung auch die etwas kalkärmere Zusammensetzung der Masse eine Rolle spielen. Die höheren Werte der Victor II-Januco-Gruppe gegenüber den Janus- und

den Julius II-Julianus I-Sigillaten müssen dagegen auf die bessere Aufbereitung bzw. Verdichtung der Masse zurückzuführen sein. Für die Unterscheidung dieser vierten von der dritten und fünften Serie ergab ein T-Test Wahrscheinlichkeiten über 99%, während Unterschiede der nicht überfeuerten Janus-Komplexe der ersten und dritten Serie statistisch nicht signifikant sind.

Mit der Methode des Nachbrennens lassen sich also grundsätzlich Werkstätten nach ihren technologischen Eigenheiten unterscheiden. Dies bietet neue Möglichkeiten für archäologische Fragen. Aus den wenigen bisher untersuchten Serien ist aber eine generelle Unterscheidung früher und später Produkte nicht erkennbar.

Gebrauchseigenschaften

Für die Funktion der Keramikgefäße ist die Wasserdurchlässigkeit eine entscheidende Größe. Bei Scherben aus dem gleichen Rohstoff hängt sie zunächst von der Brenntemperatur ab (Abb. 10). Im Diagramm sind die innerhalb bestimmter Zeiten durch den Querschnitt einer Scherbe bei einem konstanten Wasserdruck (einer 10 cm hohen Wassersäule) durchgelassenen Wasservolumina aufgetragen. Die Durchmesser der zur Messung verwendeten runden, aus den Scherben geschnittenen Scheibchen sind konstant 2 cm, die unterschiedliche Scherbendicke wird daher durch den Bezug auf das Volumen berücksichtigt. Jeweils nach 24 Stunden wurde der Versuch unterbrochen. Bei den experimentellen Scherben, ohne spezielle Oberflächenbehandlung, wird das so verlorene Wasser bis etwa 20 Gewichtsprozent in den offenen Poren der Scherbe aufgesaugt. Mehr Wasser kann die Scherbe nicht aufnehmen und die äußere Oberfläche fühlt sich feucht an. Es kommt aber nicht zur Tropfenbildung.

Die Ergebnisse für einundzwanzig Scherben der Rheinzaberner Sigillata entsprechen etwa dem Experiment. Zwei Beispiele, bei dem die Messung sowohl mit als auch ohne Überzug durchgeführt wurden, sind in Abb. 11 und 12 gezeigt. Der Glanztonüberzug hat bei gut gebrannten Scherben (Abb. 11) nur eine kleine Wirkung. Zum Vergleich ist die gemessene Wasserdurchlässigkeit der Sigillata-Scherbe, vor und nach Abschleifen des Überzuges, der einer römischen Kochtopfware aus Syrien gegenübergestellt. Trotz des Überzuges erreicht die Rheinzaberner Sigillata nicht die Undurchlässigkeit der aus einem kalkarmen Ton und ohne spezielle Oberflächenbehandlung hergestellten Kochtopfscherbe. Dieses Ergebnis überraschte. Bei der sehr viel durchlässigeren Scherbe G274 mit dem aus der Reihe fallenden hohen Calcium-Gehalt ist die Wirkung des Überzuges deutlicher (Abb. 12). Zur längeren Aufbewahrung von Wein ist ein solches Gefäß nicht geeignet. Auf der andern Seite halten Becher mit diesen Eigenschaften durch die feuchte äußere Oberfläche den Wein kühl. Hier sollten weitere Versuche angestellt werden.

Technologische Untersuchungen zur Keramik von Rheinzabern

Zusammenfassung

Werkstätten können anhand der Zusammensetzung der keramischen Produkte charakterisiert und unterschieden werden, sofern nicht dieselben Rohstoffe verwendet wurden und, wie bei Sigillata, keine Magerung nach unterschiedlichen Rezepten zugesetzt wurde. In solchen Fällen bleiben, außer den nicht immer vorhandenen Namenstempeln oder stilistischen Merkmalen, nur technologische Unterschiede zur Charakterisierung.

Im Experiment konnte gezeigt werden, daß die unterschiedliche Entlüftung und Verdichtung einer keramischen Masse zu Scherben mit unterschiedlicher Rohdichte führt. Diese Unterschiede bleiben auch beim Nachbrennen erhalten, so daß sich Scherben aus gut verdichteten Massen am Erreichen der maximalen Dichte bei 1100° C erkennen lassen. Die untersuchten Produkte früher und später Rheinzaberner Sigillata-Werkstätten ergaben signifikante Unterschiede zwischen einigen Werkstätten, was neue archäologische Fragen möglich macht. Frühe und späte Produkte lassen sich auf der Basis der bisherigen Untersuchungen technologisch und in der Zusammensetzung nicht unterscheiden, wenn man von einer gewissen Tendenz der Calcium-Gehalte absieht, die in der frühen Phase der Rheinzaberner Sigillata-Produktion etwa um 7,6 % CaO liegen. Sowohl bei der orangerot überzogenen Ware des 1. Jhs. als auch bei der späten Kerbschnittware wurden auch kalkarme Massen verwendet.

Die Qualität der Keramik wird bestimmt durch die keramischen Eigenschaften, die sich aus einer optimalen Präparation der Masse und einem im optimalen Temperaturbereich stattfindenden Brand ergibt. Dies führt auch zu einer optimal dichten Keramik mit der geringsten Wasserdurchlässigkeit. Die untersuchten Scherben Rheinzaberner Sigillata sind meist zwischen 900 und 1000° C und damit unterhalb der optimalen Temperatur gebrannt. Allerdings nimmt bei höheren Temperaturen die Rheinzaberner Sigillata eine dunkelrote Farbe an, die wahrscheinlich nicht erwünscht war. Die Wasserundurchlässigkeit erreicht damit nicht die möglichen Werte. Von Ausnahmen abgesehen, verbessert der Glanztonüberzug die Undurchlässigkeit nicht sehr wesentlich. Nach einer kurzen Zeitspanne von einer bis drei Stunden werden die äußeren Oberflächen der Scherben feucht, es kommt allerdings innnerhalb 24 Stunden nicht zur Bildung von Tropfen.

Neben chemischen Analysen und mikroskopischen Dünnschliff-Untersuchungen können zu den Zusammenhängen von Rohstoff, Technologie und Qualität der Produkte Untersuchungen der keramischen Eigenschaften und der Funktionseigenschaften wichtige Erkenntnisse liefern. Dies bietet für die Bearbeitung archäologischer Gebrauchskeramik, vom Kochtopf bis zum Tafelgeschirr aus Terra Sigillata, neue Gesichtspunkte.

Literatur

H. Bernhard, Die spätantike Höhensiedlung „Großer Berg" bei Kindsbach, Kr. Kaiserslautern - Ein Vorbericht zu den Grabungen 1985–1987, Mitt. Hist. Ver. Pfalz 85, 1987, 37–77.

M. Daszkiewicz/G. Schneider/J. Raabe, Cypriot Sigillata and Cypriot Red Slip Wares - a comparison of technological and chemical analysis and of thin section studies, in: B. Fabbri (Hrsg.) Fourth Euro Ceramics, The Cultural Ceramic Heritage 14, 1995, 151–171.

M. Daszkiewicz/G. Schneider, Klassifizierung von Keramik durch Nachbrennen von Scherben, Zeitschrift für Schweizerische Archäologie und Kunstgeschichte, im Druck.

J. Dolata, Römische Ziegelstempel aus Mainz und dem nördlichen Obergermanien - Archäologische und archäometrische Untersuchungen zu chronologischem und baugeschichtlichem Quellenmaterial (Diss. Frankfurt am Main 2000).

K. German, Geologische Untersuchungen an Rohstoffen antiker Keramik am Beispiel der Tonlagerstätte Jockgrim/Rheinzabern, Informationsblätter zu Nachbarwissenschaften der Ur- und Frühgeschichte 7, Geologie 6,1–9 (Schleswig 1976).

M. Gimber, Das Atelier des IANVS in Rheinzabern (Diss. Freiburg 1993).

M. Gschwind, Das römische Auxiliarkastell Abusina/Einsing an der Oberen Donau - Seine Entwicklung vom Ausbau der Grenzbefestigung des römischen Raetien im 1. Jh. n. Chr. bis zur Zerstörung der Befestigungsanlagen im 5. Jh. n. Chr. (Diss. München 1999).

R. Heimann/U. Franklin, Archaeo-thermometry: The assessment of firing temperatures of ancient ceramics, Journal of the International Institute of Conservation - Canadian Group 4, 1980, 23–45.

R. Heimann, Porosimetric investigation of Roman Terra Sigillata molds from Rheinzabern, Germany, in; J.Olin/A. D. Franklin (Hrsg.) Archaeological Ceramics, (Washington 1982) 209–217.

INW, Inf. Bl. Nachbarwiss. Ur- u. Frühgesch 7. (Schleswig 1976).

H. Juranek/B. Hoffmann, Rekonstruktion der Herstellungstechnik reliefverzierter Terra Sigillata, in: Experimentelle Archäologie in Deutschland 2, Arch. Mitt. Nordwestdeutschland, Beih. 6, 1991, 271–284.

H. Juranek/B. Hoffmann, Versuche zur Rekonstruktion von Terra Sigillata. Arch. Deutschland 1, 1993, 32–35.

F. Reutti, Neue archäologische Forschungen im römischen Rheinzabern (Rheinzabern 1984).

G. Schneider, Anwendung quantitativer Materialana-
lysen auf Herkunftsbestimmungen antiker Keramik,
Berliner Beitr. Archäometrie 3, 1978, 63–122.

R. Schulz/W. Schellenberger, Museumskatalog Terra-
Sigillata in Rheinzabern, Verein Terra-Sigillata-Museum Rheinzabern (1996).

Technologische Untersuchungen zur Keramik von Rheinzabern

Nr.	SiO_2	TiO_2	Al_2O_3	Fe_2O_3	MnO	MgO	CaO	Na_2O	K_2O	P_2O_5	V	Cr	Ni	(Cu)	Zn	Rb	Sr	Y	Zr	(Nb)	Ba	(La)	(Ce)	(Pb)	(Th)	GV	Summe
FRÜHE SIGILLATA:																											
1. Serie: Janus-Produktion																											
G255	61.12	0.740	18.87	5.36	0.048	2.37	7.47	0.71	2.98	0.30	145	138	62	24	121	168	224	30	125	17	447	30	84	24	26	0.80	100.11
G256	61.76	0.748	19.22	5.37	0.046	2.37	6.63	0.65	3.05	0.12	141	137	65	27	124	173	211	30	126	18	452	37	80	19	26	0.68	100.62
G257	61.09	0.744	18.90	5.62	0.048	2.47	6.96	0.64	3.05	0.44	143	138	65	30	128	169	216	30	128	19	499	32	65	22	27	1.05	100.49
G258	61.90	0.761	19.61	5.84	0.045	2.57	4.95	0.73	3.38	0.17	125	138	68	30	122	178	177	34	129	19	541	38	77	22	26	0.86	100.60
G259	61.28	0.745	18.82	5.61	0.050	2.50	7.12	0.68	3.04	0.12	141	138	66	29	120	170	211	29	125	19	474	34	62	15	25	0.93	99.72
G260	61.70	0.732	17.75	5.37	0.061	2.72	7.76	0.77	2.96	0.14	127	134	63	28	125	160	223	29	134	16	437	33	76	20	29	0.56	99.05
G261	61.34	0.739	18.64	5.56	0.055	2.49	7.23	0.74	3.01	0.16	124	141	63	28	121	170	206	29	127	17	469	34	79	18	27	1.01	100.29
G262	61.35	0.735	18.28	5.31	0.056	2.63	7.77	0.71	3.00	0.11	128	137	62	26	119	161	237	28	136	18	425	34	63	17	27	0.50	100.32
G263	62.10	0.753	19.34	5.42	0.042	2.42	6.05	0.59	3.11	0.14	145	143	67	27	124	174	201	29	124	17	468	30	81	21	29	0.63	100.76
2. Serie: Janus-Produktion (Diss. Gimber 1993)																											
G264	62.91	0.742	18.47	5.34	0.044	2.45	6.04	0.66	3.18	0.12	146	141	65	13	118	168	187	30	142	17	464	36	77	18	26	0.13	101.08
G265	62.91	0.741	18.45	5.40	0.045	2.45	5.99	0.70	3.16	0.12	146	132	65	20	116	167	187	29	140	17	454	40	74	50	26	0.40	100.78
G266	62.86	0.742	18.47	5.35	0.046	2.47	6.03	0.70	3.18	0.11	150	140	65	20	117	169	186	30	144	19	447	28	71	19	29	0.19	99.48
G267	62.93	0.740	18.36	5.31	0.044	2.48	6.10	0.70	3.17	0.11	147	141	66	28	118	171	187	30	144	18	449	36	77	20	28	0.14	100.79
G268	62.88	0.744	18.60	5.34	0.045	2.46	5.89	0.68	3.22	0.11	152	140	66	30	122	173	184	29	140	18	440	37	71	21	32	0.63	100.66
3. Serie: Janus-Produktion																											
G269	62.59	0.750	19.28	5.53	0.047	2.39	5.41	0.63	3.20	0.13	137	135	67	30	129	178	180	30	126	19	459	29	72	22	29	0.82	100.22
G270	61.23	0.728	18.24	5.39	0.051	2.46	8.00	0.73	2.99	0.14	115	134	64	29	120	165	228	30	134	18	424	36	72	17	27	1.30	100.25
G271	60.30	0.701	17.28	5.20	0.057	2.52	10.19	0.74	2.82	0.16	95	120	58	26	110	152	246	28	132	17	461	29	69	23	29	3.58	100.29
G272	61.35	0.713	17.22	5.23	0.057	2.75	8.78	0.81	2.90	0.15	133	126	59	28	115	153	236	28	142	18	413	25	75	19	31	1.15	99.99
G273	60.61	0.713	17.64	5.29	0.053	2.46	9.43	0.63	2.97	0.17	94	120	60	25	114	160	238	29	127	17	463	32	69	23	32	3.89	99.79
G274	56.81	0.684	16.62	5.12	0.070	2.89	14.08	0.71	2.83	0.15	125	123	54	25	103	144	353	28	133	17	424	31	57	17	28	2.15	99.88
G275	61.48	0.740	18.68	5.42	0.044	2.47	7.23	0.74	3.03	0.12	137	138	64	23	122	172	211	30	126	19	432	25	71	16	32	1.29	100.32
G276	60.41	0.712	17.67	5.25	0.053	2.53	9.56	0.60	3.01	0.16	99	124	58	22	110	155	233	29	129	18	452	30	61	16	26	3.87	99.91
G277	61.03	0.685	16.00	5.21	0.074	2.86	10.39	0.86	2.70	0.13	102	116	55	24	107	136	256	29	147	16	383	36	64	14	28	2.40	100.29
G278	61.06	0.741	18.49	5.53	0.051	2.60	7.67	0.74	2.98	0.11	132	140	64	32	121	166	239	29	134	19	440	36	77	20	29	0.46	100.65
SPÄTE SIGILLATA																											
4. Serie: Victor II-Januco Gruppe																											
G279	61.94	0.753	19.54	5.45	0.039	2.51	5.92	0.64	3.06	0.11	152	142	65	30	120	177	191	29	119	18	469	32	72	25	30	0.65	100.65
G280	62.82	0.763	20.04	5.39	0.035	2.52	4.31	0.60	3.37	0.11	152	139	65	31	129	185	160	27	122	21	460	35	66	22	28	0.93	99.24
G281	61.97	0.753	19.52	5.46	0.038	2.51	5.90	0.65	3.05	0.11	150	137	66	32	122	173	188	29	119	19	467	29	73	65	31	0.77	100.35
G282	63.39	0.745	18.06	5.84	0.056	2.36	5.52	0.76	3.05	0.18	124	130	64	31	117	159	189	32	149	18	459	33	69	20	30	0.84	100.94
G283	62.72	0.762	19.84	5.61	0.038	2.55	4.46	0.62	3.27	0.10	155	144	70	33	127	182	175	28	123	19	464	36	85	28	33	1.10	100.79
G284	62.71	0.764	19.94	5.60	0.039	2.57	4.35	0.62	3.26	0.10	155	147	72	33	127	180	174	28	125	18	475	27	87	26	32	1.07	100.59
G285	62.28	0.755	19.40	5.46	0.042	2.47	5.64	0.68	3.14	0.10	148	142	64	28	125	176	188	29	127	19	458	30	75	22	27	0.83	100.35
G286	62.80	0.771	20.07	5.44	0.034	2.51	4.18	0.64	3.40	0.11	159	147	67	29	132	188	162	29	122	19	476	36	70	20	23	0.61	100.36
G287	61.54	0.736	18.66	5.50	0.049	2.47	7.07	0.70	3.12	0.12	139	135	62	24	121	169	208	28	125	18	435	25	78	18	24	0.62	99.75
G288	62.58	0.748	18.54	5.93	0.057	2.31	5.62	0.70	3.18	0.30	112	133	62	24	116	165	191	31	134	17	514	42	86	16	28	1.01	100.10
G289	61.75	0.753	19.43	5.44	0.039	2.57	6.18	0.66	3.02	0.12	154	143	66	29	121	174	191	28	119	19	468	29	74	19	24	0.92	100.22
5. Serie: Julius II- Julianus																											
G290	61.04	0.734	18.15	5.76	0.100	2.39	7.95	0.64	3.03	0.17	103	130	62	23	118	157	206	30	132	19	532	26	83	18	23	3.58	99.55
G291	61.67	0.742	18.70	5.73	0.066	2.44	6.73	0.75	3.01	0.12	135	133	64	26	120	167	200	30	129	17	476	41	65	19	27	1.04	98.41
G292	60.30	0.721	17.70	5.58	0.072	2.44	9.29	0.69	3.00	0.17	103	126	60	22	112	158	219	29	130	17	486	27	71	19	23	3.57	99.21
G294	61.24	0.733	18.13	5.51	0.060	2.42	8.01	0.75	3.00	0.12	124	133	60	24	119	162	207	30	136	17	461	41	77	39	27	2.07	99.77
G295	58.81	0.711	17.79	5.54	0.059	2.49	10.65	0.75	3.01	0.14	100	129	57	24	109	160	248	29	122	18	453	35	75	19	27	3.11	99.51
G298	60.55	0.717	17.66	5.53	0.056	2.39	9.23	0.73	2.97	0.14	109	123	57	24	111	157	218	30	130	17	454	38	79	78	26	3.11	99.27
G299	61.40	0.738	18.23	5.75	0.072	2.37	7.46	0.67	3.11	0.17	102	126	61	25	114	164	202	29	134	18	519	27	72	80	27	1.28	99.83
Respektinus																											
G293	61.08	0.731	18.26	5.63	0.066	2.52	7.68	0.72	3.06	0.21	125	137	63	27	122	164	213	30	131	18	515	37	72	23	26	2.04	99.76
G299	61.54	0.735	18.12	5.76	0.071	2.32	7.52	0.62	3.12	0.16	107	127	53	36	111	169	205	30	131	13	516	38	68	105	10	3.27	99.80
Helenius																											
G296	64.13	0.775	19.70	5.68	0.042	2.29	3.18	0.53	3.30	0.32	139	144	71	28	127	178	149	31	126	18	495	37	82	19	27	3.11	99.88
G297	63.80	0.766	19.56	5.60	0.048	2.28	4.06	0.56	3.18	0.11	146	143	73	27	127	177	158	28	128	19	450	35	79	22	26	1.28	99.90
ORANGEROT ÜBERZOGENE WARE																											
G300	63.49	0.767	19.60	5.80	0.046	2.50	3.26	0.79	3.56	0.16	146	142	71	45	127	182	148	32	123	17	523	38	80	23	35	0.95	99.92
G301	65.21	0.793	19.80	5.65	0.037	2.33	1.84	0.73	3.42	0.15	135	145	77	45	131	186	131	29	130	18	565	35	74	24	34	1.21	98.39
G302	64.01	0.736	18.68	5.20	0.041	2.23	4.91	0.55	3.33	0.29	127	134	66	37	113	167	205	33	116	15	557	42	75	21	33	1.72	99.83
G303	63.28	0.712	18.31	4.95	0.040	2.21	6.47	0.59	3.18	0.21	132	130	64	48	120	163	212	31	116	14	469	30	55	20	33	3.14	99.80
G304	65.26	0.715	18.47	5.03	0.039	2.03	4.53	0.56	3.13	0.21	144	126	67	44	127	174	204	30	116	17	520	35	77	18	33	3.32	99.96
G305	64.46	0.710	18.14	4.98	0.041	2.33	5.36	0.57	3.17	0.19	132	119	65	38	120	162	218	33	117	17	594	35	90	19	34	2.18	100.43
G306	63.10	0.698	18.04	4.86	0.042	2.30	7.08	0.59	3.06	0.19	134	128	63	36	128	161	205	32	113	15	566	34	77	17	29	4.64	100.16
G307	62.01	0.691	17.59	4.84	0.038	2.42	7.84	0.74	3.60	0.18	123	127	60	38	115	155	220	30	113	16	518	36	73	18	29	3.12	100.31
G308	63.67	0.713	18.26	4.97	0.036	2.27	6.04	0.59	3.19	0.22	122	131	65	36	114	164	208	31	115	17	524	38	78	20	32	2.28	99.59
G309	64.94	0.743	18.64	5.60	0.049	2.38	3.32	0.77	3.38	0.14	135	139	71	36	124	172	150	31	130	16	516	35	74	20	33	0.95	100.40
G310	64.77	0.759	19.54	5.42	0.042	2.42	2.60	0.76	3.54	0.11	151	142	75	36	129	184	131	32	123	17	506	38	82	22	35	-0.26	99.78
G311	64.67	0.751	18.75	5.62	0.048	2.41	3.36	0.81	3.38	0.16	144	134	68	40	126	174	155	31	134	18	528	32	66	21	33	0.82	99.73
G312	64.79	0.747	18.67	5.60	0.047	2.41	3.38	0.80	3.37	0.16	146	138	69	37	126	172	156	31	131	18	533	33	76	19	31	0.80	99.83
G313	62.91	0.786	19.50	6.11	0.052	2.58	3.49	0.84	3.51	0.20	138	138	74	40	128	182	162	30	130	18	560	30	78	25	34	0.93	99.49
G314	65.36	0.781	19.79	5.45	0.039	2.35	1.94	0.71	3.42	0.11	149	142	75	46	132	184	126	31	129	18	495	36	80	21	35	0.94	100.04
G317	63.13	0.775	18.74	5.58	0.048	2.66	4.79	0.67	3.22	0.36	129	136	70	39	120	171	197	30	130	17	499	37	79	25	33	1.39	98.33
KERBSCHNITT-SIGILLATA																											
456	67.71	0.783	19.52	4.78	0.02	2.23	0.98	0.64	3.26	0.09	132	155	70	82	111	190	120	38	148	16	457	54	115	31	18	0.87	100.18
457	62.11	0.793	20.32	4.65	0.03	2.42	5.30	0.60	3.64	0.13	137	153	60	218	116	209	226	33	116	17	577	34	78	28	16	1.00	100.03
458	65.31	0.815	20.69	5.25	0.02	2.46	1.25	0.64	3.46	0.10	146	164	81	63	129	205	137	40	131	19	549	33	78	35	18	1.09	100.33
459	64.87	0.850	20.24	4.82	0.02	2.38	2.26	0.61	3.84	0.11	136	165	70	66	128	209	145	35	131	11	546	34	78	40	18	1.00	100.27
Tonprobe																											
429	64.87	0.731	16.60	5.43	0.05	2.34	6.56	0.59	2.74	0.09	138	133	64	77	93	181	198	33	172	13	413	48	76	29	14	9.35	100.21

Malgorzata Daszkiewicz, Gerwulf Schneider und Ewa Bobryk

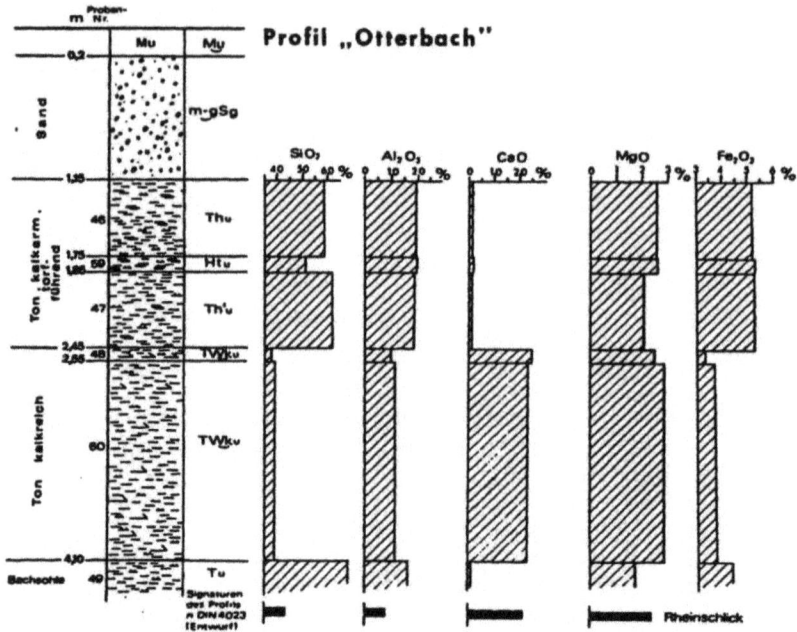

Abb. 1. Zusammensetzung der Tonlagerstätte am Otterbach (nach German 1976)

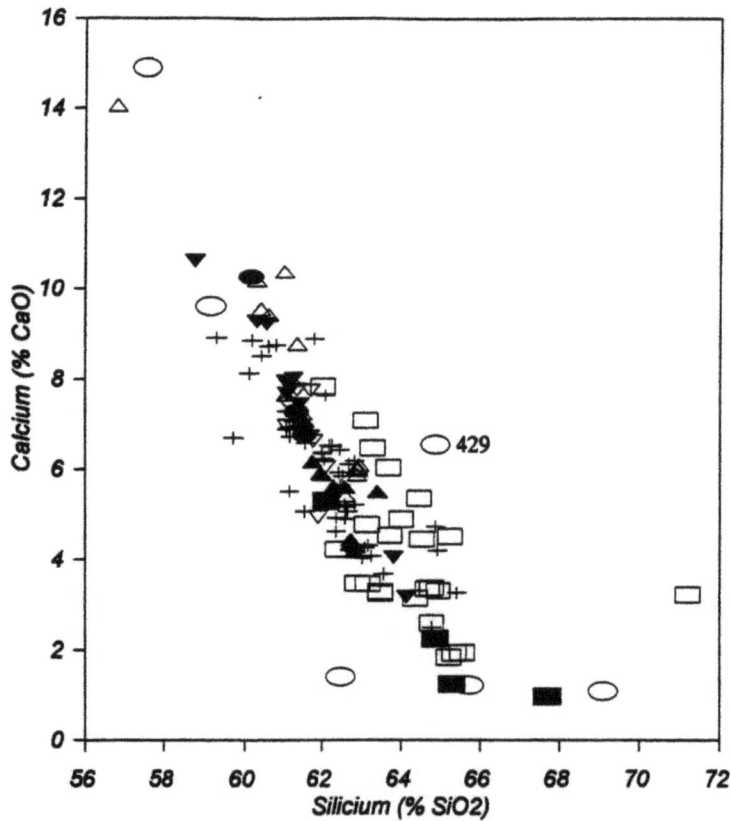

Abb. 2. Variationsdiagramm der Calcium- und Silicium-Gehalte der Rheinzaberner Keramik und Tone.

66

Technologische Untersuchungen zur Keramik von Rheinzabern

Abb. 3. Nachbrennserien der Proben G273–G281.

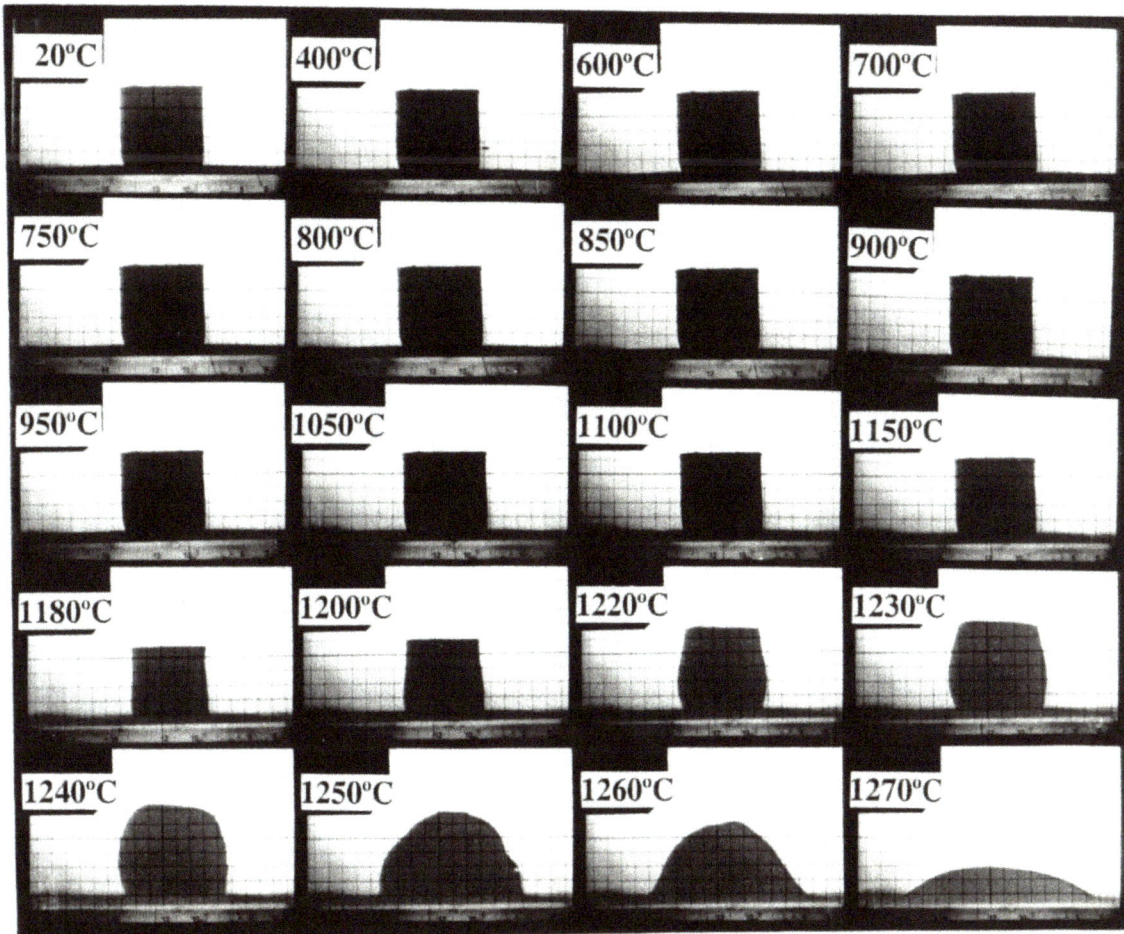

Abb. 4. Veränderung des Tons 429 mit der Temperatur (im Heiztisch-Mikroskop):
Beginn der Sinterung: 800° C. Ende der Sinterung: 1100° C. Erweichungstemperatur: 1150° C.
Schmelztemperatur: 1260° C. Fließtemperatur: 1270° C.

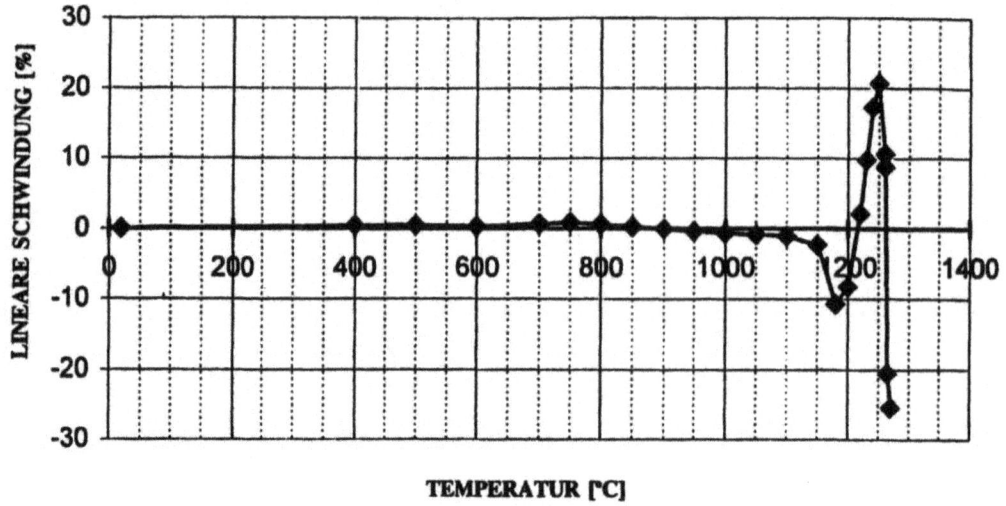

Abb. 5. Durch planimetrische Auswertung der Heiztischmikroskop-
Aufnahmen erhaltene Schwindungskurve.

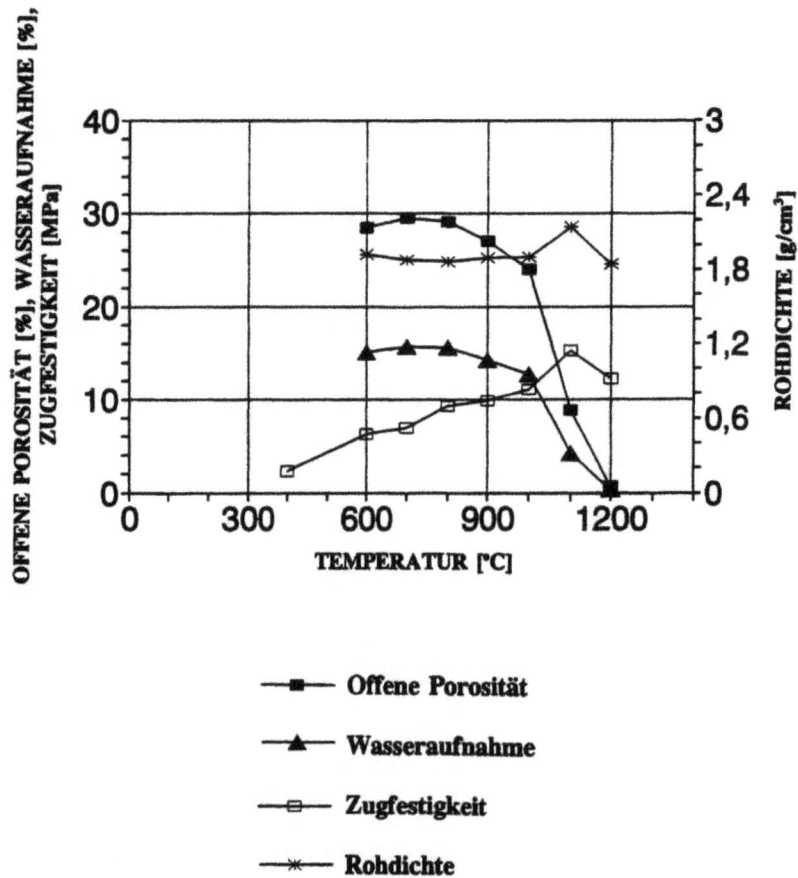

—■— Offene Porosität

—▲— Wasseraufnahme

—□— Zugfestigkeit

—✳— Rohdichte

Abb. 6. Änderung der keramischen Eigenschaften und der Zugfestigkeit
experimenteller Scherben aus Ton 429 mit der Brenntemperatur.

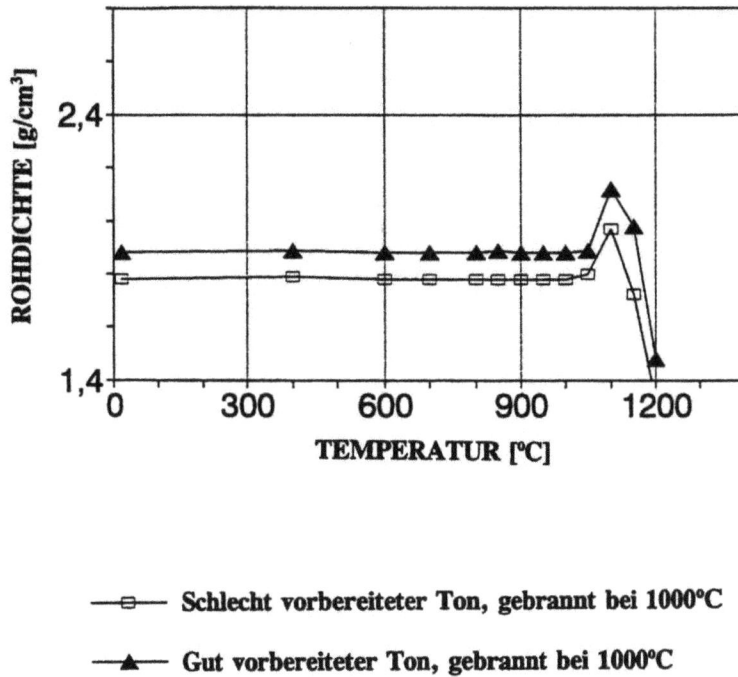

Abb. 7. Veränderung der Rohdichte verschieden aufbereiteter
experimenteller Scherben beim Nachbrennen.

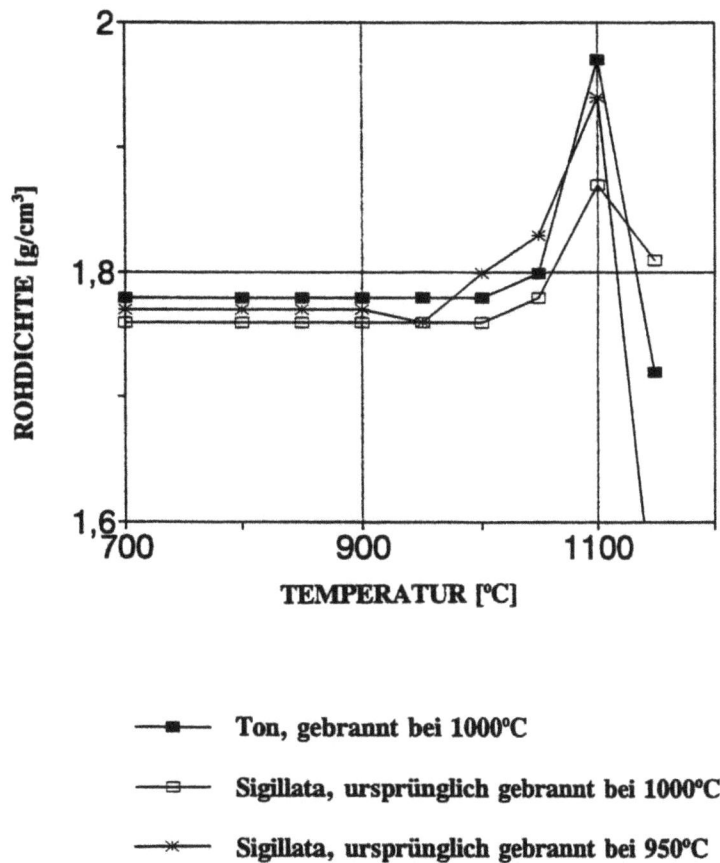

Abb. 8. Veränderung der Rohdichte beim Nachbrennen:
Vergleich von Experiment und Sigillata.

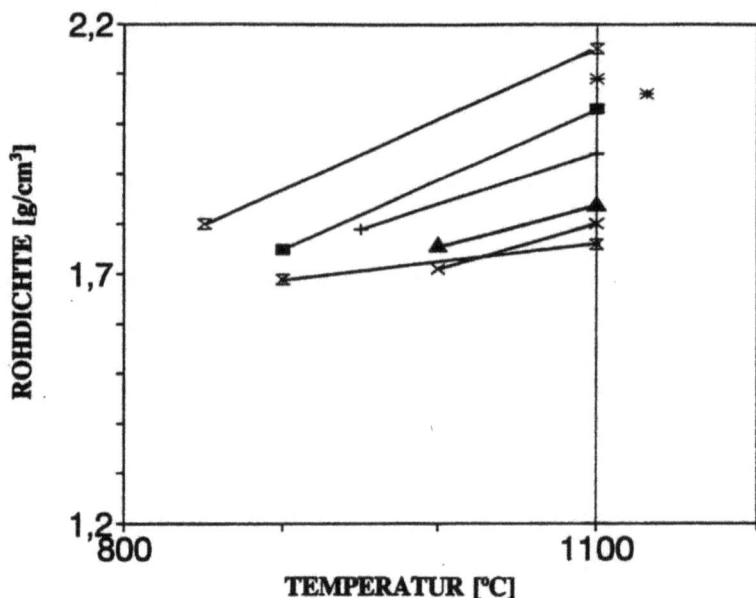

		URSPRÜNGLICHE BRENNTEMPERATUR
■	Tonprobe, 900°C	900°C
✳	Tonprobe, 1100°C	1100°C
▲	TS-Serie 1, Janus-Komplex (Mittelwert, n=9)	ca 1000°C
✳	TS-Serie 2, Janus-Komplex (Mittelwert, n=5)	ca 1130°C
×	TS-Serie 3, Janus-Komplex (Mittelwert, n=10)	ca 1000°C
+	TS-Serie 4, Victor II-Januco (Mittelwert, n=11)	ca 950°C
⊠	TS-Serie 5, Julius II-Julianus I (Mittelwert, n=8)	ca 900°C
⊠	TS-Serie 5a, Helenius (Mittelwert, n=2)	ca 850°C

Abb. 9. Veränderung der Rohdichte experimenteller Scherben und Rheinzaberner Sigillata aus verschiedenen Werkstätten beim Nachbrennen.

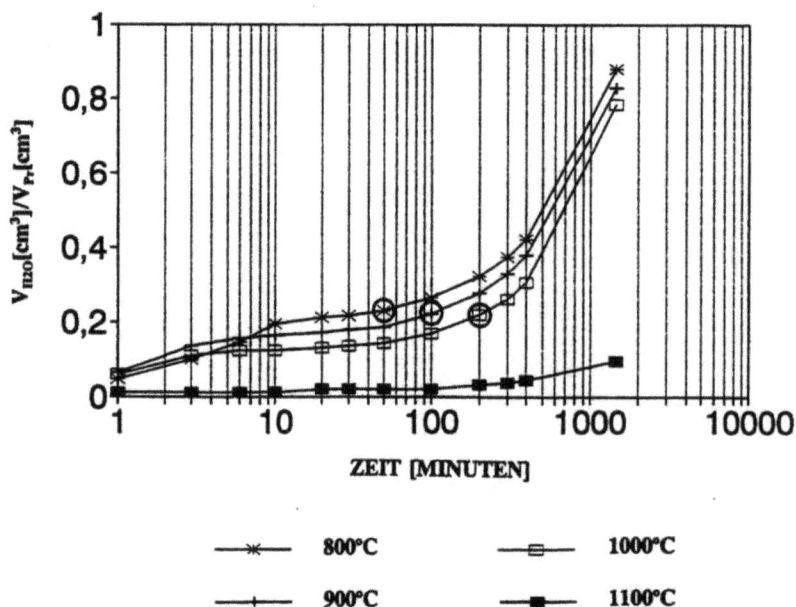

Abb. 10. Wasserdurchlässigkeiten von unterschiedlich gebrannten experimentellen Scherben aus Ton 429. Der Punkt, an dem jeweils die äußere Oberfläche feucht wird, ist fett markiert.

Sigillata mit 7,5% CaO

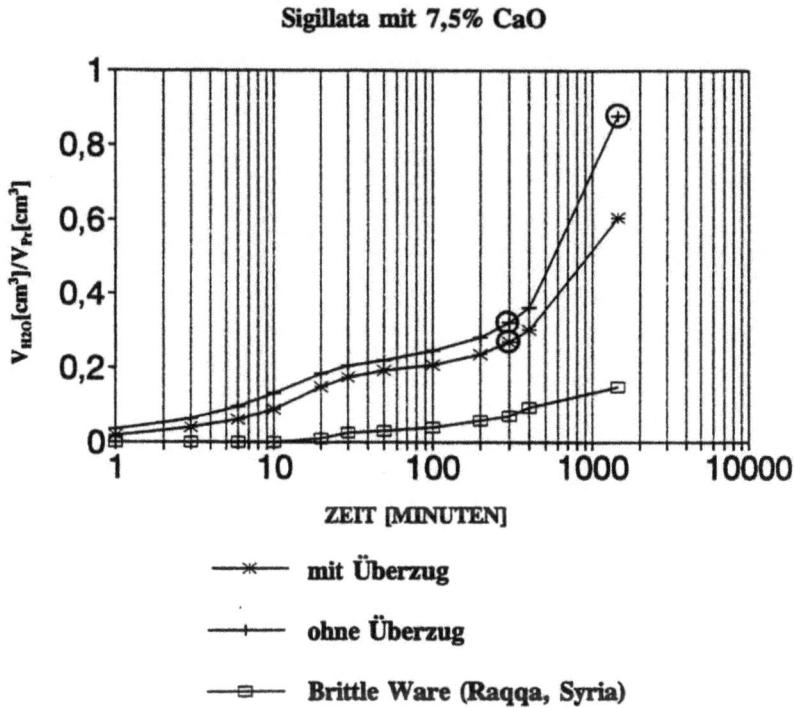

Abb. 11. Wasserduchlässigkeit einer Rheinzaberner Sigillata-Scherbe mit und ohne Überzug (zum Vergleich ist die Kurve einer syrischen Kochtopfware eingezeichnet). Am ersten markierten Punkt wird die äußere Oberfläche feucht, am zweiten markierten Punkt naß.

Sigillata mit 14% CaO

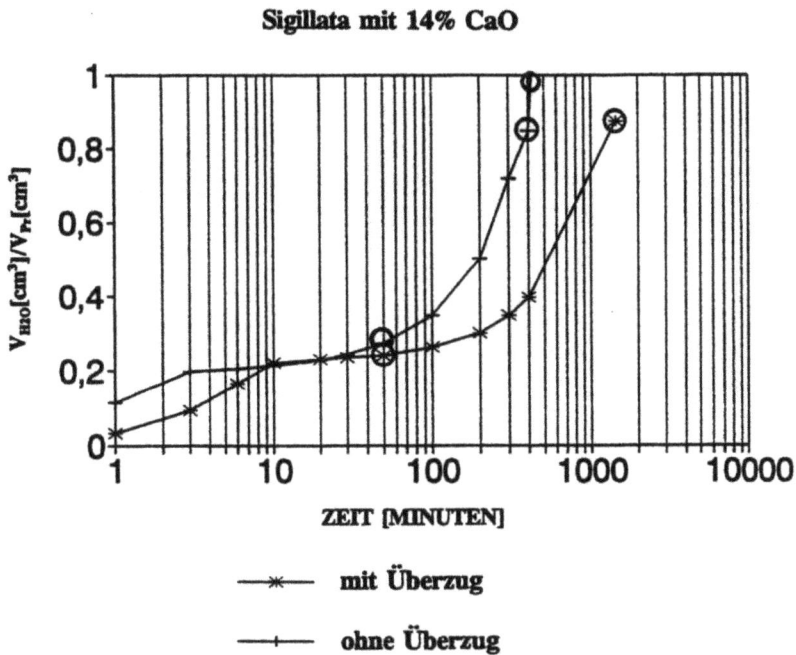

Abb. 12. Wasserduchlässigkeit einer extrem kalkreichen Rheinzaberner Sigillata-Scherbe mit und ohne Überzug. Am ersten markierten Punkt wird die äußere Oberfläche feucht, am zweiten markierten Punkt naß. Am Endpunkt der Kurve für die Scherbe ohne Überzug bilden sich Tropfen auf der äußeren Oberfläche.

Susanne Biegert und Dörte Walter

NATURWISSENSCHAFTLICHE UNTERSUCHUNGEN ZU GERMANISCHER UND RÖMISCHER KERAMIK AUS DEM MITTLEREN LAHNTAL, DEM RHEIN-MAIN-GEBIET UND DER WETTERAU

Im Rahmen des DFG-Schwerpunktprogrammes „Kelten, Germanen, Römer im Mittelgebirgsraum zwischen Luxemburg und Thüringen. Archäologische und naturwissenschaftliche Forschungen zum Kulturwandel unter der Einwirkung Roms in den Jahrhunderten um Christi Geburt" werden als Teilprojekt „Germanen-Limes" Untersuchungen zur kaiserzeitlichen Besiedlung des mittleren Lahntales durchgeführt (Abb. 1). Dabei steht die Frage nach den Beziehungen zwischen den germanischen Siedlern außerhalb und den Bewohnern innerhalb des Limes im Vordergrund (Schnurbein 1996, 4 ff.). Aus diesem Grund wird parallel zu den Forschungen im Lahntal auch die germanische Keramik aus den römischen Siedlungen im Hinterland des Taunuslimes betrachtet, um so eventuell bestehende Beziehungen über den Limes hinweg auch von der anderen Seite zu beleuchten.

Das Vorkommen germanischer Keramik inner- und außerhalb des Limes hatte die Forschung schon sehr früh veranlaßt, Verbindungen zu sehen. Man betrachtete die Keramik als Hinterlassenschaft beiderseits des Limes angesiedelter exploratores in römischen Diensten, oder sah die Funde innerhalb des Limes als Handelsgut aus den Gebieten außerhalb des Limes an (Kiechle 1962; Wolters 1991). Nach den neuen Ausgrabungen im Lahntal im Rahmen des DFG-Projektes sowie einer parallel durchgeführten archäologischen Aufarbeitung der germanischen Keramik aus Siedlungen innerhalb des Limes ergab jedoch ein etwas anderes Bild:

Die Siedler im Lahntal lassen römischen Einfluß nur in recht geringem Maße erkennen (Wigg/Walter/Biegert i. Dr.). Auf der anderen Seite deutet die germanische Keramik innerhalb des Limes darauf hin, daß an jedem Fundort jeweils relativ geschlossene Siedlergruppen gewohnt haben. Diese scheinen gewissermaßen in der Exklave gelebt und sich jeweils relativ schnell in die römische Kultur eingefunden zu haben (Walter 1998). Diesen Befund galt es, auch mit naturwissenschaftlichen Methoden zu überprüfen.

Der früheste römische Fundort mit germanischer Keramik stammt noch aus der Vorlimeszeit (Abb. 1). Der augusteische Stützpunkt in Lahnau-Waldgirmes aus den Jahren der Varusoffensive hat mit ca. 20% des keramischen Fundmaterials einen besonders hohen Anteil an germanischer Keramik geliefert (Schnurbein/Wigg/Wigg 1995, 356 ff.; Becker/Rasbach 1998,

682). Gleichzeitige einheimische Siedlungen sind aus der näheren Umgebung bis jetzt nicht bekannt.

Ähnlich stellt sich das Bild südlich des Taunus dar. Aus den Jahren vor der römischen Besetzung gibt es wenige Hinweise auf einheimische Siedlungen. Das Gros der bekannten germanischen Keramik dieser Zeit stammt aus dem Erdlager von Hofheim, wenige Funde wurden in der sogenannten Wiesbadener Moorschicht geborgen (Ritterling 1905; Nuber 1979/80) Seit der flavischen Zeit kommt germanische Keramik im Rhein-Main-Gebiet nur noch in römischen Siedlungen vor. Im vicus des Steinkastells von Hofheim sowie in Frankfurt-Heddernheim ist sie gleich zu Beginn der jeweiligen Siedlungen nachweisbar und läuft spätestens zur Mitte des 2. Jahrhunderts aus (Uslar 1979/80; Schoppa 1961). Im vicus des Zugmantels sowie in Butzbach-Degerfeld taucht sie erst im späten 2. bis 3. Jahrhundert auf (Uslar 1934; Simon 1968, 60 ff.).

Die germanische Keramik in den hier behandelten römischen Anlagen deckt damit insgesamt einen Zeitraum vom 1. bis in das frühe 3. Jahrhundert ab, ist aber an keinem Ort selbst länger als ca. 80 Jahre nachweisbar (Walter 1998). Für die Interpretation der Keramik ist es wichtig zu klären, ob diese als Importmaterial, z. B. als Verpackung für bestimmte Nahrungsmittel, in die römischen Siedlungen gelangte, oder - wie die archäologische Bearbeitung vermuten ließ - am Ort produziert wurde und damit als Hinweis für am Ort ansässige Germanen gewertet werden kann. Direkte archäologische Hinweise für eine Produktion vor Ort, wie etwa Fehlbrände oder Keramikproduktionsstätten, liegen nicht vor.

Die durchgehend freigeformte Keramik ist recht grob gearbeitet. Die im Ton enthaltenen nichtplastischen Elemente, besonders Sandkörner und einzelne Steinchen von bis zu 0,5 cm Größe, sind schon mit bloßem Auge gut erkennbar. Daher hatten wir hohe Erwartungen, durch mineralogische Untersuchungen an Dünnschliffen Hinweise auf den Produktionsort bekommen zu können.

In einer ersten Serie wurden von 42 germanischen Keramikfragmenten aus sieben römischen Fundorten Dünnschliffe hergestellt und untersucht. Zum Vergleich wurden außerdem 16 Proben aus den germanischen Siedlungen bei Wetzlar-Naunheim und Wettenberg im mittleren Lahntal genommen. Beide Siedlungen wurden im Rahmen des DFG-Projektes ergraben und haben nach dem bisherigen Bearbeitungsstand vom späten 1. bis in das 3. Jahrhundert bestanden.

Bei der Auswahl der Proben aller Fundorte wurde neben den typischen Stücken immer auch eine Scherbe mit besonders starker und grober Magerung ausgewählt, um eine Identifizierung der Magerungskörner zu erleichtern. Die Auswertung der Dünnschliffe wurde von Dipl. Mineraloge Peter Scholz an der Universität Würzburg durchgeführt.

Als erstes Ergebnis kann festgehalten werden, daß die Dünnschliffe aller Proben erkennen lassen, daß sich die Scherben durch eine geringe Tonaufbereitung auszeichnen, vermutlich wurde naturbelassener Ton verwendet. Ein Unterschied zwischen den Funden inner- und außerhalb des Limes ist in töpfereitechnischen Hinsicht also nicht festzustellen. Aufgrund der im Ton enthaltenen Gesteinsfragmente konnte P. Scholz die Keramik aber dennoch in drei verschiedene Gruppen einteilen.

| Gruppe | I | | | II | III | nicht klassifiziert |
	a	b	c			
Naunheim	2	4	2			1
Wettenberg		4	2			1
Waldgirmes	3	1				1
Butzbach		4	1			
Hofheim I				7		
Hofheim II				6	1 ?	
Zugmantel		1			6	
Heddernheim		1			6	
Wiesbaden	1			2		1

Tabelle 1. Übersicht über die Warengruppen der germanischen Keramik anhand der mineralogischen Untersuchung.

Die Keramik der Gruppe I zeichnet sich durch das Auftreten von Tonschiefer, Plagioklas, Sandstein, und vereinzelt Phyllit aus. Die Gruppe wurde nach der Größe und Häufigkeit der enthaltenen nichtplastischen Elemente in die Untergruppen a bis c weiter unterteilt. Zur Keramik der Gruppe I gehören hauptsächlich die Keramikproben der beiden germanischen Siedlungen im Lahntal sowie die Keramik aus dem nicht weit entfernt liegenden, aber ca. 50 Jahre älteren Stützpunkt von Waldgirmes und die Proben aus Kastell und vicus von Butzbach-Degerfeld.

Die Keramik der Gruppe II zeichnet sich durch das Vorkommen von Kalkgeröllchen aus, die bis zu einer Korngröße von 5,3 mm auftreten. Tonschiefergeröllchen fehlen. Dieser Gruppe gehören alle Proben aus dem Hofheimer Erdkastell sowie fast alle Proben aus dem vicus des Hofheimer Steinkastells an.

Gruppe III zeichnet sich besonders durch das häufige Auftreten von Gesteinsfragmenten höheren Metamorphosegrades wie Phyllit und Quarzphyllit aus. Außerdem finden sich in der Tonmatrix häufiger eisenreiche Konkretionen. Wie in Gruppe I finden sich hier auch Tonschiefergeröllchen. Sandstein ist im Gegensatz zu Gruppe I relativ selten. Zu dieser Gruppe gehört die Keramik vom Zugmantel und aus Frankfurt-Heddernheim, eine Probe aus Hofheim II konnte nicht sicher in diese Gruppe klassifiziert werden.

Während sich die Keramik der meisten Fundorte relativ geschlossen einer Gruppe zuweisen läßt, macht die Keramik der Wiesbadener Moorschicht einen etwas disparaten Eindruck. Die vier Fragmente lassen keine wirkliche Gruppierung erkennen. Unter Umständen verhindert hier eine zu geringe Probenmenge das Erkennen einer eigenen Gruppe.

Die Tatsache, daß sich die Keramik verschiedenen Gruppen zuweisen läßt, deutet auf unterschiedliche Produktionsorte der Keramik hin. Betrachtet man die natürlichen Gegebenheiten der Fundorte und ihrer näheren Umgebung ergeben sich auch genauere Hinweise auf die Herkunft der Keramik der verschiedenen Gruppen. Am deutlichsten wird dies bei Gruppe II, die auch schon makroskopisch durch die deutliche Kalkmagerung auffiel. Dieser Gruppe gehören die Keramik von Hofheim und zwei Fragmente aus Wiesbaden an. Kalkvorkommen sind aus der Gegend von Hofheim bekannt. Westlich von Hofheim befinden sich die einzigen Rendzinen der näheren Umgebung, also flachgründige, direkt auf kalkhaltigem Ausgangsmaterial aufliegende Böden (Schwind 1984 Karte 2.4).

Die Keramik der Gruppen I und III enthalten beide Tonschiefergeröllchen. Tonschiefer ist typisch für das gesamte Rheinische Schiefergebirge. Zusätzlich tauchen in der Keramik der Gruppe III Gesteinsfragmente höheren Metamorphosegrades auf, wie sie charakteristisch sind für den südlichen Rand des Taunus und den Vortaunus (Müller 1984, 4 f.). Die Untersuchung der Dünnschliffe weist daher auf eine Produktion der untersuchten Keramik jeweils in der Nähe ihrer Fundorte. Die Keramik von Wiesbaden zeigt dagegen ein schwer interpretierbares Bild. Überraschend ist auch, daß die Keramik von Butzbach derjenigen des Lahntales so stark ähnelt.

Ergänzend zu den Dünnschliffuntersuchungen wurden am selben Scherbenmaterial chemische Keramikanalysen (in Zusammenarbeit mit G. Schneider, Arbeitsgruppe Archäometrie, FU Berlin) durchgeführt. Für die chemische Analyse werden kleine Fragmente der ausgewählten Scherben nach Abschleifen der Oberfläche und Ultraschallreinigung in destilliertem Wasser in einer Achatmühle aufgemahlen (mindestens 100 mg Pulver nötig); möglich ist auch eine Probengewinnung durch Anbohren von Objekten mit einem Wolframcarbid-Bohrer. Die Pulver werden eine Stunde bei 880–900°C geglüht, nach dem Abkühlen im Verhältnis 1:4 bzw. 1:19 mit einem Schmelzmittel (Merck Spektromelt A12 bzw. A10) gemischt, bei 1100°C in Platin/Gold-Tiegeln geschmolzen und in Platin/Gold-Kokillen (Dm. 32 bzw. 25 mm) ausgegossen (Schneider 1988).

Die Bestimmung der Elementkonzentration erfolgt mit einem wellenlängendispersiven Röntgenfluoreszenzspektrometer. Bestimmt werden 25 Elemente (10 Haupt- und 15 Spurenelemente). Zur Auswertung wurden folgende Elemente herangezogen:

Hauptelemente (Angaben in Oxydprozent): Silicium (SiO2), Titan (TiO2), Aluminium (Al2O3), Eisen (Fe2O3), Mangan (MnO), Magnesium (MgO), Calcium (CaO), Natrium (Na2O), Kalium (K2O).

Spurenelemente (Angaben in ppm): Vanadium (V), Chrom (Cr), Nickel (Ni), Kupfer (Cu), Zink (Zn), Rubidium (Rb), Strontium (Sr), Yttrium (Y), Zirconium (Zr), Niob (Nb), Barium (Ba), Cer (Ce), Blei (Pb) und Thorium (Th).

Die chemische Analyse bestätigt und ergänzt die Ergebnisse der mineralogischen Untersuchung. Auch hier lassen sich drei größere Gruppierungen erkennen, auch wenn sich die germanische Keramk der verschiedenen Fundorte durchaus deutlich voneinander abgrenzen läßt (Abb. 2–3; Tab. 2).

Gruppe I: Fundorte im Lahntal und Butzbach-Degerfeld

Typisch sind höhere Eisen-, Mangan- und Zirkonium-Werte. Für das Material aus dem römischen Töpferofen 1 aus Waldgirmes ergaben die Analysen eine homogene Gruppe (Referenzgruppe). Im Vergleich mit den Analysen germanischer Keramik vom selben Fundort ist bei den römischen Proben der Silicium-Anteil höher, was aber lediglich für eine etwas unterschiedliche Art der Tonaufbereitung spricht. In der Gesamttendenz sind beide Gruppen mehr oder weniger identisch. Im Töpferofen wurden Schrägrandtöpfe der Form Haltern 85 hergestellt. Auch ohne den Fund deformierter Gefäße lassen Lage und Zusammensetzung des Fundmaterials nur den Schluß zu, daß es sich um lokal produzierte Stücke handelt (Walter/Wigg 1997).

Gruppe II: Hofheim I und II

Typisch sind höhere Calcium- und niedrigere Zirkonium-Gehalte. Die chronologisch unterschiedlichen Gruppen lassen sich auch chemisch nachvollziehen, die nahe Verwandtschaft ist jedoch sehr deutlich. Da sich die Analysen des Hofheimer ebenso wie die des Wiesbadener Materials so eindeutig von allen übrigen Proben unterschieden, wurden sie zugunsten einer deutlicheren Differenzierung der Lahntal-, Butzbach-, Heddernheim- und Zugmantel-Analysen in Abbildung 3 nicht mit dargestellt.

Gruppe III: Frankfurt-Heddernheim und Zugmantel

Beide Gruppen liegen in ihrer Elementzusammensetzung in etwa zwischen den Gruppen I und II. Die Keramik aus der Wiesbadener Moorschicht kann chemisch keiner der drei Gruppen zugeordnet werden, eine Ansprache als eigenständige Gruppe erscheint aufgrund der geringen Probenzahl problematisch.

Die Klassifikation erfolgte per Diskriminanzanalyse (mit neun Haupt- und acht Spurenelementen) für neun Gruppen auf der Grundlage von insgesamt 58 Analysen (Abb. 2). Folgende Elemente wurden als Variable vorgegeben: SiO2, TiO2, Al2O3, Fe2O3, MnO, MgO, CaO, Na2O, K2O, V, Cr, Ni, Zn, Rb, Sr, Zr und Ba. Signifikant waren die Diskriminanzfunktionen 1 und 2. Alle untersuchten Keramikproben wiesen also mineralogisch und chemisch typische Charakteristika auf. Damit können mit Hilfe der Keramikanalysen eindeutige Antworten auf die Fragen nach der Herkunft der germanischen Keramik im Untersuchungsgebiet gegeben werden:

- Die germanische Keramik wurde jeweils an den Fundorten - auch innerhalb des Limes - lokal produziert.

- Die germanische Keramik wurde nicht aus dem Lahntal in das Limesgebiet exportiert und auch innerhalb des Limes nicht in großem Maßstab verhandelt.

Für die Interpretation der im Rahmen des DFG-Projektes untersuchten germanischen Siedlungen des Lahntals (Wetzlar-Naunheim, Wettenberg-Krofdorf-Gleiberg) spielt auch die Frage nach der Herkunft der römischen Keramik eine wichtige Rolle. In Naunheim machen die römischen Funde immerhin ca. 5% des Gesamtfundmaterials aus. Aus chronologischen Gründen - die römische Keramik datiert überwiegend in das späte 2. und beginnende 3. Jahrhundert n. Chr. - wären Handelskontakte über den Limes hinweg in die (römische) Wetterau naheliegend. Noch stehen wir mit den Analysen zu dieser Frage am Anfang, doch weisen bereits die ersten vier vorliegenden Analyseergebnisse in eine interessante Richtung (Abb. 4). Untersucht wurden bislang ein engobierter Becher (Probe J103) und drei Krüge (Proben J101, J102, J104) aus der Siedlung Wetzlar-Naunheim. Als Vergleichsmaterial können 430 Analysen römischer Keramik aus der Wetterau (Biegert 1999; Rupp 1988) herangezogen werden (sichere chemische Referenzgruppen in der Wetterau produzierter römischer Keramik).

Während der Becher aus Heddernheimer Produktion stammen könnte, scheinen die drei Krüge nicht zu den bekannten Referenzgruppen aus der Wetterau zu passen. Auch ein Vergleich mit Referenzgruppen aus Mainz, von wo inzwischen ebenfalls chemische Analysenserien vorliegen (Heising 1999), erbrachte kein positives Ergebnis. Bedenkt man außerdem, daß aus Naunheim auch Scherben von sog. „Jagdbechern" vorliegen, deren Produktion im Kölner Raum zu suchen ist (Binsfeld 1967/68), könnte bei den Handelskontakten der germanischen Siedler im Lahntal möglicherweise die Wetterau nicht die wesentliche Rolle gespielt haben. Denkbar wäre, daß die Handelswege eher vom Rheinland lahnaufwärts verliefen. Zur endgültigen Klärung muß man allerdings noch die Ergebnisse der nächsten Analysenserie abwarten.

LITERATUR

Becker/Rasbach 1998: A. Becker/G. Rasbach, Der späaugusteische Stützpunkt Lahnau-Waldgirmes. Vorbericht über die Ausgrabungen 1996–1997. Germania 76, 1998, 673–692.

Biegert 1999: S. Biegert, Römische Töpfereien in der Wetterau. Schr. Mus. Vor- u. Frühgesch. Frankfurt 15 (Frankfurt 1999).

Binsfeld 1967/68: W. Binsfeld, Kölner Jagdbecher. Kölner Jahrb. Vor- u. Frühgesch. 9, 1967/68, 76–78.

Heising 1999: A. Heising, Die römischen Töpfereien von Mogontiacum-Mainz (Diss. Univ. Freiburg i. Br. 1999).

Kiechle 1962: F. Kiechle, Das Gießener Gräberfeld und die Rolle der Regio Translimitana in der römischen Kaiserzeit. Historia 11, 1962, 171–191.

Müller 1984: K. Müller, Geographische Grundlagen Hessens. In : Schwind 1984.

Nuber 1979/89: H. U. Nuber, Ein stratigraphischer Aufschluß im Bereich der „Wiesbadener Moorschicht". Fundber. Hessen 19/20, 1979/80, 645–677.

Ritterling 1905: E. Ritterling, Das frührömische Lager bei Hofheim i. T. (Wiesbaden 1905).

Rupp 1988: V. Rupp, Wetterauer Ware - Eine römische Keramik im Rhein-Main-Gebiet. Schr. Frankfurter Mus. Vor- u. Frühgesch. 10 (Bonn 1988).

Schneider 1988: G. Schneider, Chemische Zusammensetzung römischer Keramik im Rhein-Main-Gebiet. Ebd. 303 ff.

Schnurbein 1996: S. von Schnurbein, Römer und Germanen. Zwei Forschungsprojekte der Römisch-Germanischen Kommission des Deutschen Archäologischen Instituts. C:J:C: Reuvenslezing 7 (Leiden 1996).

Schnurbein/Wigg/Wigg 1995: S. von Schnurbein/A. Wigg/D. G. Wigg, Ein spätaugusteisches Militärlager in Lahnau-Waldgirmes (Hessen). Bericht über die Grabungen 1993–1994. Germania 73, 1995, 337–367.

Schoppa 1961: H. Schoppa, Die Funde aus dem Vicus des Steinkastells von Hofheim, Maintaunuskreis. Teil I. Die Keramik außer Terra Sigillata (Wiesbaden 1961).

Schwind 1984: F. Schwind (Hrsg.), Geschichtlicher Atlas von Hessen (Marburg/Lahn 1984).

Simon 1968: H. G. Simon, Das Kleinkastell Degerfeld in Butzbach, Kr. Friedberg (Hessen): Datierung und Funde. Saalburg-Jahrb. 25, 1968, 5–64.

Uslar 1934: R. von Uslar, Die germanische Keramik in den Kastellen Zugmantel und Saalburg. Saalburg-Jahrb. 8, 1934, 61–96.

Uslar 1979/80: R. von Uslar, Germanische Keramik aus Steinkastell und Vicus in Heddernheim und aus dem Osthafen in Frankfurt. Fundber. Hessen 19/20, 1979/80, 697–724.

Walter 1998: D. Walter, Germanische Keramik zwischen Main und Taunuslimes (Diss. Univ. Freiburg i. Br. 1998).

Walter/Wigg 1997: D. Walter/A. Wigg, Ein Töpferofen im augusteischen Militärlager Lahnau-Waldgirmes, Lahn-Dill-Kreis. Germania 75, 1997, 285–297.

Wigg/Walter/Biegert i. Dr.: A. Wigg/D. Walter/S. Biegert, Forschungen in germanischen Siedlungen des mittleren Lahntals. In: Kelten, Germanen, Römer im Mittelgebirgsraum zwischen Luxemburg und Thüringen. Koll. Vor- u. Frühgesch. 5 (im Druck).

Wolters 1991: R. Wolters, Der Waren- und Dienstleistungsverkehr zwischen dem Römischen Reich und dem Freien Germanien in der Zeit des Prinzipats. Eine Bestandsaufnahme. Teil 2. Münstersche Beitr. Antike Handelsgesch. 10, 1991, 78–131.

Gruppe	SiO$_2$	TiO$_2$	Al$_2$O$_3$	Fe$_2$O$_3$	MnO	MgO	CaO	Na$_2$O	K$_2$O	V	Cr	Ni	Zn	Rb	Sr	Zr	Ba
Naunheim	64,93 ±4,56	1,05 ±0,59	17,38 ±2,38	6,82 ±1,46	0,337 ±0,219	1,14 ±0,18	1,85 ±0,22	0,72 ±0,17	2,88 ±0,69	119 ±26	117 ±10	74 ±14	152 ±41	127 ±20	216 ±38	439 ±39	1407 ±394
Wettenberg	67,95 ±2,45	0,89 ±0,18	16,65 ±1,21	6,77 ±2,06	0,273 ±0,197	1,26 ±0,46	1,07 ±0,18	0,75 ±0,24	2,38 ±0,13	111 ±13	132 ±26	86 ±19	159 ±28	130 ±17	183 ±37	402 ±84	994 ±225
Waldgirmes	64,08 ±2,88	0,94 ±0,16	19,45 ±1,93	7,01 ±1,93	0,121 ±0,179	1,32 ±0,47	1,16 ±0,52	0,80 ±0,20	2,85 ±0,48	136 ±22	144 ±20	76 ±11	116 ±21	131 ±19	164 ±99	415 ±72	1016 ±336
Waldgirmes röm. Töpferofen	69,45 ±2,45	1,02 ±0,23	16,56 ±1,44	6,42 ±0,87	0,058 ±0,025	0,94 ±0,13	0,92 ±0,16	0,85 ±0,15	2,55 ±0,22	94 ±19	133 ±14	63 ±7	89 ±15	113 ±13	140 ±28	395 ±42	734 ±166
Butzbach	66,12 ±4,78	0,84 ±0,06	17,72 ±2,66	7,35 ±1,76	0,381 ±0,236	1,26 ±0,24	2,01 ±0,27	0,81 ±0,08	2,34 ±0,28	123 ±22	121 ±12	77 ±15	120 ±19	133 ±16	209 ±37	451 ±44	906 ±98
Hofheim I	63,67 ±1,80	0,85 ±0,04	18,49 ±0,87	6,35 ±0,36	0,059 ±0,033	1,96 ±0,13	4,14 ±1,52	0,43 ±0,09	2,97 ±0,22	157 ±27	148 ±22	66 ±8	117 ±17	157 ±19	212 ±31	231 ±23	807 ±128
Hofheim II	65,76 ±4,60	0,83 ±0,06	17,60 ±2,02	5,69 ±1,01	0,044 ±0,017	1,84 ±0,43	3,69 ±1,40	0,50 ±0,07	3,14 ±0,39	161 ±36	150 ±27	71 ±20	106 ±19	145 ±18	188 ±32	236 ±30	767 ±251
Wiesbaden	67,25 ±3,11	0,78 ±0,06	18,52 ±2,16	4,70 ±0,37	0,056 ±0,013	1,39 ±0,17	1,55 ±0,47	0,86 ±0,26	4,17 ±0,29	103 ±10	127 ±21	61 ±8	112 ±43	196 ±36	437 ±333	312 ±93	1036 ±777
Zugmantel	66,62 ±2,86	0,86 ±0,08	17,10 ±2,28	6,70 ±1,41	0,108 ±0,087	1,34 ±0,16	1,60 ±0,20	0,82 ±0,19	2,90 ±0,18	103 ±15	122 ±22	70 ±15	115 ±23	141 ±7	228 ±46	396 ±103	859 ±217
Heddernheim	68,54 ±4,06	1,06 ±0,26	15,98 ±1,72	6,22 ±1,77	0,177 ±0,108	1,11 ±0,27	2,06 ±0,58	0,98 ±0,31	2,35 ±0,65	109 ±9	153 ±48	85 ±23	148 ±25	125 ±35	256 ±56	385 ±55	792 ±243
Heddernheim römisch	70,60 ±4,8	0,96 ±0,2	14,97 ±1,8	5,07 ±0,7	0,07 ±0,03	1,59 ±0,5	3,19 ±3,8	0,60 ±0,3	2,68 ±0,3	99 ±24	120 ±24	58 ±19	94 ±60	142 ±20	154 ±79	364 ±93	445 ±96

Tabelle 2. Chemische Keramikanalysen. Mittelwerte und Standardabweichungen.

Einzelanalysen (sortiert nach SiO₂-Anteil)

Analysen mit wellenlängendispersiver Röntgenfluoreszenzspektrometrie. Die Proben wurden bei 850°C geglüht, der Glühverlust ist unter GV in Prozent angegeben. Zur Reduzierung von Fehlern sind die Hauptelemente (in Oxidprozent, Gesamteisen als Fe₂O₃) auf 100% normiert; die originale Summe ist angegeben. Die Werte der eingeklammerten Elemente sind weniger genau bestimmt. 0 = nicht bestimmt.

Hauptelemente (Oxidprozent)

Spurenelemente (ppm)

Probe	SiO₂	TiO₂	Al₂O₃	Fe₂O₃	MnO	MgO	CaO	Na₂O	K₂O	P₂O₅	V	Cr	Ni	Zn	Rb	Sr	(Y)	Zr	(Nb)	Ba	(Ce)	(Pb)	(Th)	GV	Summe
Wetzlar-Naunheim																									
J086	60.87	0.72	21.33	7.95	0.256	1.24	1.99	0.52	2.92	2.19	127	112	80	155	152	236	46	453	47	994	82	37	25	6.47	99.83
J082	62.62	0.84	17.87	7.37	0.429	1.18	1.92	0.91	3.39	3.46	118	126	75	174	159	246	45	498	31	1487	97	29	15	6.68	98.57
G613	63.69	0.84	18.41	8.64	0.630	1.33	1.60	0.77	2.82	1.20	136	122	97	158	139	168	42	383	42	940	122	20	28	7.52	92.93
J085	64.58	0.90	16.71	7.45	0.168	1.05	1.95	0.91	2.69	3.58	114	124	67	122	116	235	48	441	33	2137	95	28	18	6.05	99.24
J084	66.76	0.92	16.85	7.21	0.117	1.20	1.85	0.76	2.35	1.98	134	134	84	150	127	189	45	501	44	1042	100	19	17	8.94	100.17
G614	66.98	0.73	15.00	6.67	0.660	1.02	2.03	0.82	2.56	3.52	87	105	78	164	106	278	35	412	31	1480	79	13	34	5.59	95.59
J083	68.69	1.03	15.52	4.63	0.131	1.01	1.82	0.42	2.56	4.19	90	119	55	112	102	227	36	414	24	1819	89	17	16	6.39	98.80
J087	72.85	0.82	14.35	4.23	0.152	0.80	1.39	0.72	2.17	2.50	98	107	54	94	108	162	32	429	25	1435	65	19	11	6.96	99.20
J088	57.30	2.61	20.42	7.19	0.481	1.40	2.08	0.65	4.46	3.40	169	107	82	237	133	204	47	420	43	1330	105	20	14	5.33	99.64
Wettenberg-Krofdorf-Gleiberg																									
J091	64.30	1.13	15.28	10.85	0.213	2.27	1.05	0.30	2.35	2.25	127	170	119	184	118	162	43	292	23	875	87	22	19	6.61	100.19
J089	66.13	0.88	17.06	6.84	0.507	1.20	1.33	0.92	2.43	2.69	115	120	86	207	149	240	49	453	37	1343	109	24	21	6.24	99.40
J090	66.57	0.80	17.34	7.55	0.478	1.08	1.13	0.89	2.35	1.82	106	126	80	146	135	201	45	473	37	1170	93	22	15	6.88	100.46
J093	67.64	0.93	18.71	6.28	0.101	1.32	0.95	0.96	2.56	0.54	116	142	102	139	155	143	44	514	41	654	109	28	22	3.62	99.14
J094	70.32	0.87	15.25	6.26	0.450	0.94	1.19	0.84	2.13	1.74	104	116	76	143	112	209	44	422	39	1065	107	27	15	5.31	100.42
J092	70.65	1.03	16.62	4.78	0.077	1.17	0.75	0.73	2.46	1.73	122	159	79	162	124	138	35	318	17	863	73	22	17	1.98	100.09
J095	70.04	0.56	16.31	4.82	0.089	0.89	1.08	0.57	2.42	3.22	87	94	60	130	117	188	37	346	35	988	71	31	13	3.72	99.45
Waldgirmes																									
J049	60.17	0.85	21.91	8.68	0.051	1.31	1.23	0.87	2.92	2.01	155	143	84	149	154	186	49	484	47	1438	106	32	21	7.57	99.04
J048	62.12	0.91	20.98	7.83	0.018	1.38	0.59	0.69	3.39	2.08	153	151	78	101	150	87	48	316	22	744	112	37	20	5.75	100.44
J050	64.81	0.93	18.89	6.89	0.050	2.05	1.00	0.63	3.12	1.62	132	118	77	122	118	112	46	364	23	862	98	30	19	6.74	99.87
J052	67.07	0.80	18.09	7.88	0.441	1.10	0.99	0.69	2.11	0.82	138	134	85	115	118	107	43	442	39	723	95	27	25	7.09	100.84
J051	66.25	1.21	17.38	3.75	0.046	0.76	2.00	1.12	2.71	4.76	100	173	57	95	114	329	54	468	35	1315	106	39	19	4.69	99.19

Hauptelemente (Oxydprozent)

Spurenelemente (ppm)

Probe	SiO₂	TiO₂	Al₂O₃	Fe₂O₃	MnO	MgO	CaO	Na₂O	K₂O	P₂O₅	V	Cr	Ni	Zn	Rb	Sr	(Y)	Zr	(Nb)	Ba	(Ce)	(Pb)	(Th)	GV	Summe
Referenzgruppe Waldgirmes Töpferofen 1995 (Analysen November1996)																									
D469	65.47	1.11	19.53	7.41	0.02	1.15	0.49	0.36	2.94	1.51	153	173	45	97	124	94	33	261	27	617	95	22	30	0	102.03
D458	68.33	1.00	16.62	6.40	0.09	0.80	1.18	0.91	2.50	2.16	79	131	69	104	105	189	37	396	45	1067	93	22	29	0	100.95
D465	69.43	1.01	16.49	6.40	0.05	0.90	0.94	0.88	2.56	1.34	85	133	64	89	115	151	36	410	46	816	95	22	31	0	101.71
D463	69.73	1.00	16.31	6.13	0.05	0.89	1.07	0.90	2.50	1.43	81	127	65	88	111	162	35	388	45	873	98	21	30	0	102.02
D467	69.81	0.99	16.46	6.29	0.06	0.95	0.95	0.91	2.55	1.02	93	129	61	87	120	151	35	404	45	766	93	21	30	0	102.02
D464	69.85	0.78	16.51	5.47	0.03	0.79	1.06	0.84	2.54	2.13	80	123	60	72	109	171	34	392	44	946	106	20	30	0	102.00
D462	70.02	1.00	16.53	6.33	0.05	0.91	0.93	0.91	2.55	0.77	87	131	67	93	115	142	37	402	45	703	85	20	30	0	102.43
D461	70.11	1.00	16.46	6.29	0.06	1.04	0.95	0.90	2.59	0.61	100	131	63	97	127	144	36	402	46	661	88	20	26	0	102.20
D460	70.14	1.00	16.48	6.18	0.05	0.96	0.98	0.91	2.58	0.72	91	130	61	94	122	148	33	396	47	695	98	22	28	0	101.77
D459	70.33	1.00	16.35	6.37	0.07	1.11	0.90	0.90	2.59	0.37	101	135	64	103	124	137	35	399	46	619	100	21	34	0	101.11
D466	71.21	0.78	16.39	5.47	0.04	1.05	0.91	0.86	2.64	0.62	89	128	63	110	125	144	33	398	43	631	107	20	31	0	102.18
D471	67.70	1.76	15.71	8.86	0.12	0.68	0.84	0.90	2.21	1.21	110	133	63	76	85	120	41	412	52	565	111	15	26	0	101.71
D470	75.19	0.98	13.11	5.53	0.07	0.97	0.83	1.03	2.07	0.21	84	110	63	54	90	87	35	416	24	448	96	18	29	0	101.43
Butzbach-Degerfeld																									
J097	62.59	0.79	19.66	8.82	0.415	1.38	2.28	0.79	2.28	0.99	140	126	89	129	132	229	41	445	43	964	96	23	15	7.83	100.65
J100	64.23	0.80	19.14	8.10	0.164	1.23	1.70	0.89	2.67	1.07	118	118	72	115	151	159	47	504	40	808	109	30	20	5.35	99.13
J096	64.30	0.88	18.65	7.92	0.643	1.53	1.80	0.82	2.45	1.19	123	128	88	143	137	183	47	474	40	1001	94	30	20	5.47	101.27
J099	64.96	0.93	18.07	7.62	0.569	1.27	2.29	0.85	2.43	1.01	145	131	83	122	138	226	44	449	40	965	122	33	17	8.69	100.54
J098	74.53	0.83	13.07	4.31	0.116	0.83	1.96	0.69	1.90	1.72	90	102	53	91	107	249	30	385	21	793	69	24	11	4.46	100.27
Hofheim I																									
J053	61.33	0.84	17.82	6.32	0.056	2.00	6.99	0.35	2.64	1.64	166	164	80	123	139	231	37	212	12	926	84	16	16	9.20	100.25
J057	62.75	0.86	18.33	6.45	0.057	2.11	4.55	0.34	3.19	1.37	142	134	58	113	164	249	32	215	16	889	76	20	16	7.90	100.41
J058	62.93	0.87	18.75	6.71	0.055	1.96	3.99	0.45	3.13	1.16	195	178	71	113	145	183	33	213	15	744	74	22	16	5.64	100.08
J059	63.74	0.89	19.75	6.50	0.047	2.02	2.48	0.46	3.18	0.93	131	130	56	105	178	209	35	241	23	830	91	29	14	5.20	100.21
J054	65.24	0.78	17.55	5.78	0.042	1.70	4.72	0.42	2.83	0.99	146	145	65	94	145	195	41	240	15	797	89	20	20	5.96	100.78
J055	66.76	0.85	17.74	6.02	0.025	2.00	2.77	0.39	2.77	0.67	189	168	65	124	142	169	35	220	15	555	80	23	18	5.93	100.65
J056	62.94	0.88	19.46	6.70	0.129	1.93	3.44	0.63	3.03	0.86	131	118	65	148	188	247	36	274	28	907	94	20	16	8.53	99.90

Hauptelemente (Oxydprozent)

Spurenelemente (ppm)

Probe	SiO₂	TiO₂	Al₂O₃	Fe₂O₃	MnO	MgO	CaO	Na₂O	K₂O	P₂O₅	V	Cr	Ni	Zn	Rb	Sr	(Y)	Zr	(Nb)	Ba	(Ce)	(Pb)	(Th)	GV	Summe
Hofheim II																									
G615	61.17	0.87	18.15	6.36	0.060	2.12	6.47	0.43	3.35	1.01	149	141	71	120	140	195	32	220	16	1138	79	22	32	8.87	90.72
J062	62.42	0.84	18.49	6.84	0.053	2.24	3.33	0.47	3.49	1.82	175	153	113	119	154	163	52	217	12	390	120	22	13	10.06	99.48
J061	63.15	0.85	19.12	6.31	0.065	2.26	3.40	0.51	3.68	0.65	171	143	72	117	167	223	37	203	16	756	94	23	13	5.97	100.61
J063	65.51	0.85	17.84	5.38	0.045	1.65	4.37	0.49	2.94	0.91	189	175	60	86	148	225	35	231	16	928	79	20	11	5.69	99.94
J060	66.33	0.86	18.19	5.71	0.029	1.77	3.12	0.56	3.04	0.37	183	171	65	128	152	158	35	240	14	927	86	15	14	5.24	100.41
J065	66.68	0.86	18.28	5.49	0.027	1.84	3.12	0.41	2.95	0.33	179	173	70	86	146	149	37	244	15	584	92	18	11	7.22	98.79
J064	75.06	0.69	13.10	3.73	0.028	1.01	2.00	0.61	2.54	1.23	84	98	49	86	109	206	32	296	18	650	55	18	11	3.58	97.92
Wiesbadener Moorschicht																									
J066	63.67	0.71	21.38	5.09	0.057	1.48	2.02	0.76	4.51	0.32	106	119	62	91	242	362	45	262	25	717	91	30	17	5.76	99.94
J069	66.27	0.85	18.22	4.55	0.073	1.15	1.87	1.13	3.99	1.89	95	111	72	174	164	924	39	422	32	2197	108	19	17	6.96	99.37
J068	67.99	0.79	18.38	4.89	0.053	1.38	1.31	1.01	3.87	0.32	94	121	54	105	207	281	47	351	24	694	90	25	15	4.39	97.53
J067	71.08	0.77	16.12	4.25	0.042	1.54	1.01	0.54	4.29	0.35	116	159	58	77	171	181	27	214	18	539	68	19	9	4.89	100.33
Zugmantel																									
J080	62.91	0.84	18.30	9.45	0.224	1.24	0.82	0.82	2.89	2.52	118	133	88	116	149	237	46	447	32	986	92	53	19	5.24	100.2
J077	63.05	0.99	20.89	6.12	0.245	1.38	0.79	0.71	2.92	2.90	126	154	90	151	141	256	44	414	35	1256	118	37	19	6.75	99.26
J079	66.13	0.85	17.91	6.87	0.039	1.44	1.08	0.95	3.13	1.60	111	127	73	138	159	223	40	396	25	713	94	19	15	4.80	99.98
J076	66.36	0.89	17.05	7.31	0.053	1.32	0.60	0.98	3.13	2.30	95	123	68	96	136	160	45	454	24	796	91	26	19	3.93	99.49
G616	68.61	0.73	13.82	5.01	0.070	1.62	6.19	0.46	2.68	0.79	85	82	48	119	136	258	26	170	17	572	66	13	25	8.18	95.23
J081	69.39	0.83	16.52	5.95	0.050	1.15	0.61	0.82	2.73	1.94	103	122	65	88	137	176	45	427	32	834	91	50	16	5.08	99.92
J078	69.86	0.86	15.18	6.21	0.072	1.19	1.14	1.00	2.85	1.63	87	112	57	96	131	286	43	466	24	855	84	22	15	6.49	99.02
Frankfurt-Heddernheim																									
G617	59.77	0.88	19.54	9.81	0.320	1.24	1.04	0.74	3.30	3.37	115	138	100	152	157	318	45	388	32	1208	109	25	38	4.37	94.93
J070	67.62	1.47	16.10	6.11	0.110	0.91	2.66	1.32	1.69	2.02	123	221	110	185	86	318	46	406	18	694	85	14	13	6.57	100.43
J073	69.58	1.21	15.17	5.55	0.062	0.87	2.52	1.33	1.84	1.87	106	188	105	168	96	304	42	437	18	662	78	15	12	5.05	98.20
J075	70.60	0.88	14.33	6.86	0.532	1.00	2.06	0.64	2.08	1.01	107	113	65	151	150	198	47	431	15	872	173	33	18	5.17	99.61
J071	71.20	1.32	14.81	5.79	0.062	0.85	2.05	1.27	1.85	0.79	116	200	98	138	89	245	44	412	20	578	81	14	10	4.95	100.08
J072	71.21	0.80	15.58	5.11	0.114	1.43	1.59	0.83	2.62	0.71	97	111	67	140	129	216	38	331	27	989	89	20	11	4.19	100.8
J074	69.78	0.90	16.37	4.30	0.037	1.50	2.48	0.76	3.08	0.78	100	104	52	106	170	197	33	289	18	541	85	14	9	6.99	100.39

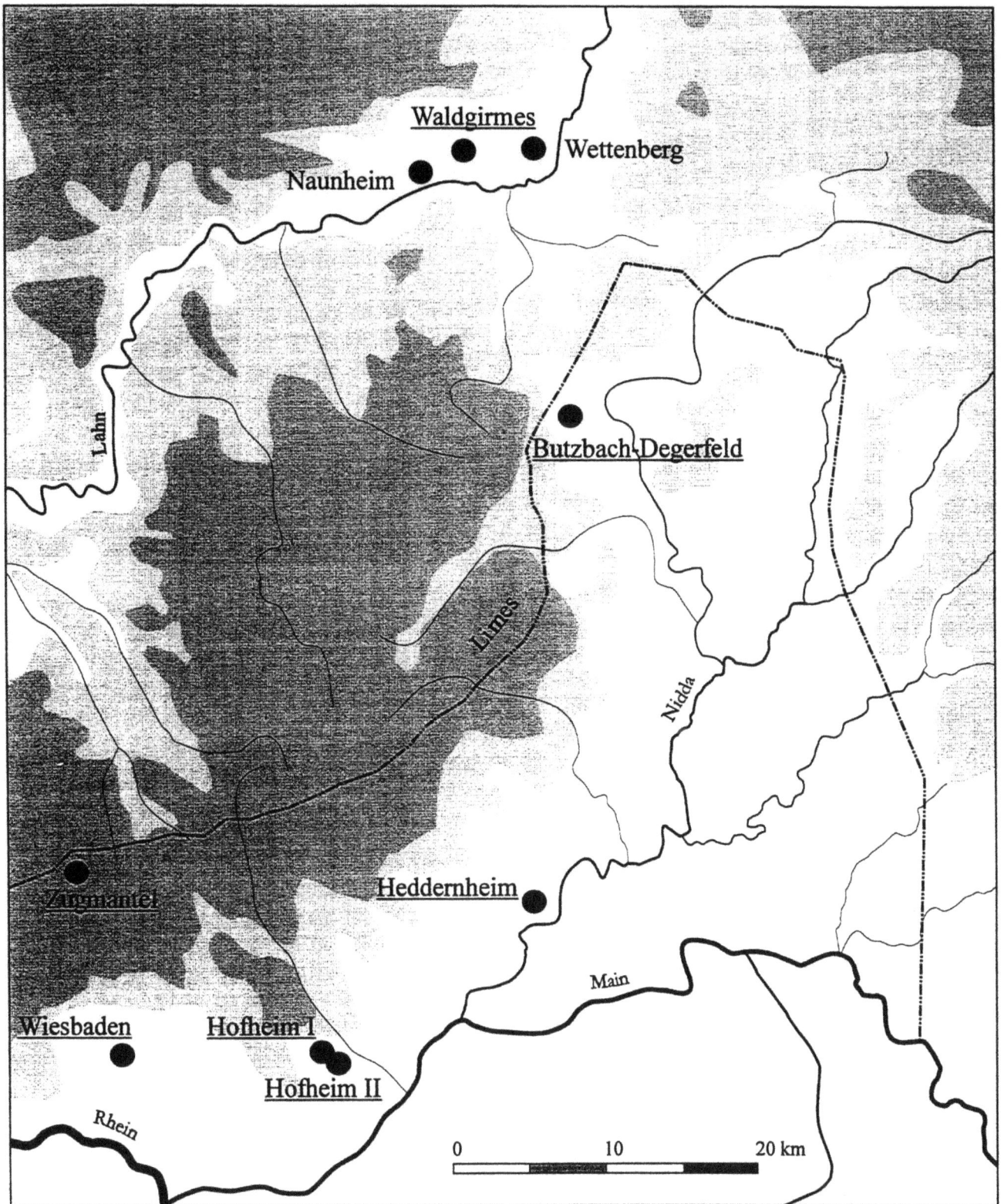

Abb. 1. Fundorte germanischer Keramik im Untersuchungsgebiet.
Die Namen der römischen Fundorte sind unterstrichen.

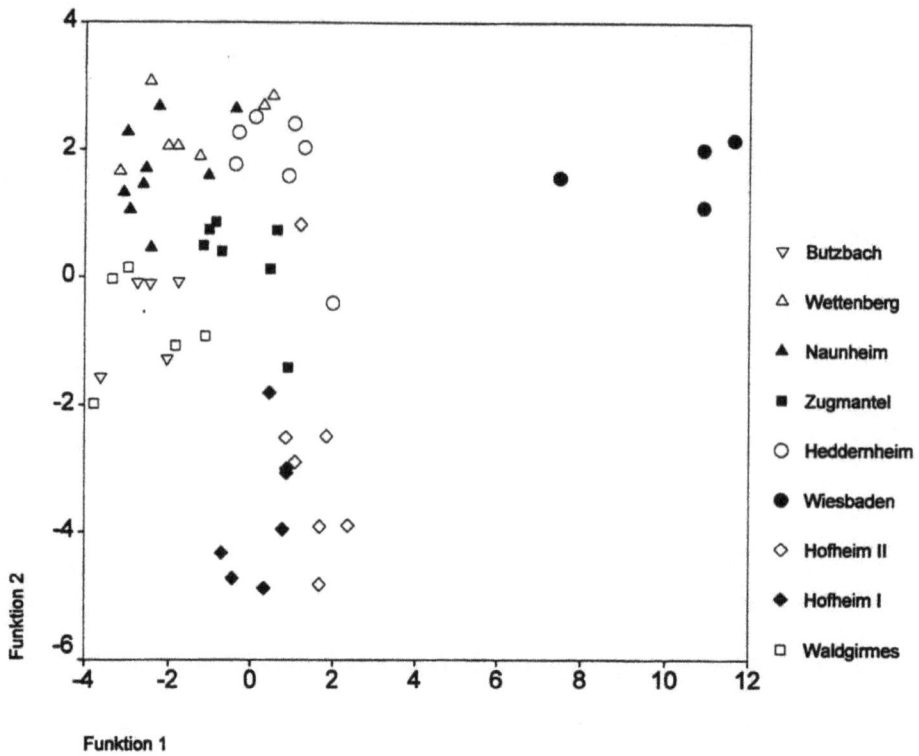

Abb. 2. Analysen germanischer Keramik aus den untersuchten Fundorten.
Diskriminanzanalyse auf der Grundlage von 58 Analysen.

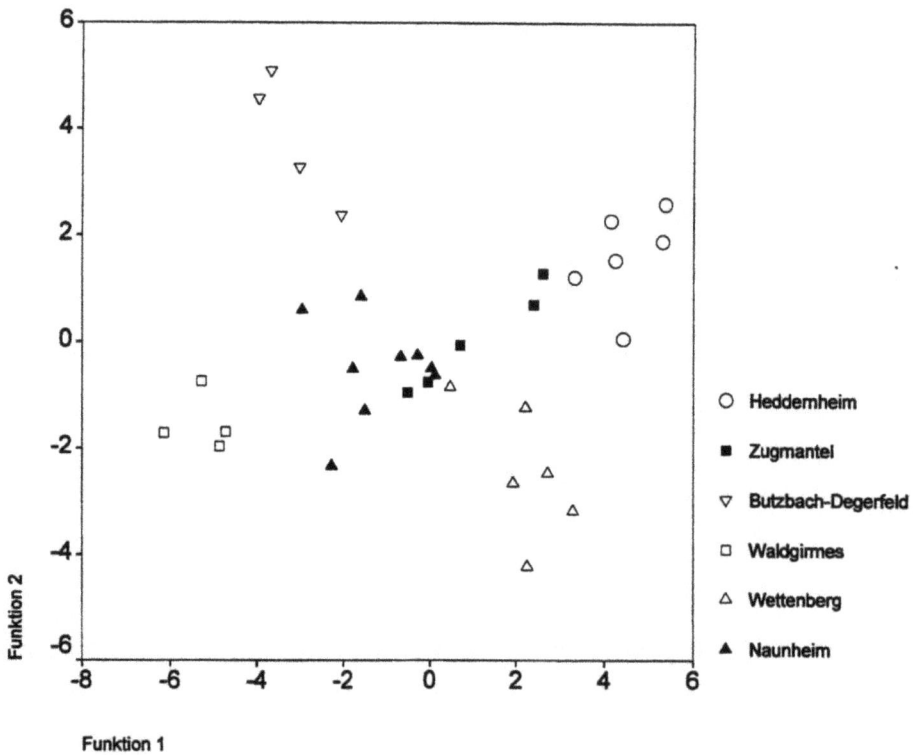

Abb. 3. Analysen germanischer Keramik aus dem Lahntal, aus Butzbach-Degerfeld,
Frankfurt-Heddernheim und vom Zugmantel im Vergleich (ohne Wiesbaden und
Hofheim). Diskriminanzanalyse auf der Grundlage von 34 Analysen.

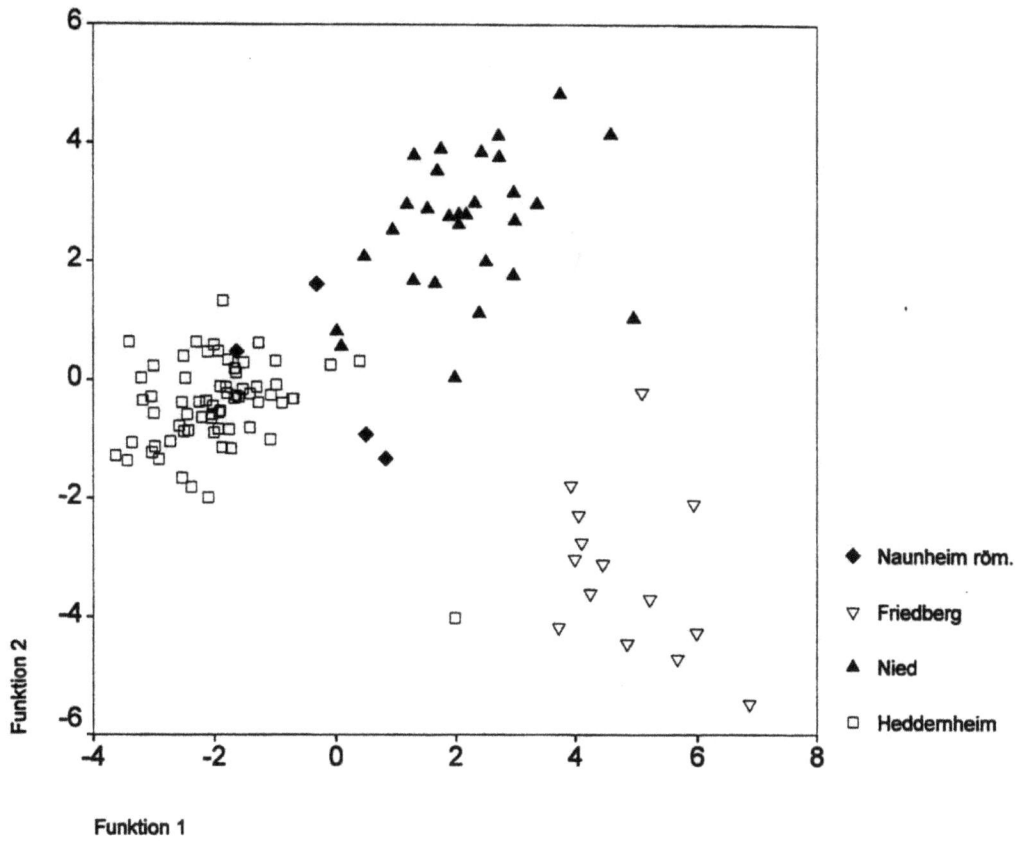

Abb. 4. Analysen römischer Keramik aus Wetzlar-Naunheim im Vergleich mit drei größeren chemischen Referenzgruppen aus der Wetterau (Heddernheim, Nied, Friedberg). Diskriminanzanalyse auf der Grundlage von 104 Analysen.

Ulrike Ehmig

NATURWISSENSCHAFTLICHE UNTERSUCHUNGEN AN RÖMISCHEN AMPHOREN AUS MAINZ UND IHRE KULTURHISTORISCHE INTERPRETATION

Amphoren sind Warenverpackungen. In dieser Funktion interessiert bei ihnen besonders, wie bei keiner anderen Keramikgattung, der Inhalt, für dessen Transport, Verhandlung und Lagerung die Gefäße hergestellt wurden. Die Amphorenproduktion war stets zweckgebunden. Die Behälter wurden dort hergestellt, wo sie zur Abfüllung von Waren benötigt wurden und von wo aus sie verkehrsgünstig zu ihren Absatzgebieten und Bestimmungsorten abtransportiert werden konnten. In der Regel wurde gleiche Ware in gleiche Gefäße abgefüllt. Nur in Einzelfällen gibt es Hinweise auf außergewöhnliche Amphoreninhalte (Tabelle 1). Aus der Form und der Herkunft der Amphoren kann damit bereits vielfach auf das verhandelte Produkt geschlossen werden.

Die Bearbeitung der in Mogontiacum - Mainz gefundenen Amphoren bietet Gelegenheit, die Behälter sowohl unter dem Aspekt der Verpackung wie auch ihres Inhaltes zu betrachten. Über die konventionelle archäologische Bearbeitung hinaus, also zusätzlich zur typologischen Unterscheidung der Amphoren, werden hierbei epigraphisch-philologische sowie naturwissenschaftliche Methoden angewendet. Ziel ist es, die nach Mainz transportierten Amphoren unter den Kriterien Form und Herkunft, Pinselaufschriften und Inhaltsreste detailliert zu untersuchen und Hinweise zu gewinnen auf die in ihnen transportierten Waren.

Bis zum Fundjahr 1999 konnten in Mainz mehr als 4.800 Amphoren registriert werden. Sie sind knapp 60 verschiedenen Amphorentypen zuzuweisen, die in den meisten Fällen mit einem bestimmten Herkunftsgebiet und einem Gefäßinhalt verbunden werden können. Exemplarisch werden im folgenden je zwei naturwissenschaftliche Untersuchungen zur Verpackung sowie zum Inhalt der Mainzer Amphoren vorgestellt und die Ergebnisse interpretiert.

Zuvor soll der Bedeutung der kulturhistorischen Interpretation, der Notwendigkeit zur archäologischen Nutzanwendung analytischer Arbeiten besonders bei der Beschäftigung mit Amphoren nachgegangen werden. Im Mittelpunkt steht die Überlegung, welche historische Fragen mit der naturwissenschaftlichen Analyse verfolgt werden und wie das erzielte Ergebnis ausgewertet wird: Mit der Lokalisierung einer Töpferei zur Fertigung von Amphoren ist zunächst nur der Ort der Verpackungsproduktion bekannt, nicht der der Herkunft des abzufüllenden Produktes. Im Idealfall ist von einer engen Nachbarschaft der Herstellung von

Ware und Verpackung auszugehen. Ob und welche Beziehung zwischen beiden Produktionszweigen besteht, ist im Einzelfall zu untersuchen. In der Baetica etwa stehen dem Idealmodell Beobachtungen zur Verarbeitung der Oliven und Ölgewinnung im Hinterland und ihr damit notwendiger Transport zu den verkehrsgünstig am Fluß gelegenen Töpfereien gegenüber. Eine Zuordnung bestimmter Töpfereien an einzelne Produzenten ist nicht erkennbar. Die Lage von Töpfereien und ölverarbeitenden Betrieben läßt keine bestimmten Zulieferungen erschließen oder andere ausschließen. Zwar sind viele Stempel, die die Ware eines Produzenten kennzeichnen, bislang nur an einer Töpferei belegt, doch sind zahlreiche Exemplare auch an mehreren und zum Teil weiter voneinander entfernten Orten in der Baetica nachgewiesen. Produktionsverlagerungen in Form neuer Plantagen oder neuer Töpfereien können zusätzlich den Abstand zwischen Produktanbau und Verpackungsfertigung vergrößern.

Diese Überlegungen lassen sich an einem anderen Beispiel konkret auf die Analytik anwenden. Bei der Bearbeitung der Amphoren aus Augst/Kaiseraugst wurden geochemische Untersuchungen an italischen Weinamphoren durchgeführt. Als Ergebnis konnten elf verschiedene Provenienzen und Referenzgruppen für die Amphoren des Typs Dressel 2–4 definiert werden (Martin-Kilcher 1994, 627 ff.). An dieser Stelle ergibt sich die Frage, ob es für den antiken Abnehmer und Verbraucher des Weines in der Koloniestadt Augusta Raurica von Bedeutung war, ob die Verpackung seiner Ware in Albinia oder Cosa, in Minturno oder Garigliano hergestellt wurde, die jeweils nur rund 10 km auseinanderliegen. Die Antwort auf diese Frage kann nicht, wie sie vielleicht suggeriert, lauten: Es ist belanglos, die exakte Herkunft der Amphoren zu kennen. Es genügt die Eingrenzung etwa auf 'Umgebung von Cosa' oder 'westliches Mittelitalien'. Vielmehr ist gerade auf der Grundlage dieser Analysenergebnisse weiter die Frage zu stellen nach der Bedeutung, die ein offensichtlich differenziertes Töpfereiwesen auf engem Raum für das entsprechende Produkt, hier italischen Wein, hat. Das heißt mit anderen Worten: Liefert die archäometrische Untersuchung ein kleinteiliges Bild der Amphorenproduktion in einem bestimmten Gebiet, so müssen sich hieran Fragen nach dem Produktanbau, seiner Verarbeitung und Abfüllung im Umfeld der Töpferei sowie der jeweiligen Verbreitung anschließen: Geben zum Beispiel Pinselaufschriften auf den entsprechenden Amphoren über unterschiedliche Produkte oder diverse Produktprovenienzen Auskunft? Läßt sich eine Zusammengehörigkeit einzelner Töpfereien und Produktanbaugebiete erweisen? Läßt sich die Zulieferung von Gefäßen aus bestimmten Töpfereien an bestimmte Warenproduzenten wahrscheinlich machen, also eine auf einzelne Produzenten ausgerichtete Verpackungsproduktion? Ist für die Erzeugnisse der verschiedenen Töpfereien aus der Betrachtung des Fundmateriales an den Bestimmungs- und Abnehmerorten eine gleiche oder divergierende Verbreitung zu erkennen? Die aufwendige analytische Arbeit wird letztlich durch diese, auf ihr aufbauenden Fragen gerechtfertigt. Werden dagegen Analysedaten nur als unkommentierter Anhang dargeboten, oder als Beleg der archäologischen Überlegungen zur Herkunft der Amphoren an das Ende der Argumentation gesetzt, dann ist das archäologische Material lediglich Objekt naturwissenschaftlicher Untersuchungen, denen die eigentliche „Nutzanwendung" fehlt (Dolata 1996, 105 ff.).

AMPHOREN ALS WARENVERPACKUNG – UNTERSUCHUNGEN ZUR PROVENIENZ

Mit der typologischen Bestimmung von Amphoren ist zumeist eine mehr oder minder präzise Einschätzung ihrer Herkunft zu erlangen. Zwei Gruppen der in Mainz gefundenen Amphoren bieten sich an, genauer nach ihrer Provenienz befragt zu werden und daraus Rückschlüsse auf das verhandelte Produkt zu ziehen.

1. Gestempelte südspanische Ölamphoren des Typs Dressel 20

Forschungsstand und Fragestellung

Die Amphoren des Typs Dressel 20 sind während der römischen Kaiserzeit die am häufigsten gestempelten Warenbehälter. Gerade mit der Betrachtung dieser epigraphischen Eigenschaften standen sie wie keine andere Amphorengruppe bislang im Mittelpunkt wissenschaftlicher Untersuchungen. Zur Fertigung der Ölamphoren sind derzeit 90 Töpfereien entlang des Guadalquivir zwischen Cordoba und Sevilla sowie des Genil bekannt (Remesal Rodríguez u. a. 1997, 154 Abb. 2). Ihnen sind die gestempelten Ölamphoren mehr oder minder eindeutig zuzuweisen. Die Problematik dieser Zuweisungen, die bislang daraus gezogenen Ergebnisse sowie die jüngst methodisch entwickelte Folgerung, Stempelvergleiche nicht weiter vor dem Hintergrund ihrer Zuweisung an Töpfereien zu vollziehen, ist Gegenstand einer eigenen Abhandlung (Ehmig 1998, im Druck). Die folgende Argumentation ist an der nach wie vor besonderen Möglichkeiten orientiert, zu einer Reihe gestempelter baetischer Ölamphoren die Töpferei benennen zu können. Referenzen für die Produktionsorte bilden einerseits und in geringerem Umfang entsprechendes Material aus Grabungen in der Baetica. Bislang sind Aufschlüsse aus den Töpfereien El

Tejarillo (Remesal Rodríguez 1983, 115 ff.), La Catria (Remesal Rodríguez 1982, 36 ff. Abb. 10–12) und Alcolea del Río (Remesal Rodríguez u. a. 1997; 157 ff.) bekannt. Andererseits und hauptsächlich stellen die registrierten Lesefunde insbesondere aus den Begehungen von Ponsich (Ponsich 1974; 1979; 1987; 1991) die Grundlage für die Zuweisung von Stempeln an einzelne Orte dar.

Hintergrund der geochemischen Untersuchung an mehr als 200 gestempelten Ölamphoren vom Fundort Mainz ist ein methodischer Ansatz: Läßt sich die bislang gewonnene archäologische Einschätzung zur Herkunft des gestempelten Materiales naturwissenschaftlich analytisch nachvollziehen und ist damit ein prägnanter chemischer Fingerabdruck für einzelne Töpfereien zu definieren? Im Idealfall ließen sich damit Stempel, die bislang nicht aus der Baetica selbst bekannt sind, auf geochemischem Weg einem Produktionsort zuweisen.

Ergebnis

Nach den archäologischen Prämissen war eine geochemische Differenzierung der Produktionsorte vorstellbar. Diese Annahme hat sich nicht bestätigt. Nach Röntgenfluoreszenzanalysen an Pulverpreßtabletten mit der Bestimmung von 10 Haupt- und 12 Spurenelementen (Analysen: Institut für anorganische Chemie, Universität Sevilla, M. González Rodríguez) haben sich für einzelne Töpferorte kaum bzw. keine signifikanten Unterschiede in der chemischen Zusammensetzung der dort produzierten Amphoren ergeben. Allein für Las Delicias, den südlichsten bekannten Produktionsort am Genil ist eine Differenzierung anhand einiger Hauptelemente möglich: Die Werte für TiO_2, Fe_2O_3, MnO und MgO sowie für das Spurenelement Vanadium sind tendenziell höher als bei den übrigen Proben, die Na_2O-Werte sind leicht niedriger. Trägt man die Analysedaten für die gestempelten Amphoren aus Las Delicias (Stempel LINVNIMELISSI, IIIVNMELISSIETMELISSE, FSCIMNIANO) und Villar de Brenes, einen der westlichsten Töpfereien am Guadalquivir, (Stempel VIRC, VIRAV, VIRI, VIRIII) auf, ist das Variationsdiagramm MgO-MnO zur Veranschaulichung der Diskriminierung beider Provenienzen geeignet (Abbildung 1). Eine ähnlich deutliche Differenzierung läßt sich mit der Gegenüberstellung der Werte für Na_2O und Fe_2O_3 erreichen.

Nimmt man andere Töpfereien in die Auswertung hinzu, sind die in Abbildung 1 getrennten Proben aus Villar de Brenes und Las Delicias jetzt Bestandteile einer gemeinsamen Punktwolke (Abbildung 2): Die Proben aus Las Delicias gruppieren sich randlich; die Stücke aus Villar de Brenes liegen inmitten eines Feldes zusammen mit Stempeln, die in Alcolea del Río (CANTONIQVIETI und LQS), La Catria (PORLAR, ACIRCIF, LCANTP, QCM, CHRYSANTI, AELFO, SEXIRVF, ALFO, SNR, SEXNR, OPTSISEN, APC,

PORCPR, POPVULI+POR+QVINT, PORPS, POR-
PSA und RVFPO) und Malpica (ARAXIFM, SCLC,
QICSEG und QIMFS) verwendet wurden. Insgesamt
zeigt die detaillierte Auswertung, daß sowohl gleich
gestempelte Stücke, als auch Ölamphoren mit verschiedenen, einer Töpferei zuweisbaren Stempeln und
Exemplare aus verschiedenen Produktionsorten ein-
ander in gleicher Weise ähnlich wie unähnlich sind.

Für dieses Ergebnis lassen sich mehrere Erklärungen
anführen: Die Geologie des Guadalquivirgebietes zwischen Cordoba und Sevilla ist derart einheitlich (Mapa
geologico de España (1:200.000) 75: Sevilla und 76:
Cordoba), daß gruppenbildende Unterschiede in der
Konzentration einzelner Elemente nicht zu erwarten
sind, zumal bei Töpfereien, die nur wenige Kilometer
voneinander entfernt liegen. Weiterhin ist die Provenienz der einzelnen Stempel durchaus nicht derartig
eindeutig und auf einzelne Töpfereien einzugrenzen,
wie es bislang bei der Vorlage von Amphorenstempeln
den Anschein erweckt, in denen dem man sich für einen Produktionsort entscheidet, andere, an denen der
Stempel auch vorkommt, jedoch wegläßt. Die beiden
vorflavischen Stempel MIM und LVTROPHIMI etwa,
die aus den Töpfereien El Castillejo (Bonsor 1931, Taf.
37 Nr. 250), La Catria (Remesal Rodríguez 1982, 46 Nr.
33), und Las Animas (Las Animas: Chic García 1985,
39 Abb. 18 Nr. 344 f.) bzw. El Castillejo (Ponsich 1979,
168 Nr. 64), La Catria (Remesal Rodríguez 1982, 60 Nr.
75), und Lora la Vieja (Bonsor 1931, Taf. 34 Nr. 148)
bekannt sind, verzeichnen Remesal Rodríguez (Remesal Rodríguez 1986, 252 Nr. 138 und 256 Nr. 275) und
Baudoux (Baudoux 1996, 98) nur jeweils unter einer
Produktion. Den Referenzen zufolge, insbesondere den
Lesefunden in den vier von Ponsich publizierten Bän-
den, sind jedoch zahlreiche Stempel an zwei oder
mehr, und nicht immer eng beieinanderliegenden Töpfereien zu lokalisieren (Abbildung 3). Diese Betrach-
tungsweise der Stempel läßt selbst für gleich gestempelte Stücke keine enge chemische Gruppierung erwarten.

Die Analysen an den gestempelten südspanischen
Ölamphoren haben nicht zu einer differenzierten Sicht
ihrer Produktionsorte beigetragen. Vielmehr veranlassen sie dazu, das Töpfereigebiet in der Baetica als
Einheit zu betrachten. Exemplarisch stellen sie ferner
die bisherigen methodischen Probleme und Unzuläng-
lichkeiten bei der Bearbeitung der Stempel heraus.
Gleichzeitig reduzieren sie die Betrachtung des einzelnen Stempels auf die Kennzeichnung der Ware je
eines Ölproduzenten, unabhängig von der Töpferei, in
der die Behälter hergestellt wurden.

2. Obergermanische Imitation südspanischer Ölamphoren

Forschungsstand und Fragestellung

Die archäologische Ausgangssituation, die Fragestellung an die Analytik und ihr Ergebnis stellt sich bei
dieser Amphorengruppe anders dar. Die obergermanischen Imitationen der südspanischen Ölamphoren
fanden zuerst in der Bearbeitung von Amphoren im
nordöstlichen Gallien Beachtung (Baudoux 1996,
106 ff.). Mit der Untersuchung der Amphoren aus
Mainz können sie erstmals auch quantitativ den mit-
telmeerischen Warenbehältern gegenübergestellt werden. Mit derzeit 107 Exemplaren stellen sie in Mainz
eine der häufigsten Amphorengruppen dar. Von den
knapp 60 verschiedenen mediterranen Amphorentypen
sind nur fünf in größerer Stückzahl vertreten. Gerade
ihre Vielzahl gegenüber den Importen aus dem Süden
sowie verschiedene archäologische und epigraphische
Hinweise auf ihre Herkunft aus Obergermanien lassen
geochemische Untersuchungen an diesen Amphoren
interessant und erfolgversprechend erscheinen. Für
die ersten mehr als 200 Analysen wurden Amphoren
des Typs Dressel 20 similis von Fundstellen in Mainz,
dem Mainzer Umland mit Schwerpunkt Worms, dem
Kastell Feldberg sowie anderen Fundorten am Tau-
nus- und Main-Limes ausgewählt. Ziel ist es, mögliche
verschiedene Produktionen dieser Amphoren in Obergermanien geochemisch zu unterscheiden und über die
Lage ihrer Töpfereien sowie ihre jeweilige Verbreitung
Rückschlüsse auf ihren Inhalt zu ziehen. Für die Interpretation der Analysedaten, ihre Verbindung mit
einem Produktionsort oder dessen Ausschluß, stellt J.
Dolata, Bearbeiter der römischen Baukeramik aus
Mainz, mit 700 geochemisch untersuchten gestempelten Ziegeln verschiedener Provenienzen geeignetes
Referenzmaterial zur Verfügung (Vorbericht Dolata
1998, 93 ff.). Gegenstand weiterer Vergleiche ist analysierte Gebrauchskeramik, insbesondere die Ergebnisse
von S. Biegert zu den Produktionen in der Wetterau
(Vorbericht Biegert 1998, 64 ff.).

Die Absicherung des Referenzmateriales ist notwendige Voraussetzung der Analysenauswertung. Wird das
verfügbare Referenzmaterial nicht zu Beginn einer
Untersuchung, hier an den Imitationen der südspanischen Ölamphoren, definiert, besteht die Gefahr, daß
Fundorte zu Produktionsorten erklärt und selbst als
Referenzen bei weiteren Analysen herangezogen werden. So etwa werden von Baudoux verschiedene Töpfereien für Produktion der obergermanischen Amphoren
der Form Dressel 20 similis benannt: Rheinzabern,
Reichshoffen, Brumath, Heidelberg, Jagsthausen,
Waiblingen, Ladenburg (Baudoux 1998, 15 f.; 12 Abb. 1;
16 Abb. 4). Für Brumath werden zwei Henkel, für
Waiblingen sieben eventuell dieser Amphorenform
zuweisbare Exemplare angeführt. Die Produktion in
Ladenburg ist nach Baudoux sicher, wenngleich sie

selbst weder über archäologische Hinweise noch über chemisch analysiertes Vergleichsmaterial verfügt. Fabrikationen in Reichshoffen und Jagsthausen werden als möglich bzw. hypothetisch eingeschätzt (Baudoux 1998, 15 f.). Abgesehen von Rheinzabern, wo eigene archäometrische Untersuchungen zu einer Produktionslokalisierung geführt haben, liegen jedoch für keinen der genannten Orte nach den Ausführungen von Baudoux tatsächlich Hinweise auf eine Amphorenfertigung vor.

Ergebnis

Nach Röntgenfluoreszenzanalysen an Glasschmelztabletten (Analysen: Institut für Mineralogie, Abt. Petrologie und Geochemie, Johann Wolfgang Goethe-Universität Frankfurt, O. Spies) lassen sich derzeit mindesten sieben verschiedene Produktionen der Amphoren des Typs Dressel 20 similis in Obergermanien unterscheiden. Vier davon sind nach entsprechenden archäologischen Beobachtungen vor Ort bzw. Vergleichen mit Referenzmaterial zu benennen: Rheinzabern, Worms, Heddernheim und Winterbach (Kreis Bad Kreuznach). Die chemischen Charakteristika der dort hergestellten Amphoren sind klar gegeneinander abgrenzbar; typisch sind jeweils eine oder mehrere Elementkonzentrationen. Gleiches gilt für die mindestens drei übrigen Provenienzen, die geochemisch, noch nicht aber archäologisch zu definieren sind (Abbildung 4 und 5). Die Verbreitung der an den unterschiedlichen Orten hergestellten Warenverpackungen stellt sich verschieden dar: Amphoren aus Winterbach spielen im bisherigen Untersuchungsgebiet kaum eine Rolle. Den Analysen zufolge finden sich Stücke aus Worms nicht im Kastell Feldberg, in Heddernheim produzierte Amphoren gelangten nicht nach Mainz. Sie stellen dagegen die Mehrzahl der chemisch analysierten Gefäße vom Kastell Feldberg dar. Rheinzabern ist in vergleichsweise geringer Stückzahl an beiden untersuchten Fundplätzen vertreten. Die drei bislang nicht lokalisierbaren Produktionen, insbesondere Gruppe 3, waren nach der Anzahl der ihnen in Mainz und im Kastell Feldberg zuweisbaren Stücke für Lieferungen lokaler Waren an beide Fundplätze von größerer Bedeutung als die vier bislang benennbaren.

Was bedeutet dieses Ergebnis für den Amphoreninhalt und um welche Ware handelt es sich überhaupt? Mit Sicherheit ist von einem lokalen Produkt auszugehen. Nach der Gefäßform, die südspanische Ölamphoren imitiert, dachte Baudoux an ein entsprechendes Produkt, konkret an Nußöl (Baudoux 1996, 110 ff.). Einen anderen Hinweis gibt der Inhaltsrest in einer entsprechenden Amphore aus dem Lagerdorf von Walldürn, dessen gaschromatographisches Analysebild sich mit dem von Weizen deckt (Schallmayer 1985, 220 ff.). Als Inhalt der Amphoren ist ein entsprechendes flüssiges Ausgangsprodukt auf der Basis oder mit dem Zusatz von Weizen anzunehmen; Bier wurde bereits früher in Betracht gezogen (Schallmayer 1992, 74). Die Verbrei-

tung, Beliebtheit und Bedeutung von Bier neben Wein in römischer Zeit ist wiederholt beschrieben (Kramer 1997, 195 ff.; Drexhage 1997, 32 ff.). Wegen seiner leichten Verderblichkeit kommt ein langer Transport nicht in Frage, gleichwohl eine regionale Verhandlung und Belieferung, die sich in einer entsprechenden Verbreitung seiner Behälter widerspiegeln könnte. Erwägt man Bier als Inhalt der obergermanischen Amphoren des Typs Dressel 20 similis, könnte dazu das mit den archäometrischen Ergebnissen gewonnene Bild unterschiedlicher Produktionsorte und der differenzierten regionalen Verbreitung der Gefäße passen. Der Produktanbau und seine Verarbeitung ist entweder in der Nähe der Töpfereien anzunehmen, oder zentral mit einer Abfüllung bei den Produktionsorten der Amphoren bereits möglichst nahe am Absatzort der Ware. Die Menge der bislang registrierten Amphoren der Form Dressel 20 similis spricht - gleich, ob es sich um Bier handelt, oder nicht - für eine große Nachfrage bzw. einen großen Bedarf an dieser einheimischen Ware. Diese Überlegungen werden mit weiteren, bereits laufenden Untersuchungen zu obergermanischen Amphoren der Form Dressel 20 similis an Material anderer Produktions- und Fundorte fortgesetzt und vertieft.

AMPHOREN ALS WARENBEHÄLTER - UNTERSUCHUNGEN ZUM INHALT

Reste der verhandelten Ware in Amphoren sind ihr unmittelbarster Nachweis. Die Ergebnisse der biologischen Bestimmungen und chemischen Analysen sind zur Interpretation mit dem Befund der Amphorenform sowie eventuell erhaltener Pinselaufschriften oder literarisch überlieferten Produkten in Verbindung zu bringen. Bei den Amphoren vom Fundort Mainz konnten Fischreste sowie Harzreste registriert werden.

1. Fischreste

In zwei hispanischen Amphoren der Form Pélichet 46 bzw. Dressel 7–11 aus einem Aufschluß im Emausweg (FM 98-004 Mainz-Innenstadt) waren Fischgräten enthalten. Der Befund an sich und zudem in Siedlungsmaterial der römischen Nordwestprovinzen ist besonders hervorzuheben. Bislang sind nur wenige Amphoren bekannt, bei denen Fischreste registriert und bestimmt wurden; die meisten davon stammen aus Schiffsfunden (Tabelle 2). Die Bestimmungen sind oftmals als Anhang publiziert (Chevalier/Santamaria 1967–71, 116; Auriemma 1997; 149 f.). Der Versuch, in Verbindung mit Gefäßform und Pinselaufschriften Rückschlüsse auf die konkrete, verhandelte Fischsauce zu ziehen, wurde bislang nicht unternommen. Ebensowenig wurde die Zusammensetzung des Skelettmateriales in die Auswertung, die Frage nach dem Herstellungsverfahren der Fischsauce, einbezogen.

Bei den beiden Mainzer Proben handelt es sich ausschließlich um Mittelmeermakrele - scomber japonicus (Bestimmung: C. Wustrow). Auf der Grundlage von jeweils knapp 1000 bestimmbaren Skelettelementen wird deutlich, daß in der Amphore der Form Pélichet 46 nahezu alle Skeletteile der Makrele nachzuweisen sind, während die Reste in der Amphore der Form Dressel 7–11 fast ausschließlich dem Schädelbereich angehören.

Welchen Schluß legt der zoologische Befund für die Art der Fischsauce nahe, die in den Amphoren verhandelt wurde? Die Herstellung von Fischsauce, konkret von garum, beschreiben Plin. nat. XXXI 43,93 sowie die Geoponica XX 46: Einerseits wurden ganze Fische, andererseits nur die Eingeweide verwendet. Beide Verfahren könnten sich in den Mainzer Fischrückständen widerspiegeln. Der Nachweis aller Skelettteile entspräche der Produktion aus ganzen Fischen, die Reste aus dem vorderen Körperbereich der Saucenfertigung aus Fischeingeweiden. Die Fischartenbestimmung erlaubt es ferner, auch wenn bei beiden Amphoren keine Tituli erhalten sind, die Rückstände mit einer konkreten, aus den Quellen bekannten Sauce in Verbindung zu bringen. Der ausschließliche Nachweis von scomber - Makrele weist auf die ursprüngliche Fertigung von garum scombri. Scomber wurde Plin. nat. XXXI 94 zufolge ausschließlich für die Herstellung von garum verwendet (Ehmig 1996, 28). Nicht in Einklang damit aber steht der Befund von Fischgräten in den Amphoren. Am Ende des Herstellungsprozesses wurde die Sauce durchgeseiht, um die Brühe vor ihrer Abfüllung vom Satz zu trennen (Zahl 1910, 842 f.). Eine größere Menge von Fischgräten ist insbesondere bei garum nicht zu erwarten. Die Rückstände in den beiden Mainzer Amphoren sind demnach nicht mit garum scombri selbst zu verbinden, sondern mit allex, dem Rückstand aus der Herstellung von garum scombri. Parallele Befunde von Fischgräten in Amphoren (Tabelle 2), könnten entsprechend generell für den Transport von allex stehen. Aufschriften, die eine unmittelbare Kontrolle der Einschätzung der Inhaltsreste bieten würden, sind von diesen Stücken bisher nicht bekannt. Wie die Produktbezeichnung auf den Mainzer Amphoren lautete, ist folglich derzeit aufgrund fehlender Pinselaufschriften nicht zu entscheiden. Eine Benennung mit allex scombri analog zu garum scombri ist bislang nicht eindeutig von Tituli bekannt: Mögliche Hinweise geben die Aufschriften HA(lec) S(combri) auf einer Amphore des Typs Dressel 10 (CIL XV 4731) bzw. hallex (?) scombri auf einer Amphore der Form Pélichet 46 (Blánquez u. a. 1998, 296 f. Nr. 52488).

2. Harzreste

In knapp 30 Amphoren vom Fundort Mainz, zumeist in den Amphorenfüßen, sind harzartige Rückstände erhalten. Die Beobachtung solcher Harzreste ist weder

neu noch selten. Bereits bei der Vorlage des Amphorendepots von Karthago wurde eine Vielzahl von Amphoren mit „traces de la matière qu'elles ont d'abord contenue" beobachtet (Delattre 1894, 90). Das Mainzer Ensemble umfaßt Amphoren unterschiedlicher Formen und Herkunft und ermöglicht so eine vergleichende Untersuchung an archäologisch verwandtem wie auch verschiedenem Material. Dabei wird der Frage nachgegangen, wie ähnlich oder abweichend die Analysenergebnisse bei Amphoren für verschiedene Inhalt und verschiedener Provenienzen sind (Analysen: Labor für Physikalische Chemie, Fachhochschule Coburg, K. Ruthenberg).

Die meisten bekannten harzartigen Reste stammen aus Weinamphoren, außerdem aus Amphoren für eingelegte Oliven sowie für Fischsauce (Tabelle 3). In Behältern für den Transport von Öl sind keine Harze nachgewiesen; nach Plin. nat. XIV 25,124 wurden sie von diesem aufgelöst. Die Verwendung von Harz bei Wein ist in der landwirtschaftlichen Literatur differenziert beschrieben. Zum einen werden damit Dolien, Fässer und Amphoren verpicht, die zu Gärung, Lagerung und Transport von Wein dienten (Colum. XII 18,5 ff.). Zum anderen wurde Weinen, um sie haltbar zu machen, Harz zugesetzt (Colum. XII 22–24; Plin. nat. XIV 24,120). Insbesondere aber im medizinischen Bereich war solcher Wein von Bedeutung, der keine Zusätze enthielt und der nicht in verpichte Gefäße abgefüllt war (Plin. nat. XXIV 23,45).

Für den Befund von Harzresten in Weinamphoren ist unter Berücksichtigung der Schriftquellen sowohl die Präparierung der Gefäße, also auch die Konservierung des Produktes in Betracht zu ziehen. Für die Verpichung wurde flüssiges Harz an der gesamten Innenseite des erwärmten Behälters verteilt. Dem Wein konnte ebenfalls zerlassenes, flüssiges oder festes, geriebenes Harz zugesetzt werden. Beide Verfahren führten zur Konservierung und gewünschten geschmacklichen Veränderung des Weines.

Bei der näheren Spezifizierung harzartiger Reste in Amphoren, also der Benennung des harzgebenden Baumes, wurde bislang in nahezu allen Fällen pinus bestimmt (Tabelle 3). Die Verbindung von harzartigen Rückständen in Amphoren mit pinus - Pinie, pinaster - Strandkiefer oder picea - Fichte legt Plin. nat. XVI 17,39 f. bei der Beschreibung der Eigenschaften der Nadelbäume nahe. Die exakte Klassifizierung allein anhand des chemischen Analyseergebnisses ist schwierig (Beck/Borromeo 1990, 51) und hat auch derzeit für die Mainzer Stücke noch nicht zum Ergebnis geführt. Die gaschromatographische Auswertung ergibt für zahlreiche Proben ein nahezu identisches Bild. Die Interpretation der Übereinstimmungen und Abweichungen ist von chemischer Seite wie von archäologischer mit Blick auf die jeweilige Form und den Inhalt der Amphoren noch zu leisten. Ebenso steht die Bestimmung der im Harz eingeschlossenen Pollen aus, die zusätzlich Hinweise gibt auf den Baum, aus dem es gewonnen wurde. Bei weiteren Erörterungen ist auch folgender Befund vor Augen zu halten: Harz in großen Blöcken von mehreren Metern Länge und Breite ist als Bestandteil von Schiffsladungen bekannt. Den mit ihnen transportierten Amphoren zufolge wurden sie von der hispanischen Halbinsel sowie dem italischen Gebiet aus verschifft (Parker 1992, 143 f. Nr. 308; 284 Nr. 725; 373 Nr. 167). Es liegt nahe, die Harzblöcke als Handelsware zu interpretieren, insbesondere bei der Vorstellung, daß die Verpichung von Warenbehältern sowie die Zugabe zum Wein nicht ausschließlich aus lokal verfügbaren Harzen erfolgte. Je nach Sorte und Provenienz verschiedene Eigenschaften und Qualitäten (Plin. nat. XIV 15,122–130) könnten Ursache einer überregionalen Nachfrage sein. Entsprechend könnten südgallische Weine mit hispanischem, italischem oder ostmediterranem Harz versetzt sein. Ein ähnliches oder sogar übereinstimmendes Ergebnis der chemischen Analyse von Harzresten aus Amphoren unterschiedlicher Form und Provenienz muß unter dieser Prämisse nicht verwundern.

ZUSAMMENFASSUNG

Die angeführten Beispiele aus der Beschäftigung mit den Mainzer Amphoren machen deutlich, daß gerade diese Keramikgattung vielfältige Möglichkeiten bietet, Archäologie und Naturwissenschaften miteinander nutzbringend zu verbinden. Ist eine Amphorenbearbeitung nicht allein auf eine typologische und chronologische Differenzierung ausgerichtet, eröffnet gerade immer wieder der Blick auf die in ihnen transportierten und verhandelten Waren einen oftmals neuen Materialzugang, mitten in die Amphoren hinein.

Nachsatz: Die Untersuchung zu den Amphoren aus Mainz ist Gegenstand meiner Dissertation im Frankfurter Seminar für Geschichte und Kultur der römischen Provinzen bei Prof. H.-M. von Kaenel. Die Einbeziehung geochemischer Analyseverfahren ist durch ein Stipendium im Rahmen des Graduiertenkollegs Archäologische Analytik an der Universität Frankfurt möglich. Vielfältige Unterstützung erfahre ich durch die Archäologische Denkmalpflege Rheinland-Pfalz, Amt Mainz und die persönliche Förderung durch Dr. G. Rupprecht.

LITERATUR

R. Aris, Compte rendu des recherches d'archéologie sous-marine pratiquées à Agde (Campagne 1960). Contribution à l'étude de l'économie et du commerce du littoral à l'époque antique. In: Actes du 86 congrès national des Sociétes des Savantes, Montpellier 1962 (Paris 1962) 85–93.

D. Arroba/M. Bandini/D. Bertolani/M. Galasso/G. Gardini/T. Mannoni, Studio pluridisciplinare del materiale proveniente da un carico navale del I-III secolo d.C. scoperto sui fondali dell'Isola del Giglio (Grosseto, Italia). Forma Maris Antiqui 11/12, 1975–81, 117–144.

R. Auriemma, Le anfore africane del relitto di Grado. Contributo allo studio delle prime produine tunisine e del commercio di salse e di conserve de pesce. In: P. A. Gianfrotta/P. Pelagatti (Hrsg.), Archeologia subacquea. Studi, ricerche e documenti II (Rom 1997) 129–155.

J. Baudoux, Les amphores du nord-est de la Gaule (territoire français). Contribution à l'histoire de l'économie provinciale sous l'empire romain. Doc. Arch. Française 52 (Paris 1996).

J. Baudoux/A. Bocquet/R. Brulet/F. Laubenheimer/E. Marlière/F. Vilvorder, La production des amphores dans l'est et le nord des Gaules. Typologie et caractérisation physico-chimique. In: F. Laubenheimer (Hrsg.), Les amphores en Gaule II. Production et circulation (Paris 1998) 11–48.

C. W. Beck/C. Borromeo, Ancient pine pitch: technological perspectives from a hellenistic ship-wreck. In: W. R. Biers/P. E. McGovern (Hrsg.), Organic contents of ancient vessels: material analysis and archaeological investigation. MASCA Res. Pap. Scien. and Arch. 7 (Philadelphia 1990) 51–58.

C. W. Beck/C. J. Smart/D. J. Ossenkop, Residues and linings in ancient mediterranean transport amphoras. In: R. O. Allen (Hrsg.), Archaeological chemistry IV. Developed from a symposium Denver, Colorado, April, 5–10, 1987. Advances in Chemistry Ser. 220 (Washington 1989) 369–380.

M. F. Benoît, L'épave du Grand Congloué à Marseille. Gallia Suppl. 14 (Paris 1961).

M. F. Benoît, Nouvelles épaves de Provence (III). Gallia 20, 1962, 147–176.

F. Berthault, La mention ACET sur une amphore Pascual 1. Aquitania 7, 1989, 195–197.

G. Bertucchi/A. Kiener/F. Fabre, Détermination de quelques poissons mis au jour dans les fouilles archéologiques de la bourse à Marseille. Bull. Mus. Hist. Naturelle Marseille 35, 1975, 209–216.

S. Biegert, Römische Töpfereien in der Wetterau. Zur Keramikproduktion in der civitas Taunensium. Arch. Nachrbl. 3, 1998, 64–67.

J. Blánquez/L. Roldán/S. Martínez Lillo/J. Martínez Maganto/F. Sáez/D. Bernal, La carta arqueológica-subacuática de la costa de Almería (1983–1992) (Sevilla 1998).

J. Bonsor, The archaeological expedition along the Guadalquivir (New York 1931).

J. Bouzek/F. Kordac, Examination of amphora fragments from an early mediaval ship-wreck from the black sea. Listy Filol. 86, 1963, 256–258.

R. Boyer, Conserve d'olives dans deux amphores trouvées dans les fouilles de la Bourse, à Marseille. Gallia 44, 1986, 229–233.

T. Bruschi/B. Wilkens, Conserves de poisson à partir de quatre amphores romaines. Archaeofauna 5, 1996, 165–169.

A. Button, A unique amphora from the Pan Sand. Kent Arch. Review 113, 1993, 68–71.

S. A. Castle, Amphorae from Brockley Hill. Britannia 9, 1978, 383–392.

Y. Chevalier/C. Santamaria, L'épave de l'Anse Gerbal à Port-Vendres (Pyrénées-Orientales). Forma Maris Antiqui 8, 1967–71, 91–116.

G. Chic García, Acerca de un anfora con pepitas de uvas encontrada en la Punta de la Noa (Cadiz). Bol. Mus. Cadiz 1, 1980, 37–42.

G. Chic García, Epigrafia anforica de la Betica I: Las marcas impresas en el barro sobre ánforas olearias (Dressel 19, 20 y 23) (Sevilla 1985).

D. Colls/R. Étienne/R. Lequément/B. Liou/F. Mayet, L'épave Port-Vendres II et le commerce de la Bétique à l'époque de Claude. Archaeonautica 1, 1977.

H. M. Cotton/O. Lernau/Y. Goren, Fish sauces from herodian Masada. Journal Roman Arch. 9, 1996, 223–238.

A. Delattre, Le mur à amphores de la colline Saint-Louis à Carthage. Bull. Com. Trav. Hist. et Scien. 1894, 89–119.

J. Dolata, Hin zu einer archäologischen Nutzanwendung geochemischer Analytik römischer Baukeramik. Mainzer Arch. Zeitschr. 3, 1996, 105–125.

J. Dolata, Archäologische und archäometrische Untersuchungen an römischer Baukeramik und Ziegelstempeln. In: A. Hauptmann (Hrsg.), Archäometrie und Denkmalpflege. Kurzberichte 1998. Zusammenfassung der Vorträge und Poster der Gemeinschaftstagung „Archäometrie und Denkmalpflege" und „Archäometrie", Würzburg 23.–25. September 1998 (Würzburg 1998) 93–95.

H.-J. Drexhage, Bierproduzenten und Bierhändler in der papyrologischen Überlieferung. Münster. Beitr. Ant. Handelsgesch. 16/2, 1997, 32–39.

U. Ehmig, Garum für den Statthalter. Eine Saucenamphore mit Besitzeraufschrift aus Mainz. Mainzer Arch. Zeitschr. 3, 1996, 25–56.

U. Ehmig, Zonenrandgebiete und Grenzgänger. Eine methodische Revision zur Zonengliederung der Ölamphoren-Töpfereien in der Baetica. Germania 77/2, 1998, im Druck.

C. Heron/A. M. Pollard, The analysis of natural resinous material from roman amphoras. In: E. A. Sla-ter/J. O. Tate (Hrsg.), Science & archaeology, Proceedings of a conference on the application of scientific methods to archaeology, Glasgow 1987. BAR Brit. Ser. 196 (Oxford 1988) 429–447.

J. P. Joncheray, Contribution à l'étude de l'épave Dramont D, dite «des pelvis» d'après les travaux de groupe d'exploration sous-marine de Saint-Raphael (campagnes 1970–1971). Cahiers Arch. Subaquatique 2, 1973, 9–47.

J. H. Jongkees, L'enduit intérieur des amphores romaines. Gallia 13, 1955, 88–89.

J. Kramer, Bier in der Antike und in der Romania. In: A. Bollée/J. Kramer (Hrsg.), Latinitas et romanitas. Festschr. Hans Dieter Bork zum 65. Geburtstag (Bonn 1997) 195–214.

N. Lamboglia, La nave romana di Albenga. Storia e vicende della scoperta. Riv. Stud. Liguri 18, 1952, 131–236.

F. Laubenheimer/J. Martínez Maganto/J.-L. Hillairet, Inscription sur une amphore à thon de Bétique, Saintes, Charente-Maritime. Aquitania 11, 1993, 243–254.

J. Lepiksaar/G. E. Thüry, Tierreste in einer römischen Amphore aus Salzburg (Mozartplatz 4). Bayer. Vorgeschbl. 51, 1986, 163–185.

B. Liou/J.-M. Gassend, L'épave Saint-Gervais 3 à Fos-sur-Mer (milieu du II siècle ap. J.-C.). Inscription peintes sur amphores de Bétique. Vestigues de la coque. Archaeonautica 10, 1990, 157–264.

S. Martin-Kilcher, Die römischen Amphoren aus Augst und Kaiseraugst. Ein Beitrag zur römischen Handels- und Kulturgeschichte 3: Archäologische und naturwissenschaftliche Tonbestimmungen. Katalog und Tafeln (Gruppen 2–24). Forsch. Augst 7/2 (Augst 1994).

A. J. Parker, Ancient shipwrecks of the mediterranean and the roman provinces. BAR Int. Ser. 580 (Oxford 1992).

D. P. S. Peacock, Roman amphorae in preroman Britain. In: D. Hill/M. Jesson (Hrsg.), The iron age and its Hill-Forts. Papers presented to Sir Mortimer Wheeler (Southampton 1971) 161–188.

A. Pons, Analyse botanique du contenu d'une amphore antique découverte au large du Cap d'Agde (Hérault). Naturalia Monspeliensia 13, 1961, 43–50.

M. Ponsich, Implantation rurale antique sur le Bas-Guadalquivir I: Séville, Alcalá del Río, Lora del Río, Carmona. Publ. Casa de Velazquez Sér. Arch. 2 (Paris 1974).

M. Ponsich, Implantation rurale antique sur le Bas-Guadalquivir II: La Campana, Palma del Río, Posadas. Publ. Casa de Velázquez Sér. Arch. 3 (Paris 1979).

M. Ponsich, Implantation rurale antique sur le Bas-Guadalquivir III (Madrid 1987).

M. Ponsich, Implantation rurale antique sur le Bas-Guadalquivir IV: Écija, Dos Hermanas, Los Palacios y Villafranca, Lebrija, Sanlúcar de Barrameda. Coll. Casa de Velázquez 33. Arch. 16 (Madrid 1991).

J. Remesal Rodríguez, Die Ölwirtschaft in der Provinz Baetica: Neue Formen der Analyse. Saalburg-Jahrb. 38, 1982, 30–71.

J. Remesal Rodríguez, Transformaciones en la exportación del aceite bético a mediados del siglo III d. C. In: J. M. Blazquez Martínez/J. Remesal Rodríguez (Hrsg.), Produccion y comercio del aceite en la antigüedad. Segundo congreso internacional (Sevilla, 24–28 febrero 1982) (Madrid 1983) 115–132.

J. Remesal Rodríguez, La annona militaris y la exportation de aceite betica a Germania. Con un corpus de sellos en ánforas Dressel, 20 hallados en: Nimega, Colonia, Mainz, Saalburg, Zugmantel y Nida-Heddernheim (Madrid 1986).

J. Remesal Rodríguez/V. Revilla Calvo/C. Carreras Monfort/P. Berni Millet, Arva: Prospecciones en un centro productor de ánforas Dressel 20 (Alcolea del Río, Sevilla). Pyrenae 28, 1997, 151–178.

N. Robinson/R. P. Evershed/W. J. Higgs/K. Jerman/G. Eglinton, Proof of a pine wood origin for pitch from Tudor (Mary Rose) and etruscan shipwrecks: application of analytical organic chemistry in archaeology. Analyst 112, 1987, 637–644.

E. Schallmayer, Neue Funde aus dem römischen Kastell- und Lagerdorfbereich von Walldürn, Neckar-Odenwald-Kreis. Fundber. Baden-Württemberg 10, 1985, 197–252.

E. Schallmayer, Production d'amphores en Germanie Supérieure? In: F. Laubenheimer (Hrsg.), Les amphores en Gaule II. Production et circulation (Paris 1998) 71–74.

A. von den Driesch, Osteoarchäologische Auswertung von Garum-Resten des Cerro del Mar. Madrider Mitt. 21, 1980, 151–154.

A. Wheeler/A. Locker, The estimation of size in Sardines (Sardina pilchardus) from amphorae in a wreck at Randello, Sicily. Journal Arch. Science 12, 1985, 97–100.

R. Zahn, RE 7 (1910) 841–849 s. v. Garum.

Tabelle 1: Außergewöhnliche Amphoreninhalte in Amphoren. Nennungen in Pinselaufschriften oder erhaltene Inhaltsreste

Amphorenform	„außergewöhnlicher" Inhalt	Fundort und Zitat
Dressel 10	Traubenkerne/Harz	Punta de la Nao (Cádiz) Chic García 1980, 195ff.
Tripolitana I	Fische	Schiffsfund Grado Auriemma 1997, 149f.
Pascual 1	ACETum,	Bordeaux Berthault 1989, 195ff.
Dressel 30	Oliven/Fenchel/Lorbeer	Marseille Boyer 1986, 229ff.
Dressel 1	Haselnüsse	Schiffsfund Albenga Lamboglia 1952, 146 fig. 12
Dressel 1B	Olivenkerne	Schiffsfund Santa Severa Parker 1992, 385 Nr. 1035
Dressel 1B	Muscheln	Archipel de Riou Benoît 1962, 164 Nr. 15
Beltran IIB	VINum, Rubrum, AURelianum, [sekundär?]	Schiffsfund Saint Gervais 3 Liou/Gassend 1990, 209f. Nr. 19
Beltran IIB	VINum, SI---, VEtus, DIADUmeni, [sekundär?]	Schiffsfund Saint Gervais 3 Liou/Gassend 1990, 116ff. Nr. A2

Tabelle 2: Erhaltene und bestimmte Fischreste in Amphoren

Fundort	Amphorentyp	Fischbestimmung		Zitat
Fischreste in Amphoren aus Schiffsfunden				
L'Anse Gerbal	Almagro 50	sardina pilchardus	Sardine	Chevalier/Santamaria. 1967-71, 93f.
Randello	Almagro 50	sardina pilchardus	Sardine	Wheeler/Locker 1985, 97ff.
Sud-Lavezzi A	Almagro 50	scomber colias	Makrele	Parker 1992, 414 Nr. 1117
Cap Blanc	Africana II	unbestimmt		Parker 1992, 99 Nr. 176
Lazzaretto	Africana II	unbestimmt		Parker 1992, 214f. Nr. 594
Grado	Africana I	sardina pilchardus	Sardine	Auriemma 1997, 150
	Tripolitana I	scomber japonicus colias	Makrele	Auriemma 1997, 149
	Forlimpopoli	sardina pilchardus	Sardine	Auriemma 1997, 150
	Riley ER 2	sardina pilchardus	Sardine	Auriemma 1997, 150
Chiessi	Beltran II A	scomber scombrus	Makrele	Bruschi/Wilkens 1996, 166
		thunnus thynnus	roter Thun	
		seriola dumerilii		
Conillera	Beltran IV	unbestimmt		Parker 1992, 153 Nr. 334
Chrétienne H	Dressel 7	unbestimmt		Parker 1992, 143 Nr. 307
Percheles	Dressel 7-11	unbestimmt		Parker 1992, 307 Nr. 800
Port-Vendres B	Dressel 7-11	scomber colias	Makrele	Colls u.a. 1997, 40ff.
Sud-Perduto B	Dressel 7/8/12	scomber colias	Makrele	Parker 1992, 415f. Nr. 1121
Le Titan	Dressel 7-11	thunnus thynnus	roter Thun	Parker 1992, 424f. Nr. 1149
Elba	unbestimmt	scomber japonicus	Makrele	Bruschi/Wilkens 1996, 166
Fischreste in Amphoren aus Nicht-Schiffsfunden				
Marseille	Type massaliote	dicentrarehus labrax	Barsch	Bertucchi u.a. 1975, 212f.
		atherina boyeri Risso	Ährenfisch	
		engraulis encrasicholos	Sardelle	
		sardina pilchardus	Sardine	
		gobius lota	Meergrundel	
Masada	unbestimmt	clupeidae	Heringe	Cotton u.a. 1996, 223ff.
		sardinella aurita	Sardine	
		engraulis encrasicholos	Sardelle	
Cerro del Mar	unbestimmt	sardina pilchardus	Sardine	Von den Driesch 1980, 153
		engraulis encrasicholus	Sardelle	
		serranus cabrilla	Sägefisch	
		sparidae	Meerbrassen	
		mullus sp.	Meerbarbe	
		trachurus trachurus	Stöcker	
		scomber scombrus	Makrele	
		thunnus thynnus	roter Thun	
		trigla sp.	Knurrhahn	
Olbia	unbestimmt	serranus scriba	Sägefisch	Bruschi/Wilkens 1996, 167
		diplodus sargus	Großer Geißbrassen	
		sparidae	Meerbrassen	
		maena sp.	Laxierfisch	
		spondyliosoma cantharus		
		crenilabrus tincta		
Olbia	unbestimmt	diplodus vulgaris/sargus	Geißbrassen	
		pagellus acarne		
Salzburg	Dressel 6A	sardina pilchardus	Sardine	Lepiksaar/Thüry 1986, 163ff.
		engraulis encrasicholus	Sardelle	
		atherina boyeri Risso	Ährenfisch	
		syngathus typhle	Grasnadel	
		syngnathus sp.	Seenadel	
		sphyraena	Pfeilhecht	
		serranus scriba	Schriftbarsch	
		pagrus	Sackbrassen	
		boops boops	Gelbstrieme	
		sarpa salpa	Goldstrieme	
		maena	Laxierfisch	
		mullus barbatus	Rotbarbe	
		crenilabrus	Lippfisch	
		ctenolabrus rupestris	Klippenbarsch	
		blennius	Schleimfisch	
		callionymus	Leierfisch	
		gobius	Meergrundel	
		scorpaena	Drachenkopf	
		arnoglossus	Lammzunge	
		solea	Seezunge	
Mainz	Pélichet 46	scomber japonicus	Makrele	Kat.-Nr. 4686
Mainz	Dressel 7-11	scomber japonicus	Makrele	Kat.-Nr. 4735

Tabelle 3: Harzartige Rückstände in Amphoren

Fundort	Gefäßform	Spezifizierung	Zitat
Marseille	Dressel 1	lentiscus	Jongkees 1955, 88
Agde	Dressel 1?	pinus u.a.	Aris 1962, 89; Pons 1961, 43ff.
Albenga	Dressel 1		Lamboglia 1952, 155
Grand Congloué	Dressel 1		Benoît 1961, 50f.
Maldon	Dressel 1B		Peacock 1971, 184
Colonia de Sant Jordi A	Dressel 1C		Parker 1992, 149f. Nr. 326
Le Grand Congloué C	Dressel 1C		Parker 1992, 201f. Nr. 474
Niolon	Dressel 2-4		Parker 1992, 289 Nr. 746
Planier A	Dressel 2-4		Parker 1992, 315 Nr. 824
Broockley Hill	Dressel 2-4	pinus sp.?	Castle 1978, 390f.
Caerleon	Dressel 2-4		Heron/Pollard 1988; 436
London	Dressel 2-4		Heron/Pollard 1988, 436
Mainz	Dressel 2-4		Kat.-Nr. 4709
Mainz	Dressel 2-4, gall.		Kat.-Nr. 2765
Mainz	Dressel 2-4, Rhône		Kat.-Nr. 2779
Mainz	Gauloise 2/3		Kat.-Nr. 1501
Isola del Giglio	Pélichet 47	pinus u.a.	Arrobba u.a. 1975-81, 128ff.
London	Pélichet 47		Heron/Pollard 1988, 436
Mainz	Pélichet 47		Kat.-Nr. 1499
Mainz	Pélichet 47		Kat.-Nr. 2052
Mainz	Pélichet 47		Kat.-Nr. 2103
Mainz	Pélichet 47		Kat.-Nr. 2162
Mainz	Pélichet 47		Kat.-Nr. 2192
Mainz	Pélichet 47		Kat.-Nr. 1537
Mainz	Pélichet 47		Kat.-Nr. 2173
Mainz	Pélichet 47		Kat.-Nr. 2158
Kyrenia	Rhodisch	pinus	Beck/Borromeo 1990, 51ff.
Caerleon	Rhodisch		Heron/Pollard 1988, 436
Dramont D	Rhodisch		Parker 1992, 167f. Nr. 374
Mainz	Kapitän II		Kat.-Nr. 2248
Mainz	Ostmediterran		Kat.-Nr. 2900
London	Dressel 30		Heron/Pollard 1988, 436
Cape Dramont	Spatheia	pinus	Joncheray 1975, 109f.
Dramont F	Spatheia		Parker 1992, 168f. Nr. 376
Cap de Garde	Africana II		Parker 1992, 102 Nr. 185
Planier G	Africana II		Parker 1992, 317f. Nr. 830
Plemmirio B	Africana II		Parker 1992, 319 Nr. 834
Mainz	Keay 25		Kat.-Nr. 1799
London	Haltern 70		Heron/Pollard 1988, 436
Mainz	Haltern 70		Kat.-Nr. 1178
Mainz	Haltern 70 sim.		Kat.-Nr. 1884
Mainz	Haltern 70 sim.		Kat.-Nr. 1928
Mainz	Haltern 70 sim.		Kat.-Nr. 4813
Pan Sand	Augst 21		Button 1993, 69
Mainz	Augst 21		Kat.-Nr. 1887
Mainz	Forlimpopoli		Kat.-Nr. 4145
Mainz	Dressel 7-11		Kat.-Nr. 1734
Punta de la Noa	Dressel 10	pinus	Chic García 1980, 38
Mainz	Vindonissa 586		Kat-Nr. 215
Saintes	Pélichet 46	pinus	Laubenheimer u.a. 1993, 251
Mainz	Dressel 9 sim.		Kat.-Nr. 704
Mainz	Dressel 10 sim.		Kat.-Nr. 1927
Mainz	Dressel 16		Kat.-Nr. 1800
Canterbury	Camulodunum 189		Heron/Pollard 1988, 436
Karthago	Corinthisch	pinus	Beck u.a. 1989, 373
Karthago	Punisch	pinus	Beck u.a. 1989, 373
Karthago	Gräco-Italisch	pinus	Beck u.a. 1989, 373
Karthago	Römisch	pinus	Beck u.a. 1989, 373
Karthago	Byzantinisch	pinus	Beck u.a. 1989, 373
Karthago	Amphoren		Delattre 1894, 90
Giglio Campese A	Amphoren	pinus	Robinson u.a. 1987, 637ff.
Utrecht	Amphoren		Jongkees 1955, 88
Waiblingen	Amphore		Fundber. Baden-Württemberg 9, 1984, 707
Mainz	Amphore		Kat.-Nr. 1799
Nesebar	Amphoren, ma.		Bouzek/Kordac 1963, 256ff.

Abbildung 1: Variationsdiagramm MgO - MnO zu den Analysen der gestempelten südspanischen Ölamphoren des Typs Dressel 20 aus Las Delicias und Villar de Brenes

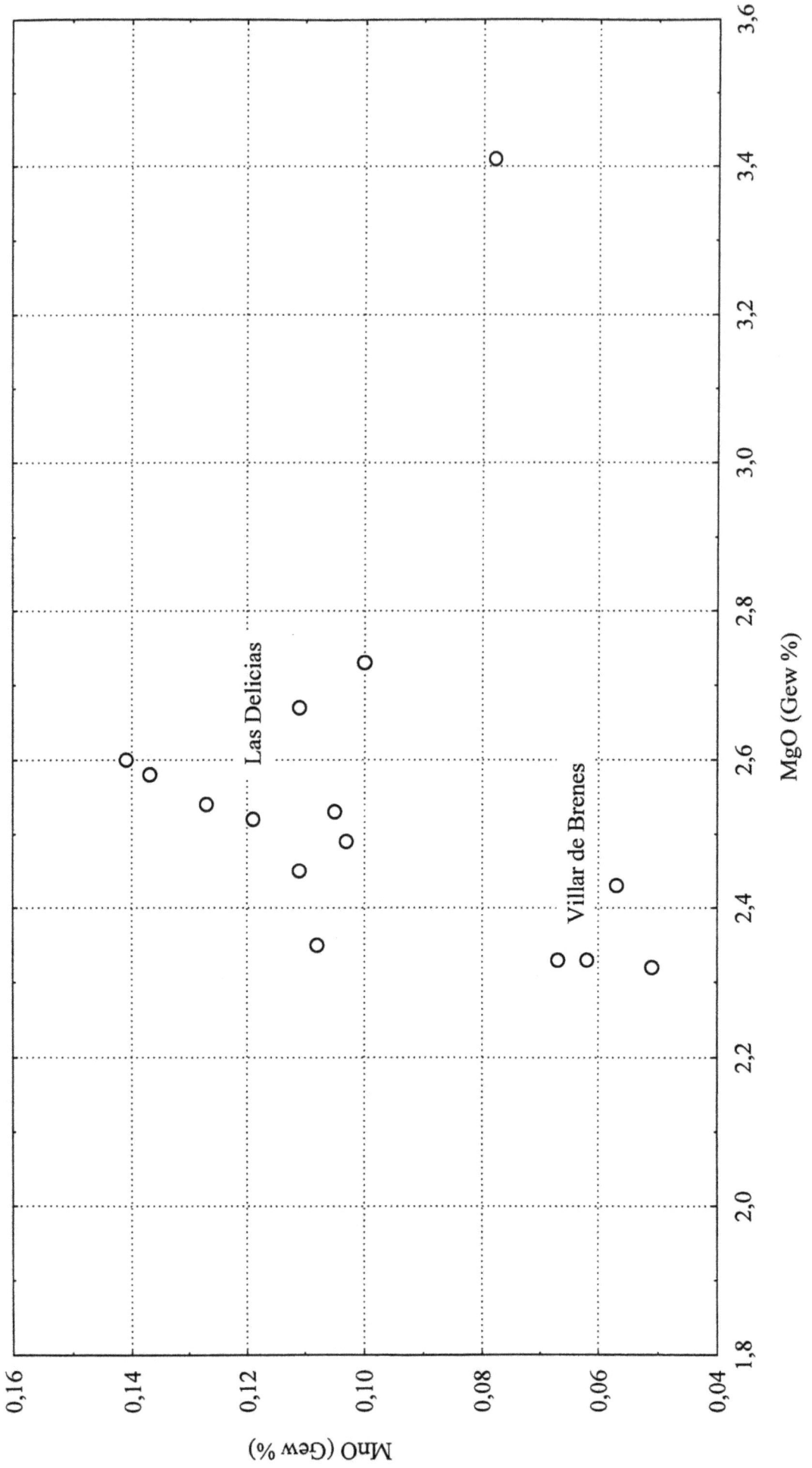

Abbildung 2: Variationsdiagramm MgO - MnO zu den Analysen der gestempelten südspanischen Ölamphoren des Typs Dressel 20 aus Las Delicias und Villar de Brenes sowie Alcolea del Rio, La Catria und Malpica

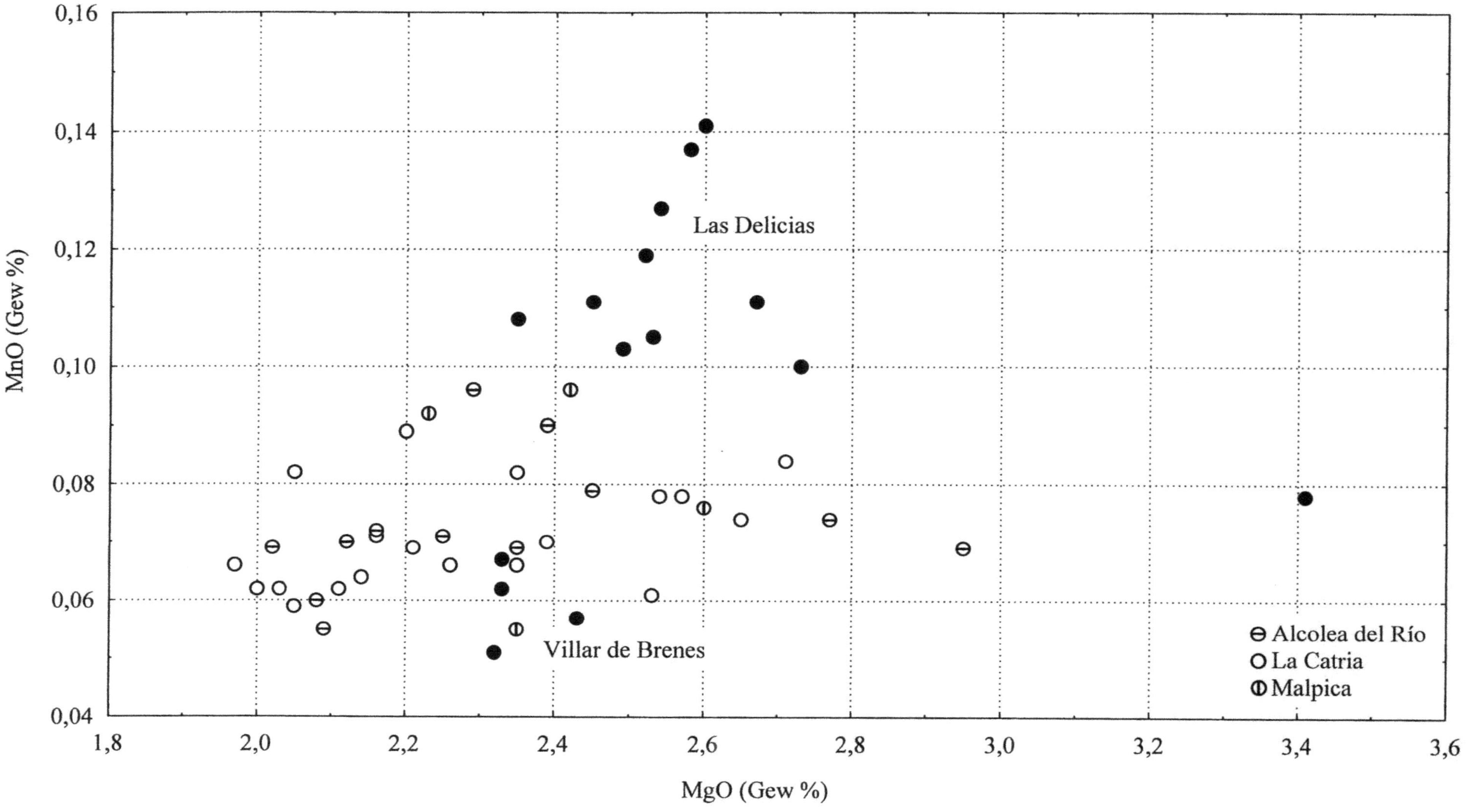

Abbildung 3: Nachweise gleichgestempelter Ölamphoren des Typs Dressel 20 an weiter auseinandergelegenen Produktions
orten in der Baetica
Kartengrundlage: Remesal Rodríguez u.a. 1997, 154 fig. 2

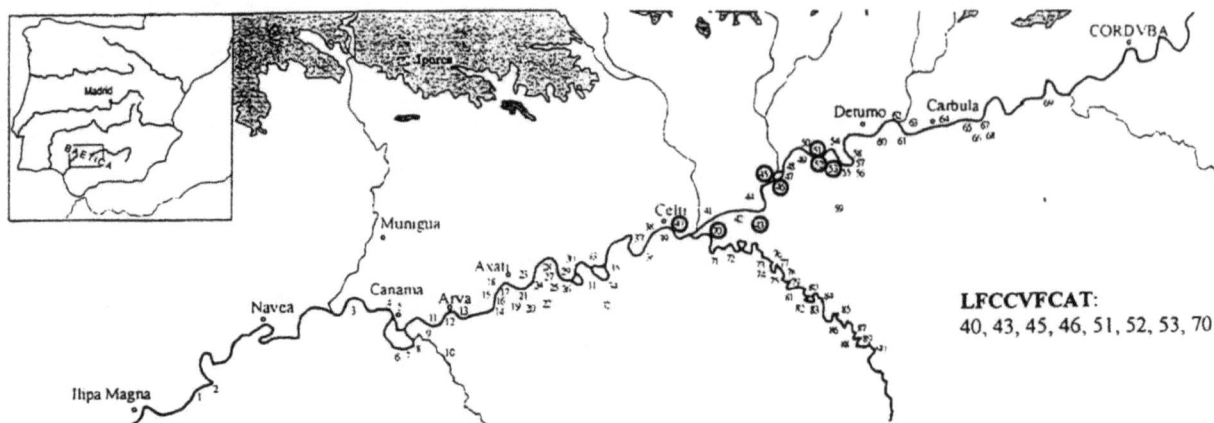

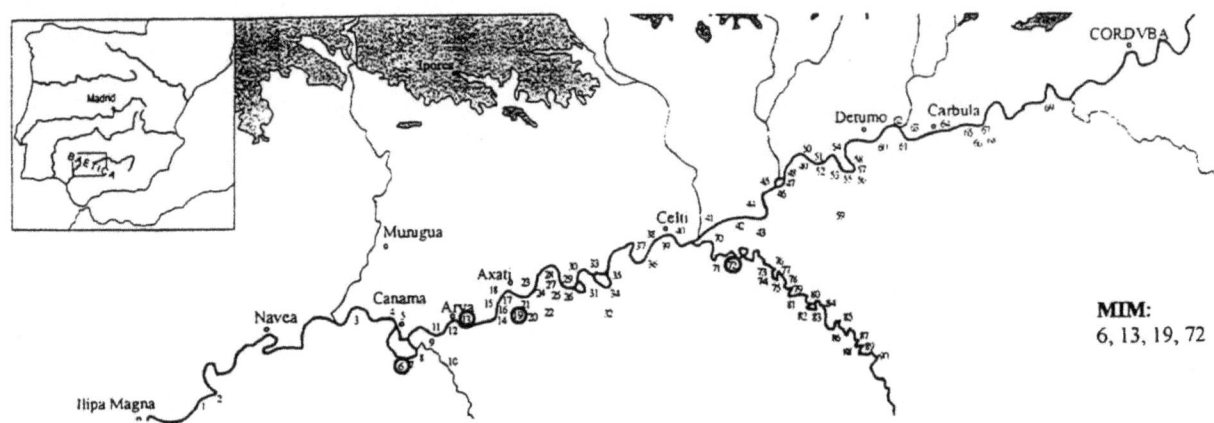

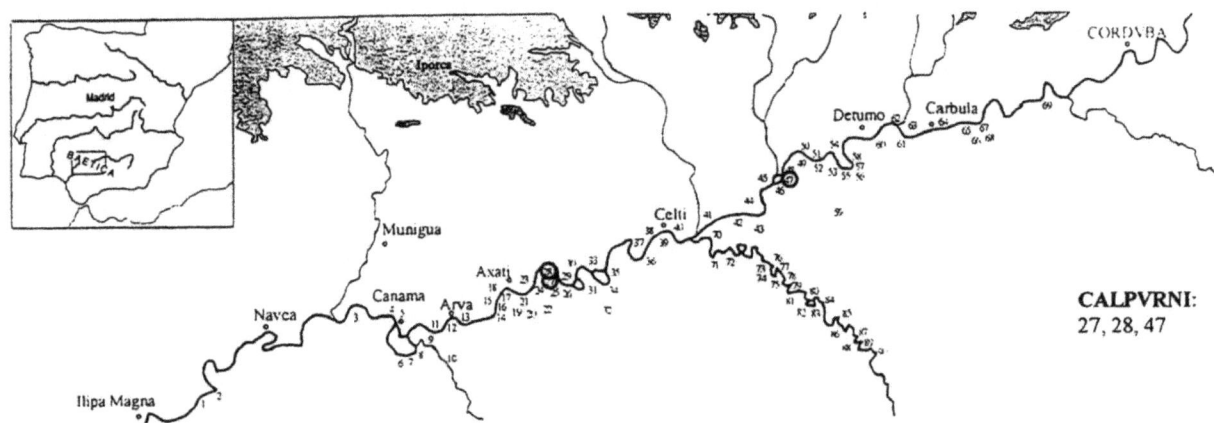

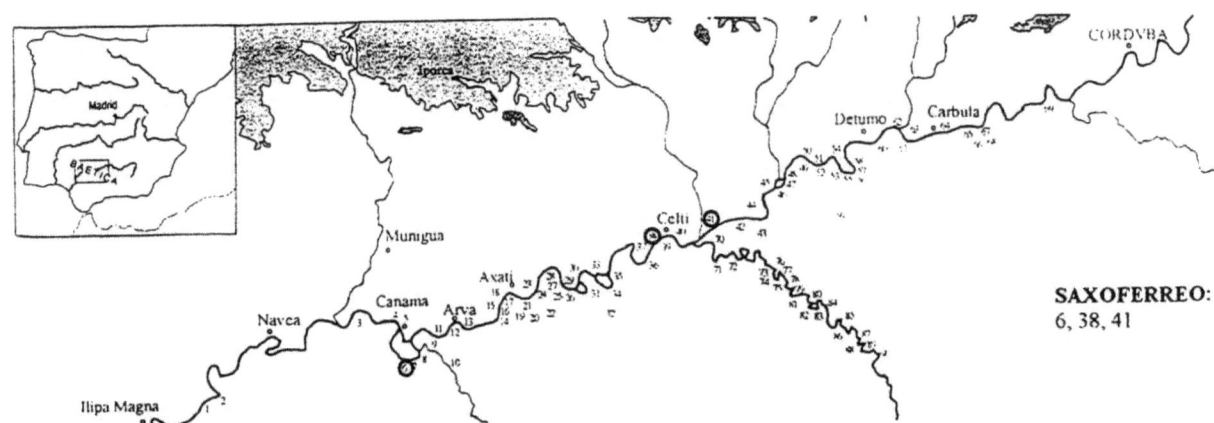

LFCCVFCAT:
40, 43, 45, 46, 51, 52, 53, 70

MIM:
6, 13, 19, 72

CALPVRNI:
27, 28, 47

SAXOFERREO:
6, 38, 41

Abbildung 4: Variationsdiagramm K_2O - Zr zu den Analysen der obergermanischen Imitationen südspanischen Ölamphoren des Typs Dressel 20 similis aus Rheinzabern, Worms, Heddernheim und Winterbach

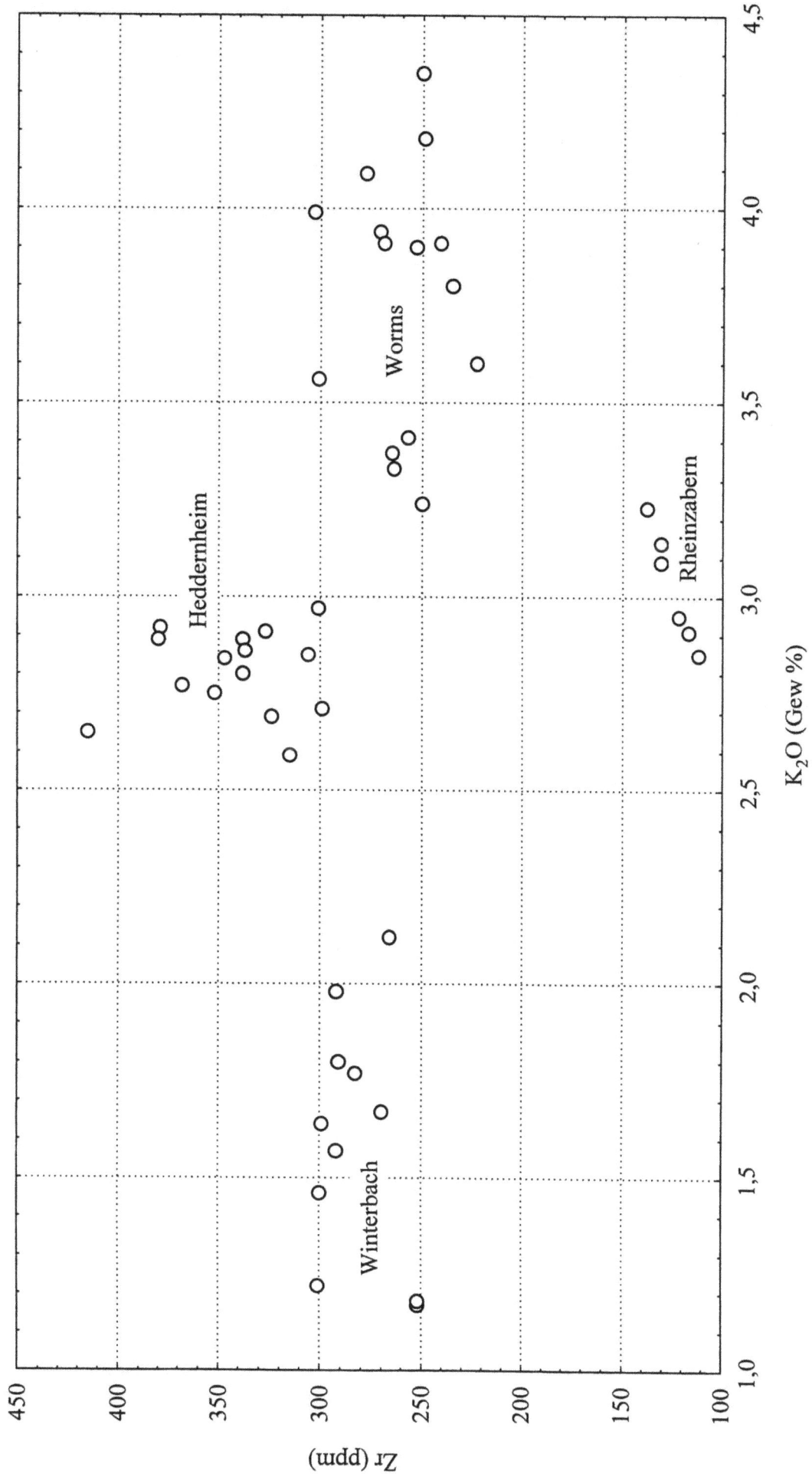

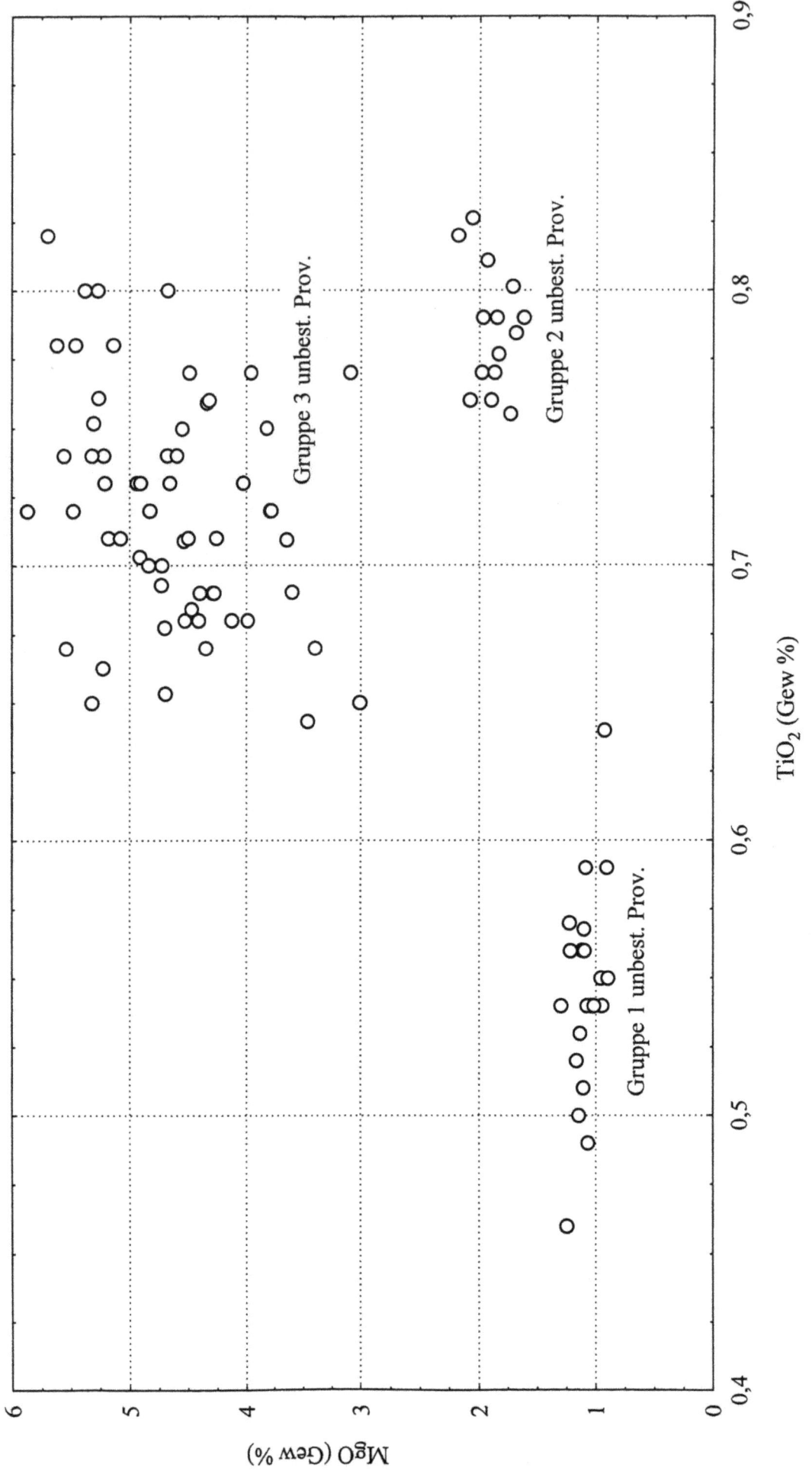

Abbildung 5: Variationsdiagramm TiO₂ - MgO zu den Analysen der obergermanischen Imitationen südspanischen Ölamphoren des Typs Dressel 20 similis unbestimmter Provenienz (Gruppen 1, 2 und 3)

Jens Dolata

ARCHÄOLOGISCHE ANALYTIK: AUSSAGEMÖGLICHKEITEN VON VERBREITUNGSSTUDIEN ZU RÖMISCHEN ZIEGELSTEMPELN. VORARBEITEN ZU EINER NIEDERBIEBER-GRUPPE DER LEGIO VIII AUGUSTA

Abseits der AG Römische Archäologie wurde auf dem Heidelberger Archäologenkongreß im Rahmen der AG Quantitative Methoden zum Thema „Archäologische Verbreitungskarten - Von der Quellenkritik zur Aussage" über Forschungen zur römischen Limesarchäologie berichtet.

Ein neuer Baustandard mit einem neuen Material - Baukeramik - setzte sich in den Nordwestprovinzen des römischen Reiches zügig durch: In den großen Militärlagern am Rhein waren in der Mitte des 1. Jahrhunderts n. Chr. nicht nur das Dienstgebäude des Kommandeurs, sondern auch alle Funktionsgebäude und die Mannschaftsbaracken mit Ziegeldächern ausgestattet und in den hypokaustierten Thermen dieser Lager waren auch im Winterhalbjahr die heißen Wannenbäder in Betrieb. Der Baustoff Ziegel ermöglichte es, die Annehmlichkeiten hellenistisch-mittelmeerisch geprägten Lebens auch bei widrigen klimatischen Bedingungen beizubehalten, welche die im Süden ausgehobenen Truppen aus ihrer Heimat mitbrachten und am Rhein nicht missen wollten und sollten.

Militärziegelstempel sind als Fundmaterial von besonderem Interesse. Solch staatlich beschafftes Baumaterial wird in der Primärverwendung nur in öffentlichen Baumaßnahmen verbaut. Quasi „Miniaturbauurkunden" sind es, die uns ausführliche Bauinschriften ergänzen und nicht überlieferte auch ersetzen. Die etwa 500 Ziegelstempel, die in einem Limeskastellbad verbaut sind, erlauben es bei guter Grabungsdokumentation, die Baugeschichte eines Platzes zu erkunden. In nahezu allen römischen Ausgrabungen in unserer Region werden Ziegelreste geborgen. Den Bemühungen um eine gewinnbringende Auswertung solcher Grabungsfunde kommt daher für baugeschichtliche und chronologische Fragen große Bedeutung zu.

Aussagemöglichkeiten von Verbreitungsstudien dieser speziellen Materialgruppe zu beleuchten, ist aufgrund dieser besonderen Bedingungen interessant. Tatsächlich können die Ergebnisse aus den Verbreitungsuntersuchungen römischer Ziegelstempel mit den Vorstellungen über die Organisationsstrukturen der Ziegelherstellung, -beschaffung und -verbauung konfrontiert werden. Die Auswertung geschieht in der Gegenüberstellung mit einer vielfältigen historischen, philologischen, epigraphischen und archäologischen Parallelüberlieferung (Dolata 1994. Dolata 1998).

Verbreitungskartierungen von Ziegelstempeln bestimmter Einheiten sind beim derzeitigen Forschungsstand in chronologischer Hinsicht fast immer noch wenig aussagekräftig. Die Ziegelstempelverteilung bei flavischen Militäranlagen, die mit anderer Auswertungsabsicht von Barbara Pferdehirt publiziert wurde, zeigt ansatzweise die darinliegenden Probleme, zum Beispiel für die legio VIII Augusta, auf (Oldenstein-Pferdehirt 1984, 409 Abb. 6): Hinter dem Fundpunkt 22 „Wagbach" verbergen sich mehrere Dutzend Stempel der legio VIII Augusta aus der Gemarkung Waghäusel-Wiesental (Dolata 1996, 112 Anm. 51), deren als „vielleicht flavisch" postulierte Zeitstellung Verf. nicht unbedingt gut begründet scheint. Erst eine systematische Vorlage des Stempeltypenspektrums der hier angeführten und weiterer Orte wird zeigen, ob strukturelle Aussagen aus dem befundunabhängigen Vergleich verschiedener Orte überhaupt möglich sind. Bloß aus sich selbst heraus können Ziegelstempel lediglich in Ausnahmefällen datiert und interpretiert werden. Allein die Bearbeitung von Baubefunden oder anderer geeigneter Vergesellschaftungen führt zur Definition von Gruppen. Deren Verbreitungsbilder können dann relativchronologisch bewertet werden.

Die Kommandobezirke der obergermanischen Legionen sind von Barbara Pferdehirt als idealisiertes Modell dargestellt worden. (Oldenstein-Pferdehirt 1984, 419 Abb. 14) Prinzipiell lassen sich so theoretische Zuständigkeiten der einzelnen Teile des obergermanischen Heeres für die Limesanlagen auch in Bezug auf die Beschaffung von Baumaterial und die Ausführung von Baumaßnahmen ausweisen. Allerdings, die Verbreitung der Ziegelstempel folgt nicht diesem archäologischen Modell. Ziegelstempel der legio VIII Augusta sind sogar außerhalb der Provinz Obergermanien gefunden worden, hierzu wieder eine Kartierung von Barbara Pferdehirt. (Oldenstein-Pferdehirt 1984, 423 Abb. 17) Die Publikationslage ist längst nicht so günstig, daß zu jeder Fundstelle das Stempeltypenspektrum oder gar der Beschaffungskontext bekannt wäre. Hier gilt es, noch viel Material vorzulegen.

Einstweilen greifen die Naturwissenschaften, mit deren Hilfe sich ganz unterschiedliche Beschaffungsmodalitäten exemplarisch aufzeigen lassen. Nach den geochemischen Untersuchungen von Konstantin Kritsotakis ist die Baukeramik für das gallische Legionslager Mirebeau vor Ort hergestellt worden. (Bérard /Le Bohec/Reddé 1995. Kritsotakis 1995) Später ziegelte die legio VIII Augusta in unmittelbarer Nähe zum Standlager Argentorate in Straßburg-Königshofen. (Forrer 1913. Clotz 1922) 113 eigene Analysen von Ziegeln mit Stempeln der legio VIII Augusta stellen das gut abgesicherte Referenzmaterial für den Produktionsort Straßburg-Königshofen. Neben dieser zentralen Heeresziegelei kann auch für jene in Rheinzabern und Frankfurt-Nied Ziegelherstellung durch die legio VIII Augusta nachgewiesen werden. (Dolata 1996) Nach Stempeltypenumfang und bisher bekannt gewordener Verbreitung geschah dies vielleicht nur für kurze Zeit und eventuell anläßlich eines erhöhten Bedarfes im nördlichen Obergermanien, der nicht aus den üblichen Ressourcen gedeckt werden konnte.

Die Saalburg, speziell das Badegebäude des Kohortenkastells, ist die Hauptverbreitung der einzigen bislang definierten Stempelgruppe der legio VIII Augusta. Aus dem dortigen Fundensemble von 609 gestempelten Ziegeln hat Dietwulf Baatz 15 Stempeltypen zur Saalburg-Gruppe zusammengefaßt (Baatz 1970). Mittels chemischer Analysen wurde die Geschlossenheit dieser mit den Methoden der Befundarchäologie definierten Gruppe, speziell auch die angenommene Herstellungsprovenienz Straßburg-Königshofen, überprüft und bestätigt. Dies ist angesichts der neuen geochemischen Befunde wichtig: Immerhin liegt die Heeresziegelei von Frankfurt-Nied geographisch dem Verbauungsort Saalburg wesentlich näher als Straßburg-Königshofen. Wurde Baukeramik für eine Neubaumaßnahme - es handelt sich bei dem Badegebäude des Kohortenkastells nicht nur um eine Renovierung oder Reparatur - aus dem Elsaß herbeigebracht und nicht „quasi vor der Haustüre" hergestellt, muß ein schwerwiegender heereslogistischer Grund dafür vorliegen. Wegen der Datierung der Saalburg-Gruppe wird das Ende der Ziegelproduktion in Frankfurt-Nied vor 135 angesetzt. Zugleich wird dieses Enddatum auch auf die gefäßkeramische Produktion von Frankfurt-Nied, also rotbemalte Ware und Lampen, übertragen. Dabei ergeben sich chronologische Schwierigkeiten, die zu einem Überdenken der Saalburg-Gruppe Anlaß sind, zumal Ziegelstempel dieser Gruppe in Fundzusammenhängen festgestellt wurden, die mit dem genannten Zeitansatz nicht in Einklang gebracht werden können. Hier ist Stempeltyp 11 der Saalburg-Gruppe anzuführen. In nur einem Exemplar auf der Saalburg gefunden, läßt sich das betreffende Stück nach Ziegelformat und Merkmalen nicht mit den übrigen Ziegeln derselben Gruppe auf der Saalburg verbinden.

later, Stempel der legio VIII Augusta, provisorische Niederbieber-Gruppe Typ D, Saalburg-Gruppe Typ 11 [Abb. 17]
FO: Saalburg, Fundstelle unbekannt. ID: Baatz (1970) 53 Kat.Nr. 11 Abb. 11,11.
Analyse Schneider H 241, Klassifikation 613 / P 40 / 27, MP: FM 97-048 Nr. 177
AO: Saalburg-Museum, INV: XIII 2622, S.315

Dietwulf Baatz hat für diesen Stempeltyp gefolgert, daß er „möglicherweise zeitlich nicht zu den übrigen Stempeln gehört." (Baatz 1970, 53) Die Fundortangabe Saalburg muß nicht zwingend in Frage gestellt werden; obgleich bei den alten Sammlungsbeständen, die nicht mit Funddaten und Fundstellenangaben verknüpft sind, durchaus von Fall zu Fall kritische Revision angebracht scheint. In der Tat könnte es sich bei dem Einzelstück um spätes Reparaturmaterial für irgendein Hypokaustum handeln, wie auch ein gänzlich anderer Funktionszusammenhang denkbar ist. Zur Primärbauausstattung der Thermen des Kohortenkastells muß der Ziegel jedenfalls nicht gehört haben.

Unabhängig dieser baukeramikchronologischen Erwägungen wurden die Argumente für die Datierung der Auflassung des Saalburg-Erdkastells und den ersten Ausbau des Kohortenkastells geprüft. Ungeachtet aller Schwierigkeiten aus dem Grad der sogenannten „Abgreifung" von Fundmünzen, zudem mehr oder weniger stark korrodierter AE-Prägungen, eine Dauer ihres Umlaufens zu ermitteln, kann der wahrscheinliche Zeitpunkt der Deponierung bzw. des Verlierens, also die Verlängerung des terminus post quem über die Prägezeit hinaus, versucht werden. Der hierfür relevante As des Hadrian (125/128, Rom, RIC 664) war zum Zeitpunkt seiner Verschüttung „in der Spitze des Spitzgrabens des Erdkastells" (Saalburg-Museum S 735 = FMRD V 1161,341) „etwas abgegriffen" (Einstufung durch Joachim Gorecki). Das Stück weist von den für die interessierende Fragestellung aussagekräftigen drei Fundmünzen den geringsten Abnutzungsgrad auf. In einem anderen, nicht zur Vallation gehörigen „Graben des Erdkastells" wurden aneinanderkorrodiert ein Sesterz des Traian (112/114, Rom, RIC 627/628), „ziemlich abgegriffen" (Saalburg-Museum S 1045 = FMRD V 1161,246), und ein Sesterz des Hadrian (125/128, Rom, RIC 631), „etwas abgegriffen" (Einstufungen durch Joachim Gorecki), gefunden. Die hieraus abzuleitende Datierung steht im Einklang mit dem frühesten datierbaren epigraphischen Beleg für die Anwesenheit der cohors II Raetorum von 139. Die Kaiserdedikation CIL XIII 7462 ist sicherlich erst bei fortgeschrittenem Baustand in bereits repräsentativem Kontext erfolgt.

Von zentraler Bedeutung für alle Erwägungen zur Baukeramikchronologie bleibt die Frage, ob die Bauzeit eines Badegebäudes mit der Errichtung des betreffenden Kastells verbunden werden kann. Daß dabei differenzierte Erhebungen zum Baubefund von Kastell und Badegebäude und zum Baukeramik- und Stempeltypenbefund notwendig sind, in allen Teilaspekten auch mehrere Phasen erwartet werden können, dürfte inzwischen allgemein bekannt sein. Im speziellen Fall der Kohortenkastellthermen der Saalburg besteht aufgrund der Zeitstellung sowie der gut erforschten Zusammenhänge des Fundplatzes keinerlei Zweifel, daß die Neubaumaßnahmen von Kastell und Badegebäude zeitgleich erfolgten.

Der nördlichste Verbreitungspunkt von Ziegelstempeln der legio VIII Augusta innerhalb der Provinz Obergermanien ist Niederbieber. Für die Befunde und Funde von Niederbieber ergeben sich aus historischen Gründen äußere Datierungsansätze, wie sie für die Gruppengliederung von Ziegelstempeln günstig sind. Mit Emil Ritterling wird allgemein die Erbauung von Kastell einschließlich Badegebäude unter Commodus, bald nach 185 und die Zerstörung des Platzes um 260 angenommen (Ritterling 1936, 53, 66). Systematische Aufnahmen des gestempelten Ziegelmateriales von Niederbieber werden künftig diesen Zeitansatz für die Baukeramikchronologie nutzbar machen und auch noch weiter einengen können. Ziegel vom Fundplatz Niederbieber können so in chronologischer Hinsicht aus der Masse der nicht gruppengegliederten Ziegelstempel der legio VIII Augusta ausgesondert werden. Weitere Stempeltypen der legio VIII Augusta gilt es als zeitgleich mit denen aufzuzeigen, die die zwischen 185/187 und 192 datierenden Beinamen p(ia) f(idelis) C(onstans) C(ommoda) aufweisen (CIL XIII 12206,7–8. Ritterling, 1924/25, 1660). Die Neuvorlage der frühen Ziegelstempelfunde von Niederbieber ist notwendig, weil das Tafelwerk von Wilhelm Dorow (Dorow 1826/27), insbesondere der zugehörige Text, aufgrund seiner geringen Verbreitung kaum mehr rezipiert wird. Bereits Alfred Rein beklagt (Rein 1859, 148): „Die bei den früheren Ausgrabungen gefundenen Alterthümer sind, in dem fürstlichen Schloße zu Neuwied aufbewahrt, und durch Dorow's mit Abbildungen versehene, leider aber ziemlich selten gewordene Beschreibung bekannt."

Erste Anstrengungen in dieser Arbeitsrichtung sind mit der Bearbeitung eines bislang unpublizierten Fundkomplexes in der Antikensammlung der Staatlichen Museen zu Berlin, Preußischer Kulturbesitz unternommen. Obgleich der genaue Fundort und die speziellen Fundbedingungen der „im Herbst 1858 im Lager von Niederbiber gefundenen, durch Direktor Rein in Crefeld besorgten Ziegelbruchstücke" (Inventarverzeichnis SMBPK - AS, Inv. TC 5777 - TC 5781) unbekannt sind, kann das Ensemble von 32 Ziegeln im Vergleich mit jenem von Wilhelm Dorow veröffentlichten (Dorow 1826/27, 59–62 Taf. 5.) und auf der Saalburg befindlichen (Ect. Saalburg n. 54.1 - 83) vom Fundplatz Niederbieber bewertet werden. Die innere Struktur dieser Fundensembles, also die Verteilung der Einheiten und das Vorkommen von Baukeramiktypen und Stempeltypen sowie deren Kombination, ist sehr ähnlich. Im einzelnen steht die Dokumentation dieser Argumentation noch aus.

Die denkmalpflegerische Situation in Niederbieber um die Mitte des 19. Jahrhunderts ist gut überliefert, eine Kritik der Fundsituation ist somit möglich: Der Rektor der Höheren Stadtschule zu Krefeld und bedeuten-

de niedergermanische Limesforscher Alfred Rein (Rein 1857) hatte im September 1858 die Trümmerstätte von Niederbieber besucht. Er berichtet, daß die betreffende Fundstelle „nur noch durch große Haufen ausgebrochener Hau- und Ziegelsteine und vereinzelt den Boden überragende Mauerstücke, in der Mitte angebauter und mit Obstbäumen bepflanzter Felder erkennbar" ist. „Bei der seit einigen Jahren fortgesetzten Sprengung und Aushebung des Mauerwerks wurden, außer einer großen Menge behauener Tuffsteine und großer, häufig gestempelter Ziegelplatten, welche zur Belegung der Hausfluren verwendet werden, verschiedene interessante Alterthümer gefunden, von den Arbeitern aber sofort verkauft." (Rein 1859, 147). „In Niederbiber selbst" fand er „unter den zu Hunderten aufgeschichteten Ziegelplatten auffallend viele gestempelte." (Rein 1859, 149). Offenbar hat sein Bericht vor dem Verein von Alterthumsfreunden im Rheinlande den Wunsch in den Kgl. Berliner Sammlungen nach Militärziegelstempeln aus der Rheinprovinz geweckt und Alfred Rein hat ein entsprechendes Konvolut von 32 Ziegeln aus Niederbieber besorgt.

Die daraus stammenden Stempel der legio VIII Augusta ergeben folgenden Katalog zu einer provisorischen Niederbieber-Gruppe:

1. later, Stempel der legio VIII Augusta, provisorische Niederbieber-Gruppe Typ A [Abb. 1]
FO: Niederbieber, Komplex 1858. ID: Ect. Berlin n. 1. CIL XIII 12206,4.
Analyse Schneider H 488, Klassifikation 613 / P 40 / 27, MP: FM 97-048 Nr. 309
AO: SMBPK - AS (= Staatliche Museen zu Berlin, Preußischer Kulturbesitz - Antikensammlung), INV: TC 5777

2. later, Stempel der legio VIII Augusta, provisorische Niederbieber-Gruppe Typ D ?, Saalburg-Gruppe Typ 11 ? [Abb. 2]
FO: Niederbieber, Komplex 1858. ID: Ect. Berlin n. 2 (nicht in CIL XIII.6).
Analyse Schneider H 489, Klassifikation 613 / P 40 / 27, MP: FM 97-048 Nr. 310
AO: SMBPK - AS, INV: TC 5777a

3. later, Stempel der legio VIII Augusta, provisorische Niederbieber-Gruppe Typ D, Saalburg-Gruppe Typ 11 [Abb. 3]
FO: Niederbieber, Komplex 1858. ID: Ect. Berlin n. 3. CIL XIII 12206,5.
Analyse Schneider H 490, Klassifikation 613 / P 40 / 7, MP: FM 97-048 Nr. 311
AO: SMBPK - AS, INV: TC 5777b

4. later, Stempel der legio VIII Augusta, provisorische Niederbieber-Gruppe Typ E [Abb. 4]
FO: Niederbieber, Komplex 1858. ID: Ect. Berlin n. 4 (nicht in CIL XIII.6).
Analyse Schneider H 491, Klassifikation 613 / P 40 /

27, MP: FM 97-048 Nr. 312
AO: SMBPK - AS, INV: TC 5777c

5. later, Stempel der legio VIII Augusta (anepigraphisch: Typ Mainz - Bauerngasse), provisorische Niederbieber-Gruppe Typ B [Abb. 5]
FO: Niederbieber, Komplex 1858. ID: Ect. Berlin n. 5.
CIL XIII 12206,3.
Analyse Schneider H 492, Klassifikation 613 / P 40 /
27, MP: FM 97-048 Nr. 313
AO: SMBPK - AS, INV: TC 5777d

6. later, Stempel der legio VIII Augusta [Abb. 6]
FO: Niederbieber, Komplex 1858. ID: Ect. Berlin n. 6.
CIL XIII 12206,6 (Typzuweisung so nicht akzeptiert, möglicherweise Saalburg-Gruppe Typ 2 ?).
Analyse Schneider H 493, Klassifikation 613 / P 40 /
27, MP: FM 97-048 Nr. 314
AO: SMBPK - AS, INV: TC 5777e

7. unbestimmter Baukeramiktyp, Stempel der legio VIII Augusta [Abb. 7]
FO: Niederbieber, Komplex 1858. ID: Ect. Berlin n. 7.
CIL XIII 12206,6 (Typzuweisung so nicht akzeptiert).
Analyse Schneider H 494, Klassifikation 613 / P 40 /
27, MP: FM 97-048 Nr. 315
AO: SMBPK - AS, INV: TC 5777g

8. later, Stempel der legio VIII Augusta, provisorische Niederbieber-Gruppe Typ C [Abb. 8]
FO: Niederbieber, Komplex 1858. ID: Ect. Berlin n. 8.
CIL XIII 12206,6.
Analyse Schneider H 495, Klassifikation 613 / P 40 /
27, MP: FM 97-048 Nr. 316
AO: SMBPK - AS, INV: TC 5777i

9. later, Stempel der legio VIII Augusta, provisorische Niederbieber-Gruppe Typ A [Abb. 9]
FO: Niederbieber, Komplex 1858. ID: Ect. Berlin n. 9.
CIL XIII 12206,4.
Analyse Schneider H 496, Klassifikation 613 / P 40 /
27, MP: FM 97-048 Nr. 317
AO: SMBPK - AS, INV: TC 5777k

10. unbestimmter Baukeramiktyp, Stempel der legio VIII Augusta, provisorische Niederbieber-Gruppe Typ D, Saalburg-Gruppe Typ 11 [Abb. 10]
FO: Niederbieber, Komplex 1858. ID: Ect. Berlin n. 10.
CIL XIII 12206,5.
AO, ehem.: SMBPK - AS, INV: TC 5777l. Nicht im Original aufgenommen, nur in Kopie überliefert.

11. later, Stempel der legio VIII Augusta, provisorische Niederbieber-Gruppe Typ F [Abb. 11]
FO: Niederbieber, Komplex 1858. ID: Ect. Berlin n. 11 (nicht in CIL XIII.6).
Analyse Schneider H 498, Klassifikation 613 / P 40 /
27, MP: FM 97-048 Nr. 319
AO: SMBPK - AS, INV: TC 5777m

12. later, Stempel der legio VIII Augusta, provisorische Niederbieber-Gruppe Typ C [Abb. 12]

FO: Niederbieber, Komplex 1858. ID: Ect. Berlin n. 12.
CIL XIII 12206,6.
Analyse Schneider H 499, Klassifikation 613 / P 40 /
27, MP: FM 97-048 Nr. 320
AO: SMBPK - AS, INV: TC 5777n

13. later, Stempel der legio VIII Augusta, provisorische Niederbieber-Gruppe Typ D, Saalburg-Gruppe Typ 11 [Abb. 13]
FO: Niederbieber, Komplex 1858. ID: Ect. Berlin n. 13.
CIL XIII 12206,5.
Analyse Schneider H 500, Klassifikation 613 / P 40 /
27, MP: FM 97-048 Nr. 321
AO: SMBPK - AS, INV: TC 5777o

14. later, Stempel der legio VIII Augusta, provisorische Niederbieber-Gruppe Typ D, Saalburg-Gruppe Typ 11 [Abb. 14]
FO: Niederbieber, Komplex 1858. ID: Ect. Berlin n. 14.
CIL XIII 12206,5.
Analyse Schneider H 497, Klassifikation 613 / P 40 /
27, MP: FM 97-048 Nr. 318
AO: SMBPK - AS, INV: TC 5777p

15. later, Stempel der legio VIII Augusta, provisorische Niederbieber-Gruppe Typ D, Saalburg-Gruppe Typ 11 [Abb. 15]
FO: Niederbieber, Komplex 1858. ID: Ect. Berlin n. 15 (nicht in CIL XIII.6).
Analyse Schneider H 501, Klassifikation 613 / P 40 /
27, MP: FM 97-048 Nr. 322
AO: SMBPK - AS, INV: TC 5777q

16. later, Stempel der legio VIII Augusta, provisorische Niederbieber-Gruppe Typ G [Abb. 16]
FO: Niederbieber, Komplex 1858. ID: Ect. Berlin n. 16.
CIL XIII 12206,5 (Typzuweisung so nicht akzeptiert).
Analyse Schneider H 502, Klassifikation 613 / P 40 /
27, MP: FM 97-048 Nr. 323
AO: SMBPK - AS, INV: TC 5777h

Der Forschungsansatz von Alfred Rein war ein für seine Zeit überaus moderner. Verhaftet jedoch in der traditionellen Sichtweise, daß die gestempelten Ziegel eines Militärplatzes, die dort stationierten Truppen widerspiegeln, schließt er an seine Beobachtungen Dislokationserwägungen - über die „Besatzungen der Römischen Castelle nach dem Zeugniss der gestempelten Ziegel" - an. (Rein 1859). Zur Definition einer Niederbieber-Gruppe der legio VIII Augusta wäre es damals nur noch ein kleiner Schritt gewesen: Ein von J. Freudenberg als „unicum" angezeigter Ziegelstempel (Freudenberg 1858, 198) wird von Alfred Rein mit drei weiteren Exemplaren als ein besonderer Niederbieber-Typ der 8. Legion definiert. Die „Form des Stempels" erkennt er als „durchaus lokal und an keinem der zahlreichen anderen Orte, wo Stempel und Denkmäler dieser Legion gefunden worden sind, wiederkehrend." (Rein 1859, 148).

Die heute definierte provisorische Niederbieber-Gruppe der legio VIII Augusta umfaßt bislang sieben Stempeltypen, benannt Typ A - Typ G, die in ausreichend charakteristischen Exemplaren vorliegen. Sie sind in ein geochemisches Untersuchungsprogramm einbezogen. Die Analysen wurden mit dem Verfahren der wellenlängendispersiven Röntgenfluoreszenzanalyse (WD-RFA) am Institut für Anorganische und Analytische Chemie der Freien Universität Berlin von Gerwulf Schneider gemessen. Die Zuweisung an Herstellungsprovenienzen erfolgt aufgrund geeigneter baukeramischer Referenzen. Dafür stehen zur Zeit ca. 1000 Analysen von Ziegeln mit Stempeln obergermanischer Truppenkörper der Prinzipatszeit, des spätantiken Limitanheeres und privater Figlinen zur Verfügung, die im Rahmen des Forschungsprojektes Römische Baukeramik und Ziegelstempel in den letzten fünf Jahren an verschiedenen Labors und mit unterschiedlichen Meßverfahren zusammengebracht wurden (Dolata 1998a). 613 ausgewählte Analyseergebnisse wurden in einer Kooperation mit Hans-Joachim Mucha und Hans-Georg Bartel am Weierstraß-Institut für Angewandte Analysis und Stochastik in Berlin klassifiziert. Mathematisch begründete 40 Cluster dieser 613 Analysen lassen sich aus archäologischer Sicht mit acht Herstellungsorten verbinden. Die geochemische Charakteristik eines Herstellungsortes wird aus der ausgebeuteten Tonlagerstätte und anhand der Produkte nachzuweisender spezifischer Herstellungstechniken und Werktraditionen definiert. Die hier vorgelegten Ziegel aus Niederbieber und weitere stempeltypgleiche aus Mainz und von der Saalburg - allesamt zur provisorischen Niederbieber-Gruppe gehörig - entstammen der Heeresziegelei von Straßburg-Königshofen.

Welche Aussagemöglichkeiten haben somit Verbreitungsstudien zu römischen Ziegelstempeln?

Baukeramikherstellung ist Teil der militärischen Logistik. Im selben Zusammenhang leistet das prinzipatzeitliche Heer die Gewinnung bzw. Herstellung auch anderer Baumaterialien, wie Holz, Steine, Sande und Kiese, Tone, Kalk, etc. Auch der Transport und die Bauverwendung werden durch das Heer ausgeführt. Alle militärischen Kapazitäten von Obergermanien standen dem Statthalter in Mainz zur Disposition. Durch sein officium koordinierte er alle öffentlichen Baumaßnahmen in der ganzen Provinz. Er betraute Mainzer oder Straßburger Truppen zum Beispiel mit der Herstellung von Ziegeln. Arbeitsgruppen wurden dann zu solchen technischen Diensten auf Zeit abkommandiert.

Die im Zusammenhang öffentlicher Baumaßnahmen hergestellten Materialvolumina bedingen große, baulich fest installierte Brennöfen sowie alle im Herstellungsprozeß vorgeschalteten Einrichtungen zur Tonaufbereitung, witterungsgeschützte Werkplätze zum Ziegelstreichen und Trocknen, Wasserversorgung,

Brennmaterial sowie die Möglichkeit zum effizienten Antransport von Roh- und Produktionsstoffen und Abtransport der Produkte. Als einzig sinnvolle Transportart für Massengüter wie Baukeramik wird auch für die Antike allgemein der Wasserweg angenommen. Die großen Heeresziegeleien lagen deshalb jeweils an Flüssen.

Waren die Ziegel erst einmal an Bord eines Transportschiffes, spielte die zurückzulegende Entfernung zum Verbauungsort lediglich eine untergeordnete Rolle. Die heute von Archäologen aus dem Fundaufkommen gezeichneten Verbreitungsbilder römischer Baukeramik sind unter Berücksichtigung der aufgezeigten antiken Organisationsverhältnisse zu interpretieren.

Gerade datierbare Befunde und Fundplätze, wie zum Beispiel Niederbieber, geben die Möglichkeit, zu einem differenzierten Verständnis römischer Baukeramikproduktion zu gelangen.

LITERATUR:

Baatz 1970: D. Baatz, Späthadrianische Ziegelstempel der 8. Legion von der Saalburg. Saalburg-Jahrb. 27, 1970, 31–53.

Bérard/Le Bohec/Reddé 1995: Fr. Bérard/Y. Le Bohec/ M. Reddé, Les tuiles estampillées. In: R. Goguey/M. Reddé (Hrsg.), Le camp légionnaire de Mirebeau. Monogr. RGZM 36 (Mainz 1995) 191–267 Taf. 44–45.

Clotz 1922: E. Clotz, Die Geschichte der legio VIII Augusta. (unpubl. Diss. Freiburg 1922, angezeigt: Germania 7, 1923, 42–44).

Dolata 1994: J. Dolata, CUSTOS CASTELLI FIGLINARUM. Mainzer Arch. Zeitschr. 1, 1994, 67–72.

Dolata 1996: J. Dolata, Hin zu einer archäologischen Nutzanwendung geochemischer Analytik römischer Baukeramik. Mainzer Arch. Zeitschr. 3, 1996, 105–125.

Dolata 1998: J. Dolata, Kommandostruktur einer vexillatio von Ziegelstreichern. Saalburg-Jahrb. 49, 1998, 93–94.

Dolata 1998a: J. Dolata, Archäologische und archäometrische Untersuchungen an römischer Baukeramik und Ziegelstempeln. In: A. Hauptmann (Hrsg.), Archäometrie und Denkmalpflege. Kurzberichte 1998 (Bochum 1998) 93–95.

Dorow 1826/27: W. Dorow, Römische Alterthümer in und um Neuwied am Rhein; mit Grundrißen, Aufrißen und Durchschnitten des daselbst ausgegrabenen Kastells, und Darstellungen der darin gefundenen Gegenstände. Die Denkmale germanischer und römischer Zeit in den Rheinisch-Westfälischen Provinzen 2 (Berlin 1826/27).

Forrer 1913: R. Forrer, Die Ziegel und die Legionsstempel aus dem römischen Straßburg. Anz. Elsäss.

Altkde. 5, 1913 H. 17/18, 353–375 Taf. 1–5. = Ders., in: Das römische Straßburg - Argentorate (Straßburg 1927) 12–39 Taf. 1–5; sowie Nachträge: 68, 95, 97, 171, 184, 188, 230, 236 Taf. 14, 19, 25, 43, 44.

Freudenberg 1858: J. Freudenberg, Bonn. Als ich im vorigen Herbste von Neuwied aus eine Excursion nach Niederbiber machte. Bonner Jahrb. 26, 1858, 197–199.

Kritsotakis 1995: K. Kritsotakis, Vergleichende chemisch-mineralogische Untersuchungen an römischen Ziegeln aus Straßburg, Mirebeau, Nied, Heddernheim, Okarben und Wagbach. In: R. Goguey/M. Reddé (Hrsg.), Le camp légionnaire de Mirebeau. Monogr. RGZM 36 (Mainz 1995) 268–310.

Oldenstein-Pferdehirt 1984: B. Oldenstein-Pferdehirt, Die Geschichte der legio VIII Augusta. Forschungen zum obergermanischen Heer 2. Jahrb. RGZM 31, 1984, 397–433.

Rein 1857: A. Rein, Die Römischen Stationsorte und Straßen zwischen Colonia Agrippina und Burginatium und ihre noch nicht veröffentlichten Alterthümer. Nebst einem Excurse über Spuren Römischer Niederlassungen und Straßen, wie über Germanische Alterthümer zwischen Rhein und Maas (Krefeld 1857).

Rein 1859: A. Rein, Die Stätten, Alterthümer und, nach Zeugniss der gestempelten Ziegel, gleichen Besatzungen der Römischen Castelle zu Niederbiber bei Neuwied und auf der Saalburg bei Bad Homburg vor der Höhe. Bonner Jahrb. 27, 1859, 147–154.

Ritterling 1924/25: RE XII 1-2 (1924-25) 1186–1829 s. v. legio (E. Ritterling).

Ritterling 1936: ORL B 1a Nieder-Bieber (E. Ritterling).

Abbildungsnachweis:

Alle Photographien: G. Rupprecht, Landesamt für Denkmalpflege Rheinland-Pfalz, Abteilung Archäologie. Alle Abbildungen im Maßstab 1:2.

Abb. 1

Abb. 2

Abb. 3

Abb. 4

Abb. 5

Abb. 6

Abb. 7

Abb. 8

Abb. 9

Abb. 10

Abb. 11

Abb. 12

Abb. 13

Abb. 14

Abb. 15

Abb. 16

Abb. 17

Stefan Groh und Günther K. Kunst

DIE KASTELLGRABUNG IN MAUTERN/FAVIANIS 1996 (NORICUM) - ERSTE ERGEBNISSE EINES INTERDISZIPLINÄREN FORSCHUNGSPROJEKTES

ALLGEMEINES

Das Österreichische Archäologische Institut führt seit 1996 intensive archäologische Feldforschungen im römischen Militärlager in Mautern a. d. Donau durch. Mautern, das antike „Favianis", war vom 1. bis zum 5. Jh. n. Chr. ein wichtiger Militärposten am norischen Donaulimes (Genser 1986, 271 ff.; Gassner u. a. 2000).

Ziel der archäologischen Forschungen ist es, neue Kenntnisse über die Verbauungsmuster (Innenbauten, Befestigungsanlagen, Infrastruktur) sowie das ökologische und ökonomische Umfeld (Bewuchs, Nutzpflanzen, Klima, Ernährungsgewohnheiten) für das Auxiliarkastell und die es umgebenden Lagervici zu gewinnen. Daraus resultieren neue Aussagen zur Chronologie der einzelnen Gebäude bzw. Bauperioden und zur Entwicklung des Gebietes. Die Bearbeitung dieser archäologischen Befunde erfolgt am Österreichischen Archäologischen Institut in Zusammenarbeit mit Naturwissenschaftlern im Rahmen der VIAS (Interdisziplinäre Einrichtung für Archäologie am Archäologiezentrum der Universität Wien), beteiligt sind Anthropologen (K. Grossschmidt), Archäologen (St. Groh, H. Sedlmayer), Paläobotaniker (M. Popovtschak), Paläozoologen (Ch. Frank, G. K. Kunst) und Sedimentologen (S. Verginis).

Die Grabungen im Kastell (1996) erbrachten eine neue Chronologie für das Lager. Sieben antike Bauperioden mit 13 Phasen vom 1. bis zum 5. Jh. n. Chr. ließen sich differenzieren (Groh 1999, 375 ff.; Groh 2001). Über 1500 stratifizierte Fundobjekte erlauben es, unterschiedlichste Fundgruppen chronologisch zu ordnen und deren Interpretation in einen umfassenden historischen Kontext zu stellen. Darüber hinaus war es möglich, die Wiederbesiedlung im Frühmittelalter (9./10. Jh. n. Chr.) sowie die mittelalterlich/neuzeitliche Geschichte zu untersuchen.

ZUR FRAGE DER ANLAGE DES KASTELLS

Eine bis dato stark diskutierte Frage zum Kastell Favianis war dessen Ausdehnung in den einzelnen Kastellperioden und Verbauung im Nordteil. Ein bis weit an die Donau nach Norden reichendes Kastell im ausgehenden 1. bzw. 2. Jh. n. Chr. postulierte Ch. Ertel, den Überlegungen H. Stiglitz folgend (Stiglitz 1986, 134 ff.), bis zuletzt (Ertel 1996, 229 ff.; Ertel 1997, 69 ff.), Zweifel an dieser Periodisierung und

Baugeschichte äußerte bereits V. Gassner (Gassner 1997, 208 ff.).

Der Nordteil in seiner heutigen Form mit großteils mittelalterlichem Mauerwerk reichte weit in den Überschwemmungsbereich der Donau hinaus (Abb. 1). Vor der Regulierung des Flusses zu Beginn des Jahrhunderts ging der Fluß nach der Engstelle der Wachau in ein weites Flußbett mit einer ausgedehnten Aulandschaft über. Die mittelalterliche Stadtmauer, die im Norden auf der römischen Kastellmauer aufsitzt, war des öfteren von Überschwemmungen betroffen, Eisstöße und Fluten führten ab dem 13. Jh. immer wieder zu Beschädigungen.

Die wichtigsten Faktoren für die Anlage des Kastells im ausgehenden 1. Jh. n. Chr. waren:

Topographische Faktoren: Lage am Ausgang der Wachau (Furt)

Ökonomische Faktoren: Bereits bestehende Handelswege (Nordsüd, Ostwest)

Militärische Faktoren: Die strategische Bedeutung des Donaulimes (Wachttürme, Nachbarkastell Traismauer /Augustianis)

Ausschlaggebend für die Anlage des Kastells an diesem Platz waren jedoch primär die topographischen Faktoren. Anhand eines Geländemodells, archäologischer, sedimentologischer und paläozoologischer Untersuchungen kann gezeigt werden, daß man das Kastell im 1. Jh. n. Chr. auf einer erhöhten, nach Süden zurückgesetzten Flußterrasse errichtete (siehe Abb. 1). Diese Flußterrasse war im 1. und 2. Jh. n. Chr. von keiner größeren Überflutung betroffen, auf ihr baute man nicht nur das Kastell, sondern auch den umliegenden Lagervicus. Den Verlauf dieser Flußterrasse illustrieren die Profile einer 1996 dokumentierten über 300 m langen Wasserleitungskünette. An die Kante der Geländeterrasse plazierte man die Nordmauer mit der porta praetoria des kaiserzeitlichen Kastells. In der Folge wies das Gelände nach Norden ein Gefälle von 3 m auf einer Länge von 30 m auf. In Tiefschnitten wurden Sedimentproben genommen, die ergaben, daß es im tiefer gelegenen flußnahen nördlichen Vorfeld des kaiserzeitlichen Kastells mehrere Überschwemmungen mit zumindest einer Trockenphase bzw. Aufschüttung gegeben haben muß. Proben aus dem Lagerinneren, aus den die ersten Bauten unterlagernden sterilen Schichten beschreiben diese als kalkhaltige fluviatile Sande und schluffige Lößschichten. Sie beschreiben einen klimatisch wärmeren Zeitabschnitt mit bündigem Material, viel Schluff und Ton und lassen sich z.T. als eine äolische Ablagerung unter kalt trockenklimatischen Bedingungen interpretieren.

Daß es bereits im 1. bzw. im beginnenden 2. Jh. n. Chr. mächtige Überschwemmungen bis in den Bereich des Lagers auf der erhöhten Flußterrasse gab, beweisen die Einschwemmungen in den offen stehenden ca. 2,5 m tiefen und 6 m breiten Spitzgraben des Holz/Erde-Lagers (Kastellperiode 1, ca. 80 – 100 n. Chr.). Dieser wurde noch vor der Mitte des 2. Jhs. n. Chr. überbaut. Diese Überbauung geht einher mit einer Vergrößerung des Lagers.

Zu diesem Bild tragen auch die Ergebnisse der Untersuchungen an den Molluskenfunden bei. Demnach waren die Faunen in Kastellperiode 2 (ca. 100 – 130 n. Chr.) von trockenen, offenen bis halboffenen, d. h. buschbestandenen Lebensräumen geprägt. Hinzu kommen mittelfeuchte Busch- und Baumgruppen und kleinere feuchte Wiesenflächen. Nichts deutet auf das Vorhandensein eines zusammenhängenden größeren Auwaldes hin, d. h. das Gebiet dürfte zu dieser Zeit bereits dichter besiedelt gewesen sein, den Auwald hatte man wahrscheinlich bereits beim Ausbau des Kastells in Bauperiode 1 (=Holz/Erde Lager) abgeholzt. Diese Rodungen lassen sich auch anhand feuchtigkeitsliebender Mollusken nachweisen. Die Befunde sprechen für eine relativ junge Besiedlungszeit in Mautern und gegen ein Altsiedlungsgebiet. Dem entsprechen auch die archäologischen Evidenzen, wonach der Platz durch das Fehlen latène- bzw. spätlatènezeitlicher Siedlungsbefunde auffällt.

Die Mauer- und Turmbauten im nördlichen Nahebereich der Donau fallen erst in die Spätantike, als man das Kastell durch einen Annexus nach Norden, in den von Hochwässern bedrohten Bereich der Donau erweitert.

DIE TIERRESTE

Die römerzeitlichen Fundniveaus der Kastellgrabung in der Frauenhofgasse lieferten 2573 Tierknochenfragmente mit einem Gesamtgewicht von 46 460 g. Davon waren 1713 Reste (zusammen 42 489 g) bestimmbar, wobei die wichtigsten Wirtschaftstiere Rind, Schwein und Kleinwiederkäuer (Schaf und Ziege) bei weitem vorherrschen. Hausgeflügel (vorwiegend Huhn, daneben Hausgans) ist durch knapp 50 Reste belegt. Unter den Wildtieren ist der Rothirsch in untergeordneten Anteilen in vielen Proben vertreten. Zu erwähnen wäre aber eine Konzentration von Werkstoffabfall aus der Geweihverarbeitung, die aus einem Mauerausrißgraben (Fundnummern 82 und 109) der spätantiken Periode 7 stammt. In der Kulturschicht (bzw. Lehmziegelschicht) Fnr. 4 aus der Kastellperiode 6 sind ein Metacarpus von einem kleinwüchsigen Hauspferd und ein Langknochenfragment

von einem Wisent assoziiert, auch in einer Kulturschicht (Fnr. 81) aus Periode 7 treten Reste zweier seltener Arten, Haushund und Hase, gemeinsam auf. Mit diesen Beispielen wären die faunistischen „Besonderheiten" der Kastellgrabung bereits weitgehend abgehandelt. Hervorzuheben ist insbesondere der Umstand, daß die Reste von nicht für die Ernährung dienenden Nutztieren weitgehend fehlen. So war von den Pferdeartigen neben dem erwähnten Metacarpus nur noch ein loser Schneidezahn nachweisbar, der Haushund ist mit lediglich 7 Resten belegt. Die Seltenheit dieser beiden Gruppen steht in deutlichem Gegensatz zu den Knochenproben aus den bisher bekannt gewordenen Vicusbereichen von Favianis, wo Hunde- und insbesondere Equidenreste in den meisten Fundeinheiten, nicht selten in Form von Teilskeletten oder anatomischen Verbänden, vorliegen. Solche Befunde liegen aus der Kastellgrabung nicht vor, erst die hier nicht näher behandelte frühmittelalterliche Grube (Periode 8) lieferte einige zusammengehörige Hundeknochen.

Das ergrabene Tierknochenmaterial aus der Frauenhofgasse kann daher mehrheitlich als Nahrungsabfall mit seltenen Beimengungen von Resten aus der Knochenverarbeitung und von entsorgten Tierkadavern interpretiert werden. Es ist daher in den meisten Fällen möglich, die Probenzusammensetzung durch die Erfassung der mengenmäßigen Anteile von Rind, Hausschwein und kleinem Hauswiederkäuer zu charakterisieren.

MATERIALMENGEN (ABB. 2 UND 3)

Eine chronologische Auswertung der relativen Bedeutung der drei wichtigsten Nutztiergruppen ist aber nur bedingt möglich, weil die einzelnen Kastellperioden sehr unterschiedliche Materialmengen lieferten. Aus der Kastellperiode 1 liegen überhaupt keine auswertbaren Tierreste vor. Ebenso verschieden ist die Repräsentanz der Befundtypen, aus denen die Knochen stammen. So dominieren nach der Fundzahl und insbesondere nach dem Gewicht die verschiedenen Planieschichten aus den Perioden 3 und 5 (je 88 bzw. 145 und 348 bestimmbare Reste). Über 100 artlich zugeordnete Knochen liegen außerdem aus einem Gehniveau aus Periode 3 (Fnr. 66), aus der großen Abfallgrube „Grube 4" (Periode 6) und aus dem Mauerausrißgraben (Fnr. 82 und 109) aus Periode 7 vor. Viele Befunde, vor allem die kleineren Grubenfüllungen, enthielten aber nur ganz wenig Material und sind daher, für sich allein betrachtet, kaum auswertbar. Unterschiedliche Fragmentationsgrade bzw. durchschnittliche Fragmentgrößten äußern sich unter anderem darin, daß die einzelnen Perioden bzw. Befundtypen in den beiden auf Fragmentzahl bzw. -gewicht basierenden Diagrammen in deutlich abweichenden Anteilen vorliegen. Zu beachten wären etwa die im Vergleich zur Knochenzahl geringen Gewichtsmengen der Perioden 2 und 7, die offenbar besonders stark fragmentiertes und bei konstanter Fundzahl daher leichteres Material als die Planiebereiche lieferten.

Auch ohne artliche Auswertung besitzen die in den Abb. 2 und 3 dargestellten Materialmengen einen Informationswert, weil sie den „Knochenanfall" in der Untersuchungsfläche widerspiegeln. Dieser hängt natürlich direkt mit der Flächennutzung innerhalb der bei der Grabung angetroffenen Strukturen zusammen. Phasen, die mit einer Nutzungsaufgabe bzw. -änderung in Zusammenhang stehen, zeichnen sich dabei durch die größten Materialmengen, die vorzugsweise aus den Planieschichten stammen, aus.

ARTENZUSAMMENSETZUNG UND BEFUNDTYP

Die Tierartenverteilung in einer Knochenprobe aus einer Siedlungsgrabung wird vorrangig durch menschliche Konsummuster und das Abfallverhalten sowie durch nachträgliche Zerstörungsprozesse bestimmt. Beobachtungen am Knochenmaterial aus der Frauenhofgasse bestätigen die Annahme, daß der Befundtyp selbst einen erheblichen Einfluß auf das vorgefundene Artenspektrum haben kann. Der durch die Lage der Grabungsfläche definierte und daher einer Auswertung zugängliche Ausschnitt des Kastellbereiches erlaubt es mehrfach, auch horizontale Unterschiede in der Zusammensetzung der Knochenvergesellschaftungen zu erfassen. Besonders interessant ist hier das Erhaltungsmuster von zeitlich identischen Proben, die aber aus durch Mauern oder ähnliche Strukturen getrennten Bereichen stammen. Als beschreibender Parameter wurde der Anteil der kleineren Wirtschaftstiere, also von Hausschwein und Schaf/Ziege, an der Gesamtmenge der bestimmten Reste gewählt. Damit wird also im wesentlichen das mengenmäßige Verhältnis des Kleinviehs zum Hausrind ausgedrückt.

ZU FRAGEN DER SCHICHTENENTSTEHUNG

Der in der retentura des Kastells 1996 ergrabene Bereich betrug 50 m². Exemplarisch für die Analyse der Entstehung und Interpretation der Schichten sollen hier zwei unterschiedliche Komplexe aus Periode 3 paläozoologisch betrachtet werden.

In Kastellperiode 3 erfolgte im untersuchten Bereich eine Verbauung der retentura mit Mannschaftsbaracken (Abb. 4). Es wurden Teile von contubernien (SE 66; SE = Stratigraphische Einheit) und einer Lagergasse (SE 88) freigelegt. Die aufgehenden Befunde aus dieser Bauperiode wurden wegplaniert, zurückblieben im Wohnbereich die Bodenniveaus, in der Lagergasse eine deutliche Niveauerhöhung.

Fundnummer 66 (SE 66), Begehungsniveau einer Lagerbaracke; von 122 Fragmenten mit 836 g Gesamtgewicht waren 101 Reste (745 g) bestimmbar, das durchschnittliche Fragmentgewicht beträgt 6,9 g. Der An-

teil der kleinen Wirtschaftstiere beträgt 88 % nach der Fundzahl und 85,7 % nach dem Gewicht. Bei keiner anderen aussagekräftigen Probe aus der Kastellgrabung werden ähnlich hohe Werte erreicht.

Fundnummer 88 (SE 88), Planierung, Aufschüttungsniveau einer Straße. Diese Probe enthielt 114 Fragmente mit 3649,7 g, wovon 88 Reste mit 3513,8 g bestimmbar waren. Der numerische Anteil von Schwein und Schaf/Ziege beträgt hier bloß 46,6 % (Fundzahl) bzw. nur 17,6 % nach dem Gewicht. Das durchschnittliche Fragmentgewicht ist mit 32 g hier deutlich höher.

ZUR POSITIONIERUNG DER BEIDEN FUNDPOSTEN

Ähnliche Gegensatzpaare von korrespondierenden, chronologisch identischen Befunden aus je einem Innen- und einem Außenbereich lassen sich auch für andere Kastellperioden erstellen. Insgesamt zeichnet sich ein Trend ab, wonach die Kleinfaunenanteile vorwiegend in den als „Gehniveaus in Räumen" etc. definierten Befundtypen hohe Anteile erreichen, wogegen in den Planierungen die großen Rinderreste nach Anzahl und Gewicht oft dominieren. Die als Gruben oder Grabenverfüllungen ausgewiesenen Bereiche nehmen vielfach eine Mittelstellung ein. Wahrscheinlich erlauben die verhältnismäßig geschützten Innenbereiche die Erhaltung kleiner und empfindlicher Elemente, während Außenbereiche vielfach durch aktiv entsorgte, als „Müll" empfundene Großknochen gekennzeichnet sind. Es erscheint daher im vorliegenden Fall ratsam, eine quantifizierende Auswertung der Tierknochenproben unter Bedachtnahme auf den Befundtyp (Innen- oder Außenbereich, etc.) und auf Materialparameter wie das Durchschnittsgewicht vorzunehmen (vgl. Peters 1998: 243, Anm. 227). Umgekehrt erlauben in manchen Fällen Auffälligkeiten in der Zusammensetzung einer Tierknochenprobe, die archäologische Interpretation der Schichtentstehung zu diskutieren (vgl. Sommer 1991).

LITERATUR:

Ertel 1996 = Ch. Ertel, Alte und neue Grabungen im Kastell Favianis (Mautern). Fundber. Österreich 34, 1995, 229–256.

Ertel 1997 = Ch. Ertel, Alte Befunde zu den Befestigungsanlagen in Mautern. Fundber. Österreich 35, 1996, 69–92.

Gassner 1997 = V. Gassner, Mautern - Favianis. In: H. Friesinger/F. Krinzinger (Hrsg.), Der römische Limes in Österreich (Wien 1997) 208–214.

Gassner u. a. 2000 = V. Gassner /St. Groh/S. Jilek/A. Kaltenberger/W. Pietsch/R. Sauer/H. Stiglitz /H. Zabehlicky, Das Kastell Mautern-Favianis. RLÖ 39 (Wien 2000).

Genser 1986 = K. Genser, der österreichische Donaulimes in der Römerzeit. Ein Forschungsbericht. RLÖ 33, 1986, 271–303.

Groh 1999 = St. Groh, Neue Ausgrabungen im Kastell von Mautern-Favianis. In: N. Gudea (Hrsg.), Roman Frontier Studies XVII, Proceedings of the XVIIth International Congress of Roman Frontier Studies 1997 (Zalau 1999) 375–377.

Groh 2001 = St. Groh (Hrsg.), Die Grabung 1998 im Kastellvicus-Süd von Mautern/Favianis. Ergh. Österr. Arch. Inst. 1 (Wien 2001).

Peters 1998 = J. Peters, Römische Tierhaltung und Tierzucht. Passauer Univ. Schr. zur Arch. 5 (Rahden/Westf. 1998)

Sommer 1991 = U. Sommer, Zur Entstehung archäologischer Fundvergesellschaftungen. Versuch einer Taphonomie. Univ. Forsch. Prähist. 6. Stud. Siedlungsarch. I (Bonn 1991) 51–193.

Stiglitz 1986 = H. Stiglitz, Mautern - Favianis. In: M. Kandler/H. Vetters (Hrsg.), Der römische Limes in Österreich, Ein Führer (Wien 1986) 134–140.

Abb. 1. Luftaufnahme von Mautern aus dem Jahr 1939. Der dicht verbaute Stadtbereich entspricht annähernd dem Kastellareal, deutlich erkennbar ist der nördliche, donaunahe, locker verbaute Annex.

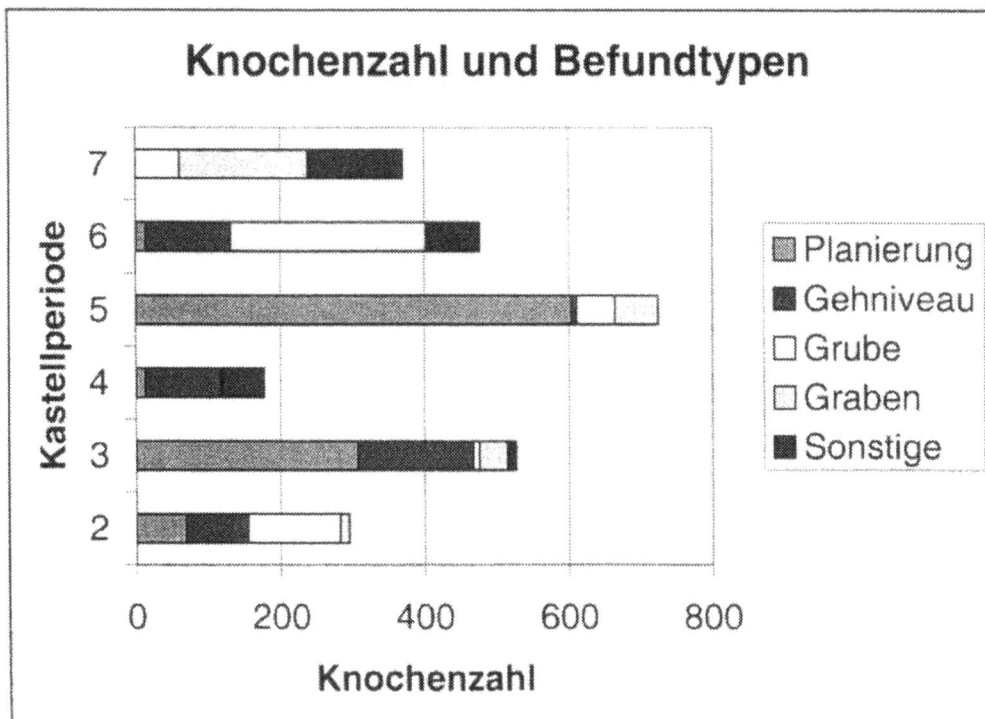

Abb. 2. Mautern Frauenhofgasse: Tierknochenmengen in den Kastellperioden 2 bis 7, aufgeschlüsselt nach den Befundtypen und der Knochenzahl.

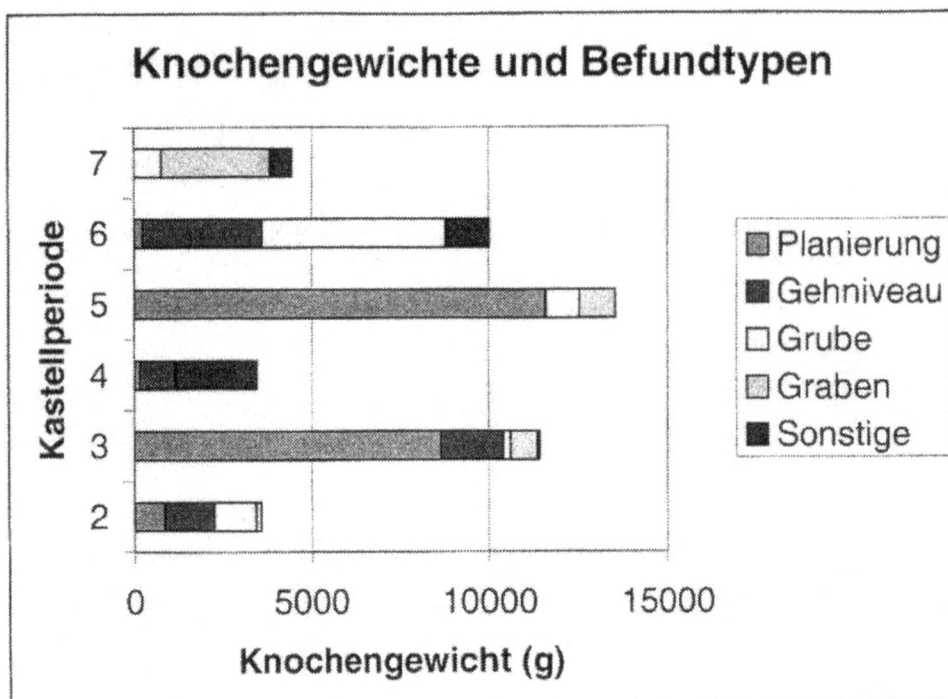

Abb. 3. Mautern Frauenhofgasse: Tierknochenmengen in den Kastellperioden 2 bis 7, aufgeschlüsselt nach den Befundtypen und dem Knochengewicht.

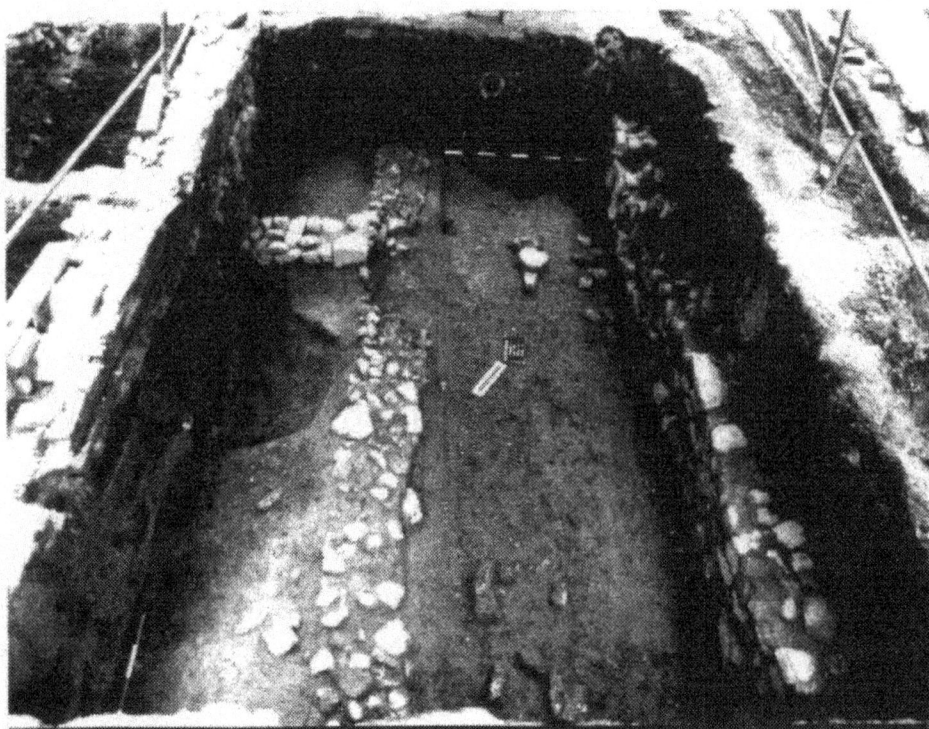

Abb. 4. Lagergasse und Fundamentmauern der Mannschaftsbaracken in Periode 3.

ADRESSEN DER VERFASSER UND HERAUSGEBER

Dr. Susanne Biegert
Am Leisrain 27
D-65936 Frankfurt am Main

Dr. Malgorzata Daszkiewicz
ARCHEA
ul. Ogrodowa 8m95
Pl-00-896 Warszawa

Dr. Sabine Deschler-Erb
Seminar für Ur- und Frühgeschichte
Petersgraben 9–11
CH-4051 Basel

Jens Dolata
Graduiertenkolleg „Archäologische Analytik"
Johann Wolfgang Goethe-Universität Frankfurt
Arbeitsstelle des Forschungsprojektes Römische
Baukeramik und Ziegelstempel: Landesamt für
Denkmalpflege Rheinland-Pfalz, Abt. Archäologie
Große Langgasse 29
D-55116 Mainz

Ulrike Ehmig M.A.
Graduiertenkolleg „Archäologische Analytik"
Johann Wolfgang Goethe-Universität Frankfurt
Seminar für Griechische und Römische Geschichte II
Gräfstraße 76 EG/VII
D-60054 Frankfurt

Dr. Martin Frey
Römische Villa Borg
D-66706 Perl-Borg

Dipl.Agr.-Biol. Michael Friedrich
Universität Hohenheim
Institut für Botanik
D-70593 Stuttgart

Bernhard A. Greiner M.A.
Landesdenkmalamt Baden-Württemberg
Dienststelle Schwäbisch Gmünd
Brandstatt 1
D-73525 Schwäbisch Gmünd

Dr. Stefan Groh
Österreichisches Archäologisches Institut
Franz-Klein-Gasse 1
A-1190 Wien

Dr. Norbert Hanel
Universität zu Köln
Archäologisches Institut
Archäologie der römischen Provinzen
Albertus-Magnus-Platz
D-50923 Köln

PD Dr. Gerwulf Schneider
Arbeitsgruppe Archäometrie
Freie Universität Berlin
Institut für Anorganische und Analytische Chemie
Fabeckstr. 34/36
D-14195 Berlin.

Dr. Fritz Seibel
Auguststraße 12
D-22085 Hamburg

Dr. Alain Vanderhoeven
Instituut voor het Archeologisch Patrimonium
Doornveld 1 bus 30
B-1731 Asse-Zellik

PD Dr. Gerhard H. Waldherr
Universität Regensburg - Philosophische Fakultät
Geschichte, Gesellschaft, Geographie
D-93040 Regensburg

Dr. Dörte Walter
DFG-Projekt „Germanen-Limes"
Römisch-Germanische Kommission
Arndtstraße 21
D-60325 Frankfurt am Main

Dr. Heinrich Zabehlicky
Österreichisches Archäologisches Institut
Franz-Klein-Gasse 1
A-1190 Wien

www.ingramcontent.com/pod-product-compliance
Lightning Source LLC
Chambersburg PA
CBHW061004030426
42334CB00033B/3357